세상에서 가장 흥미로운 철학 이야기

고중세 편

■ 일러두기

— 이 책의 곳곳에 인용문이 등장한다. 필자가 인용한 책은 모두 참고 문헌에 표기해두었다.

— 책의 본문에 나오는 인용문은 처음에는 출처를 각주로 표기하여 서지 사항, 인용 쪽수 등을 모두 밝혀놓고자 했다. 그러나 자세한 인용 출처가 책의 가독성과 독서의 흐름을 방해할 수 있다는 편집진의 권고에 따라 인용에 대한 주석은 과감하게 생략하기로 했다. 대신 참고 문헌에서 각각의 철학자와 관련해 사용했던 문헌 출처를 밝혀놓았다.

— 필자가 이 책 전반에 걸쳐 많이 인용한 책은 본문에 약호를 사용해 표시해놓았다. 약호는 참고 문헌에서 다음과 같이 밝혀놓았다.

　Weischedel, W., Die philosophische Hintertreppe, dtv, 2008；이기상·이말숙 옮김,《철학의 뒤안길》, 서광사, 1991.〔이 책의 약호는 PH로 하고 인용은 본문에 "(PH 인용 쪽수)"로 표시〕

— 필자가 책의 흐름을 유지하기 위해 자세한 인용 출처에 대해 과감하게 생략했지만, 이 책은 앞선 연구와 번역이 없었다면 작업이 불가능했을 것이다. 이 책에 인용된 선행 연구자들과 번역자들에게 감사를 드린다.

세상에서 가장 흥미로운 철학 이야기

고중세 편

이동희 지음

휴머니스트

이 책은 처음으로 철학에 관심을 가진 사람이나 한번쯤 철학에 도전했다 흥미를 느끼지 못해 뒤돌아선 사람들을 위해 쓴 것이다. 철학에 접근하는 길은 여러 가지가 있다. 나는 철학자들의 삶을 재구성해 그들의 철학을 새롭게 이해하는 길을 택했다.

철학자들이 살아간 삶을 보면, 분명 보통 사람들과는 다른 뭔가가 있다. 철학자들은 그 시대의 아들이었다. 그러나 그 시대를 너무나 잘 알고 너무 앞질러갔기에 그들의 삶은 유별날 수밖에 없었다.

플라톤은 자신의 철학을 실현하기 위해 '죽음의 카리브디스 소용돌이'로 유명한 메시나 해협을 건너 시라쿠사를 세 번이나 방문하는 모험을 감행했다. 디오게네스는 철학을 위해 변변한 옷 한 벌 없는 거지같은 삶을 택했다. 조롱을 당하는 것쯤은 아랑곳하지 않았다. 조르다노 브루노는 진리를 위해 꽃의 광장에서 불꽃으로 타올랐다. 이렇게 모든 철학자는 내면적으로 치열한 삶을 살았다.

그들의 삶이 유별나서일까. 이 책에 등장하는 대부분의 철학자들은 책상머리에 붙어 앉아 이론만 따지는 학자들이 아니었다. 그들은 삶의 지혜를 추구했고, 그에 따라 자유로운 삶을 살고자 했다. 노예 철학자이면서도 황제를 제자로 두었던 에픽테토스, 절대 권력인 황제의 자리보다 소박한 철학자의 삶을 추구했던 마르쿠스 아우렐리우스 등등. 고대와 중세를 살았던 철학자들의 이야기를 쓰면서 나는 그들의 삶에 점차 매료되지 않을 수 없었다!

걸출한 철학자들은 어떤 삶을 살았을까? 그들의 삶을 추적하는 데 물론 많은 문헌의 도움을 받았다. 그러나 그것만으로 물음을 해소하기에는 턱없이 부족했다. 철학자들이 살았던 현장을 내 눈으로 직접 보고 싶었고, 그 현장에서 느낀 것을 가지고 그들의 이야기를 써보고 싶었다.

이 생각을 행동으로 옮기기에는 많은 시간이 필요했다. 시간이 날 때마다 나는 철학자들의 삶의 현장을 동가숙 서가식하며 찾아 다녔다. 탈레스의 흔적을 찾기 위해 비 오는 날 무거운 카메라 가방을 둘러메고 밀레토스를 찾았고, 추운 겨울 날 이스탄불에서 북부 그리스까지 기차에 시달리며 데모크리토스의 고향 압데라를 찾아 헤매기도 했다. 플라톤이 방문했던 시라쿠사를 찾기 위해 메시나 해협을 넘기도 했다. 이탈리아의 시칠리아 섬을 방문했을 때에는 너무 늦은 밤이라 호텔도 잡지 못하고 차에서 밤을 새워야 했다. 그렇게 밤을 새우고 엠페도클레스의 고향인 아그리젠토에 있는 신전을 찾았을 때에는 정말 아름다운 신전에 넋을 잃고 말았다. 또한 그때 부드러운 여신의 숨결처럼 신전을 감쌌던 초춘의 바람은 얼마나 감미로웠던지! 신전 뜰에 활짝 핀 키 작은 노란 민들레는 또 얼마나 아름다웠던지. 엠페도클레스가 왜 철학을 시로 표현했는지 알 만했다. 이 책의 마지막에 등장하는 조르다노 브루노는 종교심판을 받고 '진리'를 위해 로마에 있는 꽃의 광장에서 처형되었다. 내가 브루노를 찾았을 때는 강렬한 태양이 내리쬐는 한여름이었다. 꽃의 광장에서는 한창 장이 열리고 있었다. 사람들이 장을 보느라 어수선한 그 틈바구니를 비집고 브루노의 동상을 찾았다. 나는 그것을 보고 진한 감동을 느끼지 않을 수 없었다. 브루노의 동상에 누군가 붉은 장미를 꽂아 놓았던 것이다. 아, 이 어지러운 시장 틈바구니에서도 진리를 위해 희생한 철학자를 기억하는 사람이 있구나.

이렇게 이탈리아와 프랑스, 에스파냐, 독일 등지로 철학자들의 삶을 찾아다닌 지도 벌써 10년이 넘었다. 나는 철학자들이 살았던 삶의 궤적을 추적하면서 내 몸에다 그들의 삶을 새기고 있었는지도 모른다. 그렇게 내 몸으로 체험한 그들의 삶이 이 책의 바탕이 되었다. 나는 철학자들의 자유로운 삶과 사유를 짧지만 그 자체 하나의 완결된 이야기로 쓰고 싶었다. 이론을 소개하기보다 그 이야기를 통해 철학자들이 무엇을 말하고자 했는지 독자들에게 알려주고 싶었다.

이 책을 쓰면서 분명히 깨달은 것은 이론보다 삶이 먼저 있었다는 점, 삶은 항상 이론보다 훨씬 치열하고 논리적이지 않았다는 점이다. 삶에는 예기치 못한 수많은 변수가 작용한다. 그러나 철학자들은 세상에 함몰되지 않고 자유롭게 사유했다. 그래서 그들의 삶은 자유로웠다. 이 책에서 철학자들은 이렇게 말하고 있는지도 모른다.

"자유를 꿈꾸는 그대여, 철학을 하라!"

이 책은 〈시민사회신문〉에서 '철학 여행 카페'라는 이름으로 2년 반 정도 연재한 글을 바탕으로 한 것이다. 매주 신문 한 면의 기사를 쓰는 일은 쉽지 않았다. 피곤하기도 하고, 또 업무상 급히 처리해야 할 일 때문에 글을 쓸 시간이 별로 없었기 때문이다. 그러나 늦은 밤에 앉아 이 글을 쓰는 것이 직장 생활에 시달리는 나에게는 위로이자 구원이었다.

철학자들의 흥미로운 이야기를 쓰며 자연스레 그들과 대화를 나누었고, 그들에게서 삶의 큰 위로를 받았기 때문이다. 철학자들에게도 삶은 쉽지 않았다. 그러나 그들은 그러한 삶을 관조하는 여유가 있었다. 그래서 그들은 자유로울 수 있었다. 한켠 건너보면 세상은 아름답고 또한 인생은 자유롭지 않은가. 한켠 건너보는 것이 철학의 여유다. 독자들도 이 책을 통해 분주한 일상에서 벗어나 잠시나마 철학의 여유를 느낄 수 있다면 이 책을 쓴 사람으로서는 더없는 기쁨일 것이다.

2010년 8월 22일

태릉에서 이동희

고대 그리스 철학

—

인간, 생각을 시작하다

1

올리브유를 짜서 떼돈을 번 철학자

—

탈레스

T h a l e s

    어느 날 소아시아에 있는 이오니아 지방의 한 청년이 밀레투스의 어부와 그물의 어획물을 사기로 약속했다. 그런데 그물을 끌어올려 보니 그 속에는 많은 물고기와 함께 트리푸스가 들어 있었다. 트리푸스는 다리가 셋 달린 솥으로, 올림픽 경주에서 우승한 자들에게 주어 제단에 봉헌하게 하는 영예로운 선물이었다. 청년과 어부는 서로 자기 것이라고 주장하며 다퉜다. 설왕설래 끝에 두 사람은 밀레투스 법정에 가서 시비를 가리자고 했다. 그러나 여기서도 시비가 가려지지 않았다. 결국

트리푸스

밀레투스 사람들은 델포이 신전에 신탁을 의뢰했다. 아폴론 신이 내린 신탁은 이랬다.

밀레투스의 아들이여, 트리푸스에 관하여
너는 나 포이보스(아폴론)에게 묻는가?
나는 말한다.
그것은 지혜가 가장 뛰어난 자에게 돌아가야 한다고.

밀레투스 사람들은 트리푸스를 청년도 어부도 아닌, 지혜가 가장 뛰어난 밀레투스 출신의 어떤 사람에게 주었다. 그 사람은 바로 탈레스 (Thales, 기원전 624~546년경)였다. 탈레스는 이 트리푸스를 받자 겸손하게도 자기 생각에 가장 지혜로운 사람에게 보냈다. 그런데 그 사람 역시 또 다른 사람에게 보냈다. 그리고 그 사람도 마찬가지로 또 다른 지혜가 뛰어난 사람에게 보냈다. 이렇게 몇 사람의 손을 거친 끝에 트리푸스는 아테네의 솔론(Solon, 기원전 640~560년경)에게까지 왔다. 솔론은 생각 끝에 그것을 델포이의 아폴론에게 헌납했다. "신이야말로 지혜가 가장 뛰어난 분이다."라고 말하면서.

이것은 디오게네스 라에르티오스(Diogenes Laertios, 3세기경)가 쓴 《그리스 철학자 열전(Lives and Opinions of Eminent Philosophers)》에 나오는 이야기다. 이 책에는 트리푸스에 관한 다른 종류의 이야기들도 등장한다. 그런데 그 이야기들의 공통점은 사람들이 가장 지혜가 뛰어난 사람으로 밀레투스의 탈레스를 지목했다는 것이다.

전쟁을 막은 일식을 예측하다

그리스의 최고의 현인 탈레스는 누구인가? 헤로도토스(Herodotos, 기원전 484~425년경)가 전하는 바에 따르면, 탈레스의 아버지 엑사뮈아스와 어머니 클레오불리네는 페니키아인이었다. 아폴로도로스는 탈레스가 39회 올림픽 기간의 첫해, 즉 기원전 640년에 태어난 것으로 본다. 그러나 탈레스가 정확하게 언제 태어났는지는 알 수 없다. 탈레스 시절에 우리가 분명하게 확인할 수 있는 것은 일식이다. 일식은 정확히 기원전 585년 5월 28일에 있었다.

헤로도토스가 전하는 바에 따르면, 메디아인과 리디아인이 전투를 벌이는 동안에 일식이 일어났다. 메디아인과 리디아인들은 세상을 갑자기 암흑천지로 만들어버린 이 완벽한 일식에 놀라서 넋이 나가 멍하니 서 있었다. 그 바람에 저절로 휴전이 이루어졌다. 그런데 이 일식을 예언한 사람이 있었다. 그가 바로 탈레스였다. 일식을 예언한 탈레스는 일약 유명 인사를 넘어 사람들에게 신비한 존재로 여겨진다. 그리고 그가 예언한 일식의 날, 즉 기원전 585년 5월 28일은 철학사에서 가장 중요한 날로 손꼽히게 된다.

탈레스가 태어난 곳은 밀레투스다. 밀레투스는 소아시아 지역에 아테네가 건설한 식민도시다. 이 도시는 현재 터키 남서해안 지역에 위치해 있다. 탈레스가 활동할 당시 밀레투스는 번창한 도시였다. 해안에 접해 있으면서도 강을 통해 내륙으로 갈 수 있어 중계무역과 해운업이 번성했다. 번성한 밀레투스는 흑해에서 이집트에 이르는 넓은 지역에 80개의 식민도시를 건설할 정도였다. 또한 밀레투스는 지중해를 중심으로 수많은 상인들이 드나드는 국제 무역도시였다. 지중해의 여러 문화가 교차하던 밀레투스는 기존의 보수적인 신념에서 벗어나 새롭게 세상을 생각해보는 분위기가 무르익은 도시였다. 아리스토텔레스가 말한 것처럼, 호기심으로 철학을 할 수 있을 정도로 부와 물질적인 풍요가 넘치는 도시였다.

이런 도시에서 태어난 탈레스는 어렸을 때부터 아버지를 따라 많은 곳을 여행하면서 다양한 지식과 교양을 쌓았다. 탈레스는 이집트와 바빌로니아의 갈데아 지방에 머무르면서 그곳의 사제들에게서 점성술과 기하학을 배웠다고 한다. 그가 이집트에 있을 때 피라미드의 길이를 측정한 일화는 유명하다. 그는 피라미드의 그림자와 사람의 그림자 사이의 기하학적 비례를 응용하여 거대한 피라미드의 높이를 측정했다고 한다. 이 일화는 탈레스가 기하학적 원리를 실측에 응용한 것을 보여준다. 그는 기하학의 원리를 이용해서 바다에 떠 있는 배가 해안에서 어

밀레투스 유적지. 지금은 양들의 놀이터가 되었지만, 과거에는 뉴욕과 같이 번창한 항구도시였다.

느 정도의 거리에 있는지도 계산했다. 탈레스는 다재다능한 사람이기도 했다. 천문학자로서 그는 1년을 360일로 나누었을 뿐만 아니라, 작은곰자리를 처음 발견해 항해술에 이용하도록 했다. 그리고 토목공학자로서 리디아 왕 크로이소스가 할리스 강에 도착해서 강을 어떻게 건널지 난감해할 때, 그 군영에 있다가 강줄기를 양쪽으로 갈라 군대를 건널 수 있게 했다고 한다. 또한 정치가로서 그는 이오니아 사람들에게

탈레스

정치적 통일을 위한 평의회 회의소를 제안했다. 그는 이오니아의 도시
국가들이 연방을 이루고, 각 도시국가는 연방의 일원으로 대등하게 자
치적으로 운영되어야 한다고 주장했다. 탈레스의 말대로 이오니아 도
시국가들이 단결했다면, 밀레투스가 분열되어 페르시아에 멸망하는 일
은 일어나지 않았을 것이다.

　이렇게 다재다능하고 지혜가 뛰어난 탈레스가 서양 철학사의 시조로
자리매김하게 된 것은 그가 이룩한 철학적 업적 때문이었다. 그는, 모
든 만물은 살아 있는 생명을 지닌 것이고 신들로 가득 차 있으며 만물
의 원리는 물이라고 주장했다. 물이 만물의 근원이라는 주장으로 탈레
스는 서양 철학사에서 최초의 철학자라는 타이틀을 얻게 된다. 여기서
중요한 것은 탈레스의 주장이 아니라, 탈레스의 주장이 나오게끔 한 물

음이다. '세상은 무엇으로 이루어졌을까?' 하는 물음과 그에 대해 합리적인 대답을 제시하려는 노력이 그를 최초의 서양 철학자로 자리매김하게 했을 것이다. 아리스토텔레스에 따르면, 탈레스는 "모든 존재의 원리"에 대해 묻고 그것은 "물"이라고 대답한 최초의 인물이다. 즉, '물'이라는 가설을 통해 만물의 근원이자 원리를 설명하려 한 것이다. 가설을 통해 현상들을 설명하려는 것은 학문의 기본이라고 할 수 있다. 아리스토텔레스의 《형이상학》을 살펴보면 다음과 같은 내용의 글이 나온다.

> 철학의 창시자인 탈레스는 그것을 물이라고 말한다. (그러므로 그
> 는 육지가 물 위에 떠 있다고 생각했다.) 그가 이러한 가정을 하게 된
> 것은, 모든 사물의 양분이 습기로 되어 있고, 따뜻함 자체도 습기
> 있는 것으로부터 생기며 이것에 의해 존속되는 것을 알게 됐기
> 때문인 것 같다. (그러나 모든 사물이 그로부터 존재하게 되는 것이 모
> 든 사물의 원리다.) 그는 이 밖에도 모든 사물의 씨의 본성이 습기
> 를 가지고 있으며, 물은 습기 있는 사물들의 본성적 원리라는 사
> 실로부터 그러한 가정에 도달하게 됐을 것이다.

결혼은 가장 강한 자도 무너뜨린다

탈레스는 다재다능하고 학문에도 뛰어났다. 그러나 그는 세속적인 일에는 전혀 관심이 없었다. 결혼을 해서 가정을 꾸리는 일이나 돈을 버는 일에는 눈곱만큼도 관심이 없었다. 그가 결혼하지 않는 이유를 설

명하는 두 가지 이야기가 전해온다. 어느 날 그리스 현자이자 민주정치의 아버지로 불리는 아테네의 솔론이 밀레투스로 탈레스를 찾아왔다. 솔론은 노총각으로 혼자 지내는 탈레스에게 이렇게 물었다.

"당신은 어째서 아내를 맞아 가정을 꾸리려고 하지 않습니까?"

탈레스는 이 물음에 대답하지 않고 침묵했다. 이삼 일이 지나서 솔론은 다시 탈레스를 찾아왔다. 때마침 탈레스는 어떤 손님과 함께 있었다. 탈레스는 솔론에게 그 손님이 열흘쯤 전에 아테네를 떠나 지금 막 도착했다며 반갑게 소개했다. 솔론은 오랫동안 아테네에서 떨어져 있어서 고향 일이 무척 궁금했다. 그래서 인사를 나누자마자 손님에게 아테네에 대해 물었다.

"아테네에는 별일이 없습니까?"

그러자 손님이 대답했다.

"특별히 큰일은 없습니다. 아 참! 한 청년의 장례식이 있었군요. 그런데 온 시민이 참석할 정도로 거창한 장례식이었습니다. 아주 훌륭한 분의 아드님의 장례식이라고 하더군요. 그러나 그분은 지금 국내에 계시지 않고 여행 중이라고 들었습니다. 그것도 벌써 꽤 오래됐나 봅니다."

그러자 솔론은 다시 물었다.

"그거, 참 슬픈 일이 일어났군요. 그런데 그 아버지는 어떤 분이랍니까?"

손님이 다시 대답했다.

"이름을 듣긴 했지만, 도무지 생각이 나지 않는군요. 시민들 사이에서는 아버지 되시는 분이 아주 똑똑하고 정직한 분이라는 소문이 쫙 퍼져 있더군요."

솔론은 손님과 대화를 나누면서 점점 불안해졌다. 생각해보니 자신도 고국을 떠나온 지 오래됐고, 고향에 남겨두고 온 사랑스런 아들이 있었다. 솔론은 더 이상 불안해서 견딜 수가 없었다.

"혹시 그 사람의 이름이 솔론이라고 하지 않았습니까? 그 죽은 청년의 아버지요?"

그러자 손님이 대답했다.

"네, 맞아요. 솔론이라고 하는 것 같더군요."

솔론은 대답을 듣자마자 슬픔과 비탄에 잠겨버렸다. 아들의 이름을 부르면서 자신의 머리를 치며 몸을 땅바닥에 내던지고 슬퍼했다. 솔론의 그 유명한 지혜도 소용이 없었다. 애통해하는 그 모습은 보통 사람들과 다를 바가 없었다. 그러자 탈레스가 천천히 솔론의 손을 틀잡으며 미소를 머금고 말했다.

"솔론, 바로 그겁니다. 내가 두려워서 결혼도 하지 않고 가정도 갖지 않는 이유가 말입니다. 그것은 가장 강한 자라도 땅에 쓰러뜨리고 맙니다. 당신 같은 사람까지도요. 그러나 지금 손님이 한 말은 조금도 마음에 두지 마시길 바랍니다. 그건 모두 거짓말이었으니까요."

이 이야기는 플루타르코스의 《영웅전》에 나오는 이야기다. 이 이야기 말고도 탈레스가 결혼하지 않는 이유에 대한 다른 이야기도 전해진다. 노총각이 다 된 아들이 결혼을 하지 않고 별만 관찰하며 지내자, 어머니는 아들에게 언제 결혼할 거냐며 다그쳤다. 그러나 탈레스는 이렇게 대답했다고 한다.

"어머니, 아직 때가 아닙니다."

아들의 대답을 듣고 몇 해를 기다리던 어머니는 더 이상 참지 못하고 다시 아들에게 결혼할 것을 종용했다. 그러자 아들이 이렇게 대답했다.

"어머니, 이제 때가 지났습니다."

이렇게 탈레스는 결혼도 하지 않고 자신이 좋아하는 연구에 관심을 쏟았다. 그러나 그가 생계도 돌보지 않고 자기가 좋아하는 연구에만 몰두하자 많은 사람들이 그를 비웃어댔다. 그런 비웃음이 얼마나 심했는지 탈레스는 자신의 지식을 이용해 돈을 벌기로 결심한다. 그는 기상학적 지식을 이용해 그해에 올리브 수확이 많을 것을 예견했다. 그래서 밀레투스와 키오스를 돌아다니며 올리브유를 짜는 기계를 임대하기 시작했다. 수확 철이 되려면 아직 멀었기 때문에, 탈레스 말고는 올리브 짜는 기계를 임대하려는 사람이 없었다. 그는 아주 싼값으로 계약 할 수 있었다. 그리고 예견한 대로 그해에 올리브가 풍년이 들었다. 사람들은 신선한 올리브유를 짜려고 방앗간으로 모여들었다. 그러나 이미 방앗간 기계는 모두 탈레스가 선점한 상태였다.

사람들은 탈레스에게 몰려가 기름 짜는 기계를 빌려달라고 아우성을 쳤다. 기름을 빨리 짜지 않으면, 그해 올리브 농사는 망칠 것이 뻔했기 때문이다. 사람들은 탈레스가 원하는 가격대로 지불하고 올리브유를 짰다. 수확 철이 끝난 뒤 탈레스는 큰 재산을 모을 수 있었다. 지금이라면 탈레스의 이런 행위가 매점매석으로 일종의 불공정거래에 해당되겠지만, 그 시대에는 아직 그런 개념이 없었으므로 굳이 법에 저촉되지도 않았다. 그는 이렇게 돈을 버는 것을 보여줌으로써, 사람들이 쓸모없다고 생각한 지식이나 학문이 어떻게 유용하게 사용될 수 있는지를 보여주었다.

올리브 수확.
탈레스는 올리브유를 짜는 기계로 큰돈을 벌었다.

　서양 철학의 창시자로 불리는 탈레스는 그리스 7현인의 대표적인 한 사람으로 이야기된다. 탈레스 시절에는 아직 철학이나 철학자라는 개념이 없었다. 그래서 지혜로운 자라는 뜻의 현인으로 불렸다. 그러므로 그리스 7현인의 시대는 신화 시대에서 본격적인 철학의 시대로 접어들기 전의 예비적 시대라고 볼 수 있다. 그 시기는 대체로 기원전 7세기 중엽에서 6세기 초인 것으로 알려지고 있다. 플라톤은《프로타고라스》에서 그리스 7현인을 다음과 같이 소개한다.

　(간결하게 자신들의 생각을 표현하는) 그러한 사람들은 밀레투스 출신의 탈레스, 미틸레네 섬 출신의 피타코스, 프리에네 출신의 비아스, 우리 도시(아테네) 출신의 솔론, 린도스 출신의 클레오브로스, 케네 출신의 뮤손, 그리고 일곱 번째로 라케다이모니아(스파

르타) 출신의 킬론 등이다.

　그러나 플라톤이 소개한 이 사람들 말고도 그리스 7현인으로 언급되는 사람은 열다섯 명이나 더 있다. 그리스 7현인으로 언급되는 인물을 모두 합치면 스물두 사람이나 된다. 7현인이 이렇게 스물두 사람이나 되는 것은 7현인을 보는 후대 사람들의 다양한 이론과 관점 때문이다. 그래도 이 스물두 사람 중에서 그리스 7현인으로 항상 손꼽히는 사람은 탈레스와 피타코스, 비아스, 솔론 등이고, 탈레스는 이 네 명의 현자 중에서도 현자로 이론의 여지없이 7현인의 맨 앞자리를 고수하고 있다.

　이처럼 가장 현명한 사람으로 추앙을 받던 탈레스가 죽은 곳은 다소 엉뚱하게도 열띤 경기가 벌어지고 있던 운동장의 계단이었다. 어떤 흥미로운 경기가 벌어지고 있었는지는 모르지만, 이미 고령의 나이에 접어든 탈레스는 경기를 관람하는 도중 더위와 갈증을 견디지 못하고 죽었다고 한다. 그는 마치 계단 위에서 잠자는 사람처럼 누워 있었다고 한다. 사람들은 그런 탈레스를 조용한 곳에 묻고, 다음과 같은 글을 새긴 묘비를 세웠다고 한다.

　보라.
　위대한 탈레스가
　이 조그만 묘에 잠들어 있지만,
　그의 지혜의 명성은 하늘에까지 이르렀도다.

2

최초의 세계지도를 만들다

—

아낙시만드로스

A n a x i m a n d r o s

　최초로 세계지도를 만든 사람은 누구일까? 바로 아낙시만드로스 (Anaximandros, 기원전 610~546년)라고 한다. 오늘날의 눈으로 볼 때, 그가 만들었다고 추정되는 세계지도는 대단히 엉성하다. 나라의 크기나 위치도 잘못되어 있다. 그러나 당시로 볼 때 그 세계지도는 최상의 학문 수준을 반영한 것이었다. 지도를 보면 그가 인도와 아라비아, 이집트에 이르기까지 상당히 많은 곳을 여행한 것으로 추정해볼 수 있다. 그런 여행을 바탕으로 아낙시만드로스는 세계지도와 세계 일주를 작성

라파엘로, 〈제일원인〉, 1509～1511년. 이 벽화는 고대 천문학을 상징하는 그림이다.
원구에 구현된 천체는 정확하게 1503년 10월 31일을 나타낸다.

했다. 세계지도는 배를 타고 항해하는 사람들에게 상당히 유용했다. 그 지도에는 지역에 대한 정보와 충고, 그리고 참고 사항들이 꼼꼼하게 적혀 있었기 때문이다.

이인자로 밀려난 철학자

아낙시만드로스는 그노몬과 해시계도 처음으로 고안했다. 그노몬은 삼각자 또는 직각 막대로서 이것의 그림자가 해의 방향과 고도를 지시해주는 기구다. 그는 그노몬과 해시계를 가지고 해의 진행 방향을 주의 깊게 관찰하고 하루의 시간과 1년을 측정했다. 어떤 사람은 그가 바빌론에서 처음 만든 해시계를 베껴왔다고 주장한다. 그러나 기록에 따르면, 아낙시만드로스가 스파르타 지역을 방문했을 때 해시계를 만들었다고 한다. 해시계를 누가 처음 만들었든지 간에, 그가 천체에 대해서는 당시로서 탁월한 지식을 가지고 있었던 것만은 틀림없는 사실인 것 같다. 그는 천구(天球)도 만들었다고 한다. 이 밖에도 그는 과학적 도구뿐만 아니라 《자연에 관하여》라는 철학 책을 서양 최초로 썼고, 과감하게 진화론을 주장했다. 그리스인으로서 최초로 산문도 썼다. 그런데 그는 학문적으로 무시할 수 없는 이 많은 업적을 최초로 쌓고서도 철학사에서 탈레스에게 밀려 제대로 대접을 받지 못했다.

예를 들면, 플라톤은 한 번도 아낙시만드로스에 대해 언급하지 않았다. 아리스토텔레스도 《형이상학》 1권에서 아르케라는 말을 만든 아낙시만드로스의 이름을 한 번도 언급하지 않으면서도, 다른 고대 철학자들의 이론은 소상히 다루고 있다. 그는 《물리학》에서 무한 개념과 관련해 그를 언급하지만, 그것도 밀레투스 철학자들과 함께 뭉뚱그려 언급할 뿐이다. 단테도《신곡》〈지옥 편〉에서 고대의 위대한 철학자들을 모두 열거하면서도 아낙시만드로스의 이름은 빠뜨리고 있다. 죽어서도 아낙시만드로스는 스승 탈레스에 밀려 제대로 대접을 받지 못했다. 아낙시만드로스는 스승 탈레스와 같은 해에 죽었다. 사람들은 이해를 크로이소스의 '행운'이 끝나고 페르시아가 쳐들어온 해로 기억하거나, 아니면 탈레스가 죽은 해라고 불렀다. 그러나 아낙시만드로스가 죽은 해라고는 부르지 않았다.

이렇게 아낙시만드로스가 제대로 대접 받지 못한 것은 요즘 한 개그 프로그램에서 나오는 말처럼, 1등만 기억하는 더러운 세상이기 때문일까? 어떤 철학사가들은 탈레스가 아닌 아낙시만드로스가 진정한 의미에서는 최초의 철학자라고 평가하기도 한다. 디오게네스 라에르티오스도 탈레스를 현인들 가운데 한 사람으로 보고 철학자로는 보지 않고 있다. 아낙시만드로스가 남긴 단편들을 면밀히 검토해보면, 그는 철학에서 스승보다 분명 한 걸음 앞서 나간 인물이었다.

아낙시만드로스는 프락시아도스의 아들로 탈레스보다 20년 정도 늦은 기원전 610년에 밀레투스에서 태어났다. 그는 탈레스의 후계자요 제자였다. 그리고 탈레스의 먼 친척이라는 설도 있다. 탈레스가 일식을 예견한 기원전 585년에 그는 스물다섯 살의 청년이었다. 그는 젊은 시절에 밀레투스 사람들을 이끌고 흑해로 가서 식민지를 건설했다고 전해진다. 또 그는 아폴론 신에게 영광을 돌리기 위해 식민지의 이름을 아폴로니아로 정했다고 한다. 그러나 당시 그리스 식민지를 건설하는 것은 그렇게 거창하지 않았다. 몇몇 사람들이 가재도구를 챙겨 본토를 떠나 적당한 지역에 새로운 도시를 일구어내는 것을 뜻했다. 그런 점에서 본다면 식민지보다 개척지라는 말이 더 잘 어울릴 것 같다. 밀레투스는 전성기에 그런 식민도시를 80개나 거느렸다.

아낙시만드로스는 세계지도나 해시계 등을 제작할 정도로 탁월한 과학적 자질과 재능을 가졌을 뿐만 아니라 형이상학적인 기질도 지니고 있었다. 그는 만물의 시원을 설명하기 위해 '아르케'라는 말을 만들어냈다. 아르케는 만물의 시원과 원리를 뜻한다. 그는 만물의 아르케(원리)나 스토이케이온(요소)을 탈레스와는 다른 데서 찾았다. 그는 아르케를 '물'이라는 자연적 물질보다 추상적 개념인 아페이론으로 설명했다. 그리스어 아페이론은 한정할 수 없다는 뜻을 지녔다. 그는, 아페이론은 영원하고 늙지 않으며 파괴되지 않고 올림포스의 신들과 같은 신적 특성을 지닌 것이라고 주장했다. 그는 이 아페이론을 통해 존재하는 것들이 어떻게 생겨나고 소멸하는지를 다음과 같이 설명하고 있다.

> 그것(아페이론)은 물도 아니고, 원소라고 불리는 것들 중에서 다른 어떤 것도 아니며, 무한정한 어떤 본연의 것이다. 그것에서 모든 하늘과 그것 안에 있는 세계들이 생겨났다. 그리고 그것으로부터 존재물들이 생성하고 그것에 따라 존재물들이 소멸하는데 그 과정은 필연적이다. 존재물들은 그들의 불의로 말미암아, 그에 대한 벌과 배상을 시간의 질서에 따라서 서로에게 지불해 소멸하기 때문이다.(DK 12 A9)

아낙시만드로스는 이 아페이론이 그 자체로 영원한 운동을 하는 것으로 설명했다. 그는 이 운동하는 아페이론으로부터 대립적인 두 힘, 즉 온(溫, 마른 것)과 냉(冷, 습기 찬 것)이 나왔다고 주장한다. 그리고 이 두 힘이 서로 대립적으로 작용하면서 세계를 산출한다고 말한다. 그러나 이 대립적 두 힘은 무한한 아페이론 안에서 동등하게 공존한다. 이런 힘들 중 어느 하나가 다른 하나를 침해할 정도로 강하면, 그런 불의는 처벌되고 심판을 받아 소멸하게 되고, 그들은 아페이론 안에서 동등한 균형을 다시 이룬다. 그는 아페이론 이론을 통해 우주를 체계적으로 설명하고자 시도한다. 별과 태양과 달은 뜨거운 것이 찬 것인 공기 중에 갇혀 형성된 것으로 지구를 둘러싸고 있다. 공기는 차고 습기 찬 것으로서 층을 이루고 있는데, 그 안에 지구가 있다. 애당초 습한 지구는 태양에 의하여 차츰 건조됐고, 건조되지 못한 나머지가 바다가 됐다.

아낙시만드로스의 우주론을 종합해보면, 영원한 운동을 하는 아페이론으로부터 온과 냉의 두 대립적 힘들이 발생하고, 이 두 힘들이 별과 태양, 달, 지구 등을 발생시키게 된 원인이 된다고 할 수 있다. 확실히 이러한 아낙시만드로스의 아페이론 이론은 '물'을 아르케라고 본 탈레스보다 한 걸음 발전한 느낌을 지울 수 없다. 적어도 탈레스의 '물'은 물이 다른 존재자들로 되기 위한 운동 원리나 발전 원리를 설명할 수도 없고, 만물의 생성이나 기원에 대한 우주론도 포함하고 있지 않기 때문이다.

처음으로 진화론을 주창하다

아낙시만드로스는 생물학에 대해서도 괄목할 만한 통찰을 보여주고 있다. 그는 인간의 기원에 대해서도 종교나 신화적인 사고방식을 완전히 벗어나 설명한다. 그는 자신의 우주론과 모순되지 않게 생명체들은 태양에 의한 습한 요소가 증발되는 과정에서 나타났다고 설명한다. 그리고 인간은 물고기 종류에서 점진적으로 진화했다고 주장한다.

> 아낙시만드로스는 최초의 생명체들이 습한 것으로부터 생겨 나왔으며, 가시를 많이 가지고 있는 외피 속에 둘러싸여 있었다고 말했다. 그러나 그들이 성장하면서 좀 더 건조한 부분으로 나오게 됐고, 그 외피가 깨지게 됐을 때, 짧은 기간 동안 상이한 종류의 삶을 살았다고 말했다.(DK 12 A30)

물고기에서 진화해 인간이 됐다는 인류의 기원에 대한 그의 주장은 적지 않은 흥미를 불러일으킨다. 그의 기본 가정이 다윈의 생물학적 진화론과 유사하기 때문이다. 그러나 현재 남아 있는 단편만으로는 그가 본격적으로 생물학적 진화론을 주장했는지는 입증하기 어렵다.

아낙시만드로스는 스승 탈레스에 못지않게, 아니 어쩌면 스승을 뛰어넘어 아페이론이라는 가설을 통해 우주의 생성과 구조, 만물 및 인간의 기원 등에 대해 합리적이고도 일관된 설명을 시도했다. 이런 점에서 몇몇 철학사가들이 왜 아낙시만드로스를 철학의 시원으로 삼으려 하는지 이해가 간다.

탈레스에 가려져 제대로 조명 받지 못한 아낙시만드로스의 일화는 유감스럽게도 남아 있는 것이 많지 않다. 디오게네스 라에르티오스가 전해주는 이야기에 따르면, 아낙시만드로스는 대단한 음치였지만 노래

부르는 것을 즐겼다고 한다. 그런데 그가 노래를 부르면 박자고 뭐고 너무 엉망이라 아이들이 웃지 않을 수 없었다. 아이들이 비웃어대면 그는 태연자약하게 이렇게 말했다고 한다.

"이제 어린아이들을 위해 노래를 더 잘 불러야겠구먼."

아낙시만드로스는 음악에 대한 재능이 없었지만, 그의 제자들로 추정되는 인물들은 모두 음악과 깊은 관련이 있다. 그들은 우주를 음의 조화로 본 피타고라스와 음악가이자 음유 시인인 크세노파네스였다.

아낙시만드로스는 58회 올림픽대회 기간의 두 번째 해, 즉 기원전 547년을 조금 더 지나 죽었다고 한다. 그가 죽은 해는 546년으로 스승 탈레스와 같은 해였다고 한다. 이해는 탈레스가 죽은 해로 기억되겠지만, 분명 그는 스승보다 한 걸음 더 나아가 우주와 세계를 포괄적으로 수미일관하게 설명하고자 시도했던 최초의 인물로 기억되어야 할 것이다.

3

밀레투스의 마지막 철학자

—

아낙시메네스

A n a x i m e n e s

그대가 사모스에서 지금 평화롭게 살고 있는 크로톤으로 이주해
간 것은 우리의 선택보다 훨씬 더 현명한 처사였네. 왜냐하면 아
이아케의 자식들은 엄청난 불의를 저지르고 있고, 폭군들은 밀레
투스에서 끝을 모르고 폭정을 행하기 때문일세. 우리가 세금을
내지 않으면 페르시아 왕이 우리를 괴롭힐 것은 뻔하네. 이오니
아 사람들은 모두의 자유를 위해 페르시아인들에게 전쟁을 선포
했네. 그러다가 전쟁이 터지면 우리는 그 상황에서 빠져나올 수

가 없을 걸세. 죽음 아니면 노예 생활이 기다릴지 몰라 전전긍긍
하면서 내가 어떻게 하늘만 관찰할 수 있겠나? 그러나 그대는 크
로톤에서도, 남부 이탈리아에서도 사랑을 받고 있지 않은가. 그
리고 시칠리아에서도 그대의 제자가 되려고 찾아오지 않는가.(DL
II 5)

사모스의 폭정을 견디지 못하고 얼마 전에 남부 이탈리아 크로톤으
로 이주한 피타고라스에게 이 편지를 보낸 사람은 밀레투스의 철학자
아낙시메네스(Anaximenes, 기원전 585?~525년)였다. 얼마 후에 피타고
라스는 아낙시메네스에게 위로의 편지를 보냈다.

나의 친우여, 그대가 고향에서 나보다 출신이나 명성이 탁월하지
않았더라면, 그대 역시 고향을 떠나고 말았을 테지. 그러나 그대
조상의 명망이 그대를 그곳에 머물도록 붙잡아두고 있고, 내가
그대였더라도 떠나지 못하고 남을 수밖에 없었을 걸세. 그대가
약삭빠른 사람들처럼 고향을 떠난다면, 고향의 질서는 엉망이 될
것이고 페르시아의 위협도 더욱 커지지 않겠는가. 하늘의 현상들
을 관찰하는 일이 항상 올바른 일만은 아닐세. 오히려 조국을 걱
정해야 하는 일이 지금은 더 나은 일처럼 보이네. 나 역시 내 이
론만에 전념할 수 있는 처지가 못 된다네. 이탈리아인들이 서로
간에 벌이는 싸움에 휘말려들곤 하기 때문일세.(DL VIII 49)

아낙시메네스와 피타고라스가 주고받은 이 편지들은 후대에 만들어진 작품으로 여겨진다. 그럼에도 이 편지 속에는 아낙시메네스가 어떤 상황에서 철학을 했는지가 잘 그려져 있다. 아낙시메네스는 에우리스트라토스의 아들로 밀레투스에서 태어났다. 그는 밀레투스학파의 마지막 철학자다. 그는 페르시아가 사르디스를 함락시킨 기원전 546년경에 가장 활발하게 활동했다. 사르디스는 리디아 제국의 수도였다. 사르디스가 함락된 것은 리디아 제국을 다스리던 크로이소스 왕이 신탁을 잘못 해석했기 때문이다. 크로이소스 왕은 인류가 생긴 이래 가장 많은 부를 가졌던 왕으로 전해진다. 크로이소스 왕은 그리스 신전의 신탁에 관심이 많았다. 그는 최고의 부자답게 예언으로 유명한 델포이에 엄청난 금은보화를 선물하고 신탁을 구했다. 그런 그가 얻은 신탁은 이런 것이었다.

"그대가 하일스 강을 넘으면 거대한 제국이 망하게 되리라."

크로이소스는 이 신탁을 자신이 하일스 강을 넘으면 페르시아 제국을 멸망케 할 수 있으리라는 뜻으로 해석했다. 그렇게 신탁을 해석한 왕은 하일스 강을 건너 페르시아 제국을 침공했다. 그러나 당시 페르시아는 강력한 제국으로 부상하던 때였고, 가장 현명한 통치자라고 불린 키루스 대왕이 다스리고 있었다. 크로이소스는 페르시아에 무참하게 패했다. 그때서야 크로이소스는 신탁의 의미를 이해할 수 있었다. 하일스 강을 넘어서면 망하게 되는 거대한 제국이 자신이 다스리는 리디아 제국이라는 것을. 아낙시메네스가 살던 당시에는 페르시아의 국운이

급부상하던 때였다. 아낙시메네스는 페르시아가 침입해올까 전전긍긍
했다. 그러나 그는 밀레투스학파의 철학자답게 지상의 일보다는 하늘
의 일에 더 관심이 많았다.

아낙시메네스는 만물의 기원을 일원론적으로 해석하기 위해 만물의
아르케를 '공기'라고 주장했다. 여기서 그가 주장한 '공기'는 우리가 생
각하는 단순한 '공기'가 아니라, 프시케, 숨, 영혼, 신적인 어떤 것이다.

"공기가 신이며, 그것은 생겨나고 측량할 수 없으며 무한하고 언제나
운동 중에 있다."(DK 13 A10)

그는 공기가 농축과 희박의 운동을 하면서 사물들을 만들어낸다고
주장했다.

"공기가 희박해지면 불이 되지만, 농축이 되면 바람이 되고, 그 다음

에는 구름이 되며, 더욱더 농축되면 물이 되고, 그 다음에는 흙이 되고, 그 다음에는 돌이 된다."(DK 13 A5)

그런데 공기가 이렇게 운동한다는 것을 어떻게 입증할 수 있을까? 아낙시메네스는 그에 대해 우리가 숨을 마시고 내뱉을 때의 예를 들어 대답한다. 그에 따르면, 사람이 입을 모아 숨을 들이마시면 숨, 즉 공기는 그로 인해 압축되고 농축되어 차갑게 되고, 입을 벌려 숨을 내쉬면 숨, 즉 공기가 희박하게 되어 따뜻해진다는 것이다.

> 사람이 입으로 뜨거운 것뿐만 아니라 차가운 것도 내보낸다고 말
> 하는 것은 터무니없지 않다. 왜냐하면 숨은 입술에 의해서 압축
> 되고 촘촘해져서 차가워지지만, 입이 열리면 숨이 빠져나가면서
> 희박해짐으로써 뜨거워지기 때문이다.(DK 13 B1)

아낙시메네스는 농축과 희박이라는 공기의 운동으로 우주 발생에 대해서도 설명한다. 그에 따르면, 공기가 응축되면서 가장 먼저 아주 평평한 땅이 생겨났다고 한다. 땅은 평평하기에 공기에 의해 떠 있으며, 해도 달도 나머지 별들도 이와 같이 평평하기에 공기에 의해 떠 있다고 말한다. 그 당시 사람들이 생각한 것처럼, 그는 별들이 지구 아래로 움직이는 것이 아니라, 우리 머리 주위를 돌듯이 지구의 주위를 돈다고 말했다.

공기 이론을 통한 아낙시메네스의 만물 생성과 우주에 대한 설명은 아낙시만드로스의 아페이론 이론과 흡사하다. 그러나 어떤 사람들은 아낙시메네스가 만물의 아르케를 다시 경험적 재료인 공기에서 찾음으

로써 아페이론을 주장한 아낙시만드로스의 추상적 사유로부터 후퇴했다고 주장하기도 한다. 그러나 아페이론이든 공기든 우주와 만물을 합리적으로 설명하려는 방식은 거의 같다고 할 수 있다.

지금의 눈으로 볼 때, 밀레투스 철학자들의 우주와 세계에 대한 합리적 설명은 황당하기도 하고 유치하기도 할 것이다. 그러나 우주와 세계에 대한 물음과 그러한 물음에 대해 합리적 설명을 제시하고자 했던 밀레투스 철학자들의 시도는 이후 서양의 학문을 탄생하게 한 중요한 시도였다.

아낙시메네스는 63회 올림픽대회 기간 동안(기원전 528~525년)에 세상을 떠났다고 한다. 밀레투스학파는 아낙시메네스를 끝으로 더 이상 존속하지 못했다. 그 이유는 밀레투스가 페르시아에 의해 초토화됐기 때문이다. 아낙시메네스가 죽고 얼마 지나지 않아 밀레투스는 이오니아의 다른 도시와 연합해 페르시아에 대항해서 '이오니아의 반란'을 일으켰다. 처음 얼마 동안은 반란이 대성공을 거두었다. 이오니아의 동맹군들은 파죽지세로 리디아의 옛 수도인 사르디스까지 점령했다. 그러나 그 승리는 다리우스 대왕이 다른 지역으로 원정을 간 상태에서 이루어진 것이었다. 다리우스 대왕은 당시 최강의 군사력을 보유하고 있었다. 그의 제국은 이란에서 이집트까지 펼쳐져 있었다. 다리우스 대왕은 전열을 가다듬고, 기원전 494년에 이오니아 지역을 공략해 초토화시켰다. 그중에서도 가장 심하게 초토화된 곳은 반란에 앞장선 밀레투스였다. 역사가 헤로도토스는《역사》에서 밀레투스가 페르시아인에게 초토화된 이야기를 이렇게 전해준다.

페르시아 병사, 페르가몬 박물관, 베를린

대부분의 밀레투스 남자들은 머리를 길게 기르고 있는 페르시아 사람들에 의해 죽음을 당했고, 여자들과 아이들은 끌려가 노예가 됐다. 디디마의 성역은 신전이나 신탁소를 막론하고 모두 약탈당하고 불타버렸다. …… 아테네 사람들이 밀레투스의 함락 소식에 얼마나 슬퍼했던지, 프리니코스가 이를 소재로 쓴 비극 〈밀레투스의 함락〉이 공연됐을 때, 온 극장은 눈물바다를 이루었다. 그러나 프리니코스에게는 동포의 불행을 다시 생각나게 했다는 죄명으로 1,000드라크마의 벌금이 부과됐다.

아낙시메네스가 걱정한 대로 밀레투스가 페르시아라는 새로운 강대국에 의해 초토화되면서 밀레투스학파는 사라졌다. 그러나 전쟁이 꼭 나쁜 결과만 낳은 것은 아니었다. 이 전쟁을 피해 다른 도시들로 이주해간 사람들에 의해 밀레투스학파의 사상이 멀리 그리스 도시들로 퍼져 나갔기 때문이다.

4

심장을 먹지 마라

피타고라스

Pythagoras

    길에서 어떤 사람이 개를 때리고 있었다. 개는 얻어맞을 때마다 울부짖었다. 지나가다 그 광경을 본 어떤 사람이 주인을 말렸다.

    "그만 멈추시오. 개가 불쌍하지도 않소?"

    그러나 주인은 아랑곳하지 않았다.

    "내 개를 때리는데 왜 상관합니까?"

    그러면서 개 주인은 다시 가를 때렸다. 말리던 사람이 다시 언성을 높였다.

피타고라스

"그만 때리라고 하지 않소."

개 주인은 놀라서 그 사람을 쳐다보았다.

"왜 그렇게 야단입니까?"

그러자 그 사람이 개 주인에게 이렇게 설명했다.

"여보게! 그 개 속에는 내 친구의 영혼이 들어 있네."

개 주인이 물어보았다.

"아니, 그것을 어떻게 알지요?"

그 사람이 대답했다.

"아까 개가 울부짖을 때 내 친구의 영혼이 비명을 지르고 있는 것을 들었다네." (DK 21 B7)

전생을 기억한 철학자

이 대화는 크세노파네스가 피타고라스의 영혼윤회설을 풍자한 것을 재구성한 것이다. 강아지의 울부짖음 속에서 친구의 비명을 들은 이 철학자는 피타고라스(Pythagoras, 기원전 582~497년경)다. 피타고라스의 영혼윤회설은 당대에 이미 풍자적 조롱의 대상이 될 정도로 널리 퍼져 유명했다.

영혼윤회설 때문인지 피타고라스의 출생에 대해서 믿을 수 없는 신비로운 이야기들이 떠돈다. 그 가운데 하나는 이런 이야기다. 피타고라스 자신은 원래 그리스 신 헤르메스의 아들 아이탈리데스로 태어났다는 것이다. 헤르메스는 사랑하는 아들에게 죽지 않는 것만 빼고는 모든 소원을 들어주겠다고 말했다. 아이탈리데스는 살아 있을 때나 죽었을 때에도 자신에게 일어난 모든 것을 기억하는 능력을 달라고 했다. 헤르메스는 사랑스런 아들에게 그런 능력을 선물로 주었다. 아이탈리데스는 나중에 에우포르보스로 환생했다가 죽었고, 헤르모티모스라는 사람으로 다시 태어났으며, 헤르모티모스는 죽어서 델로스의 어부 피로스로 태어났고, 피로스는 죽어 피타그라스로 다시 태어났다고 한다. 피타고라스는 자신이 아이탈리데스였기 때문에 이렇게 거쳐온 전생을 훤히 기억할 수 있었다고 한다. 그러나 이 이야기는 십중팔구 피타고라스의 신비감을 드러내기 위해 꾸며낸 이야기일 것이다.

아무튼 이렇게 윤회를 거듭해 태어난 피타고라스는 54회 올림픽대회가 열리던 때 사모스 섬에서 태어났다고 한다. 고대로부터 전해오는 많은 전기에 따르면, 젊었을 적 피타고라스는 시로스 섬의 페레키데스,

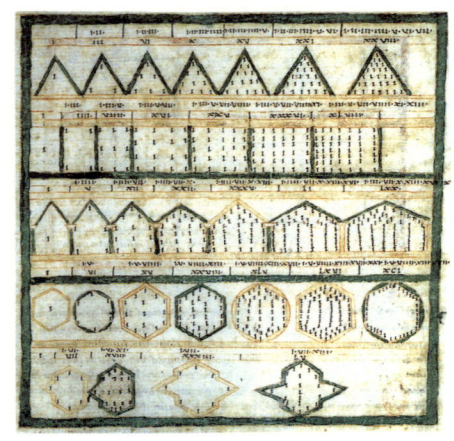

피타고라스학파의 원리에 따라
보에티우스가 정리한 형상화된 수의 모습

밀레투스의 탈레스와 아낙시만드로스에게 영향을 받았다. 청년 피타고라스는 더 많은 학문을 배우기 위해 이집트로 갈 생각이었다. 당시 사모스를 지배하던 참주 폴리크라테스는 청년 피타고라스를 이집트 왕 아마시스에게 소개해주었다. 폴리크라테스는 독재자이기는 했지만, 에우팔리노스 터널, 방파제, 헤라 신전 등을 건축한 왕이었다. 청년 피타고라스는 이집트로 갈 때 은주전자 세 개를 만들어 가지고 가서 이집트 신전의 사제들에게 선물로 안겼다. 그렇게 해서 사제들에게만 은밀하게 전해져 내려오는 신들에 관한 비의를 전수받았다. 이집트 유학 기간 동안 그는 다른 사람들에 비해 제의와 종교적 의식에 더욱 열성을 보였다. 이 때문에 피타고라스의 영혼윤회설이 이집트의 것을 훔쳐다 쓴 것으로 주장하는 사람도 있다. 헤로도토스는 피타고라스주의자들이 이집트에서 온 영혼윤회설을 마치 자신들의 것으로 이용하는 것에 대해 이렇게 꼬집었다.

이집트인들은 다음과 같은 이야기를 처음으로 한 사람들이다. 즉, 사람의 혼은 불사적이며 몸이 소멸할 때면 그때마다 태어나는 다른 동물 속으로 들어가고, 육지나 바다에서 살거나 날아다니는 모든 짐승을 거쳐 윤회하고 나면, 태어나는 사람의 몸속으로 다시 들어간다는 것이다. 그리고 그들은 혼에 있어 그 윤회가 3,000년에 걸쳐 이루어진다고 한다. 헬라스인들 가운데 어떤 이들은 앞서서, 어떤 이들은 나중에 이 이야기를 마치 자신들의 것인 양 이용했다. 나는 그들의 이름을 알지만 기록하지는 않는다.(DK 14 A1)

그러나 피타고라스의 영혼윤회설은 오르페우스 교설과 페레키데스의 사고와 밀접한 관계가 있는 것처럼 보인다. 이집트의 종말론에는 이세상의 삶은 또 다른 세상에서의 삶을 준비하기 위한 과정이며, 영혼의 되돌아옴이 없기 때문이다.

피타고라스는 이집트 유학을 끝내고 바빌론을 거쳐 페르시아를 여행하는 도중에 차라투스트라(영어 이름: 조로아스터)를 만났다고 전해진다. 차라투스트라는 그에게 모든 것은 선과 악이 부딪쳐 생겨나는 것이라고 가르쳐주었다. 피타고라스는 이집트로 유학을 떠났다가 다시 고향인 사모스로 돌아올 때까지 20여 년의 세월을 여행으로 보냈다. 오랜 여행 후 사모스로 돌아온 그는 그동안 배운 지혜를 사모스 사람들에게 설파했다. 그러나 뱃사람이 대부분인 사모스 사람들은 고상한 사제 모습을 하고, 영혼윤회설과 같은 신비한 이야기를 설파하는 그를 제대로 이해하지도 받아들이지도 못했다. 그는 사모스 섬을 떠나기로 결심했다. 그가 사모스 섬을 떠나게 된 또 다른 이유는 폴리크라테스의 통치가 너무 난폭하고 압제가 심해 자유인으로 더 이상 견디기 어려웠다는 설도 있다.

피타고라스는 사모스를 떠나 이탈리아 남부에 있는 크로톤으로 이주했다. 그의 금욕적이고 신비로운 철학은 크로톤에서 큰 신망을 얻었다. 많은 추종자들도 생겼다. 그는 추종자들을 모아 일종의 종교 공동체이자 학문 공동체인 피타고라스학파를 만들었다. 이 학파에 가입하려면 엄격한 품성 시험을 받아야만 했다. 이 품성 시험에 통과하면 남자건 여자건, 부자나 빈자나 차별 없이 가입이 허락되었다. 이 품성 시험은 5년 동안 묵언 수행을 하며, 어둠 속에서 존경하는 피타고라스의 얼굴도 보지 못한 채 그의 설교를 들어야 하는 것이었다. 이렇게 시험을 통과해야 학파에 가입할 수 있고 비로소 그들은 피타고라스의 얼굴을 볼 수 있었다. 학파에 가입한 그들은 소유물을 교단에 바쳐 공동생활을 했고, 육식을 하지 않았으며, 엄격한 금기 사항을 정해놓고 살았다. 예를 들어 피타고라스의 금기 사항 중에는 다음과 같은 것들이 있었다.

— 저울을 넘어가지 마라.
— 칼로 불을 쑤시지 마라.
— 심장을 먹지 마라.
— 콩을 먹지 마라.

저울을 넘어가지 마라. 이 말은 탐욕을 부리지 말라는 뜻으로 해석된다. 칼로 불을 쑤시지 마라. 이 말은 화가 나서 터질 듯한 사람에게 화를

르네상스 시대의 인문교양학을
표현한 그림. 정점에는 수학을
강의하는 피타고라스가 앉아 있다.

돋우는 말을 하지 말라는 뜻이다. 심장을 먹지 마라. 이 말은 자신을 큰
슬픔으로 괴롭히지 말라는 뜻이다. 이러한 금기 사항들 중에서 가장 이
해가 안 가는 것은 콩을 먹지 말라는 말이다. 이에 대한 해석은 분분한
데, 그중 유력한 것은 콩이 여성의 음부를 닮았기 때문이라는 것이다.

그러나 피타고라스학파가 금기 사항보다 중시한 것은 수학이었다.
피타고라스학파의 수학에 대한 공헌은 그의 이름을 딴 피타고라스의

피타고라스(가운데)가 그려진 16세기 프레스코 벽화

정리로 대표된다. 피타고라스의 정리는 다음과 같다.

"직각삼각형의 빗변을 한 변으로 하는 정방형의 면적은 다른 두 변을 각각 한 변으로 하는 두 개의 정방형의 면적의 합과 같다."

피타고라스는 이 정리를 발견하고 나서 기쁜 나머지 황소 100마리를 신전에다 받쳤다고 한다. 그렇지만 영혼윤회설 때문에 살생과 육식을 금지했던 피타고라스가 황소 100마리를 신전에 바쳤다는 이 이야기는 믿기 어렵다. 또한 피타고라스의 정리는 피타고라스가 발견하기 이전에 이미 바빌로니아와 이집트에서 직각을 구하는 데 널리 사용한 것으로 알려져 있다. 피타고라스가 피타고라스의 정리를 엄밀한 수학적 증명을 통해 최초로 공식화해놓았다는 것인데, 현재 남아 있는 자료로는 그러한 주장을 뒷받침하기 어렵다. 어쩌면 피타고라스는 피타고라스의 정리를 말 그대로 정리했을지도 모른다.

수학이 영혼을 정화해주리라

그런데 피타고라스는 왜 수학을 중시했을까? 피타고라스학파에서 수학은 어떠한 의미를 지니는 것일까? 피타고라스학파에게 수학은 영혼을 정화해서 구원에 이르게 하는 길이었다. 피타고라스학파에서 수학은 원래 단순한 '산술'이 아니라, 수적 원리에 기초한 모든 영역, 즉 기하학과 산술, 천문학, 그리고 음악을 뜻했다. 그렇다면 어떻게 수학이 우리의 영혼을 정화할 수 있는 것일까? 그는 우주를 수적 질서와 조화로 이해했다. 우리의 영혼도 원래 우주를 닮아 이러한 수적 질서와 조화로 이루어져 있다고 생각한 것이다. 그런데 우리의 영혼은 육체라는 감옥에 갇혀 끊임없이 육체의 감각과 욕구에 의해서 시달리고, 혼탁해져 질서와 조화를 잃어버리게 된다. 이 혼탁해진 영혼은 육체가 죽으면 다시 다른 육체로 들어가게 되고, 그렇게 해서 끊임없이 영혼이 이 육체에서 저 육체로 윤회하게 된다는 것이다. 그래서 피타고라스는 이러한 고달픈 윤회에서 영혼이 해방되려면 수학을 통한 정화의 길을 밟아야 한다고 주장했다. 수학은 우리의 영혼이 잃어버렸던 질서와 조화를 되찾아줄 수 있는 방법이었다.

이처럼 피타고라스는 우주를 '수의 원리'로 파악한 최초의 철학자였다. 그는 밀레투스의 철학자들과 다르게 철학의 아르케를 형상적이고 원리적인 측면에서 파악했다. 그는 만물은 수로 이루어져 있다고 주장했다. 수의 힘은 "위대하고 완숙하며 모든 작용을 하고, 하늘과 인간의 삶의 근원이자 지도자요 모든 것에 참여하고 있다."고 말했다. 수가 없으면 모든 것이 "한정이 없고 불분명하며 불확실할 것"이라고 주장했다. 수는 우주의 질서를 잡아주는 사물의 원리, 즉 아르케였다. 그는 이 우주의 수적인 조화 원리를 '테트라크티스(tetraktys)'로 표현했다. 섹스투스 엠피리쿠스의《학자들에 대한 반박》에는 다음과 같이 적혀 있다.

〔피타고라스주의자들이〕'테트라크티스'로 뜻하는 것은 일차적으로 네 가지 수들로 구성되어 가장 완전한 것을 내 보이는, 이를 테면 10과 같은 어떤 수다. 1, 2, 3, 4의 합은 10이 되니까, 이 수는 첫 번째 테트라크티스이며, 언제나 흐르는 자연의 원천으로 불린다. 우주 전체가 그 자체로 조화에 따라 정렬되어 있고, 조화는 세 협화음, 즉 제4음과 제5음 및 옥타브의 체계이며, 이 세 협화음의 비율들이 앞서 언급된 네 수, 즉 1, 2, 3, 4에서 발견되는 한에서는 말이다."

피타고라스는 테트라크티스, 즉 숫자 10을 신성한 완전수로 여겼다. 이 테트라크티스는 만물의 근본을 뜻하는 1, 2, 3, 4가 만드는 합, 즉 10을 뜻하기 때문이다. 1은 점, 2는 직선, 3은 면, 그리고 4는 입체를 뜻한다. 이 입체에서 감각이 되는 물체, 불 · 물 · 흙 · 공기 네 가지 요소로 된다는 것이다. 피타고라스는 테트라크티스를 완전한 비례와 조화를 이루는 것으로 생각했다. 테트라크티스는 포켓볼을 시작하기 전에 공을 삼각형으로 모아놓는 것처럼, 아름다운 삼각형의 대칭을 이루고 있다. 테트라크티스는 어느 쪽에서 보아도 1, 2, 3, 4의 구조를 완벽하게 이루고 있다.

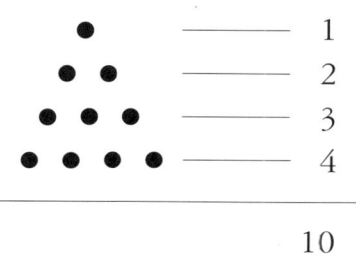

테트라크티스를 통해 보듯, 우주는 이렇게 아름다운 수적인 질서와 조화로 이루어져 있다. 테트라크티스는 피타고라스의 음악의 초석이기도 했다. 초기 그리스 악기는 4현금이나 4현으로 된 수금이었는데, 그는 그리스 화성학 이론을 수학적으로 설명한 최초의 사람이기도 했다. 이암블리코스의 《피타고라스의 생애》를 보면 피타고라스의 이론이 잘 나타나 있다.

협화음들은 다음과 같이 생겨난다. 현의 가락을 맞추어서 그 길이를 절반으로 줄이면 한 옥타브(1 : 2)의 음이 나오고, 5음(3 : 2)은 3분의 2로 줄이면 나오며, 4음(4 : 3)은 마찬가지로 길이를 4분의 3으로 줄이면 나온다.

그는 영혼이 정화되는 또 다른 길이 음악이라고 생각했다. 그에게 있어 음악은 인간과 우주를 이어주는 고리이기도 했다. 음악의 화음은 수의 비례와 조화로 이루어졌기 때문이다. 피타고라스가 얼마나 음악을 중시했는지는 그의 제자들에게 날마다 음악을 듣도록 했다는 점에서도 알 수 있다.

> 피타고라스는 음악을 통해 아침과 저녁에 제자들의 정신을 정화시키는데 신경을 썼다. 낮 동안에 동요됐던 피곤한 영혼을 조용하고 차분한 하모니와 멜로디를 가지고 진정시켜주었다. 이러한 영혼의 치료는 밤과 수면을 위해 그들에게 마련된 것이었으며, 이것은 피타고라스주의에서 중요한 역할을 했다.

피타고라스가 이탈리아 크로톤으로 건너가 세운 종교 공동체이자 학문 공동체는 날로 커졌다. 그리고 정치적 영향력도 막강해졌다. 피타고라스의 야간 강의에는 이웃 동네인 메타폰티온에서까지 많은 사람들이 와서 청강을 했다고 한다. 날로 커지는 피타고라스 교단에 대해 크로톤의 귀족들은 불만과 위협을 느꼈다. 귀족 출신의 청년 킬론은 크로톤 시민들을 선동해서 밀론의 집에 모여 있던 피타고라스 일파를 포위하고 그 집에 불을 질렀다. 어떤 사람들은 킬론이 피타고라스 교단의 품성 시험에 떨어져 가입이 거절당하자 앙심을 품고 불을 질렀다고도 하고, 어떤 사람들은 피타고라스 교단에 의해 크로톤에 독재가 시작되는 것을 사람들이 두려워해 불을 질렀다고도 한다.

밀론의 집에 불이 붙자 피타고라스는 서둘러 도망을 갔다. 그러나 문제는 자신의 앞에 넓게 펼쳐진 콩밭이었다. 극도로 콩을 혐오했던 피타고라스는 콩밭을 가로질러 도망가기보다는 차라리 남는 것을 선택했다. 그렇게 해서 피타고라스는 최후를 맞이하게 됐다고 한다. 이때 40여 명이 되는 피타고라스의 추종자들도 함께 죽음을 당했다고 한다. 또 다른 이야기에 따르면, 피타고라스는 그때 이웃 도시인 메타폰티온으로 도피해서 그곳에서 죽었다는 설도 있다. 아무튼 피타고라스의 죽음과 함께 피타고라스의 공동체도 크로톤에서 막을 내리게 됐다. 그러나 피타고라스학파의 이론은 계속 비길리에 전파되어 플라톤 등에 이르기까지 영향을 끼쳤다.

피타고라스가 죽은 뒤 평가는 엇갈렸다. 헤라클레이토스는 피타고라스가 박식하지만 결국 허튼소리만 했다고 평가했다. 반면 엠페도클레스는 그를 "온갖 지혜로운 일에 정통한 자"라고 평가했다. 평가야 어떻든 간에 그는 처음으로 자신을 진리를 추구하는 사람, 즉 철학자(philosophos)라고 소개한 사람이었다. 그런 그에게 누군가 물었다.

"이 세상에서 가장 아름다운 것은 무엇입니까?"

"조화!"

"가장 강한 것은 무엇입니까?"

"앎!"

가장 좋은 것은 무엇입니까?

"행복!"

"그렇다면 우주(Kosmos)란 무엇입니까?"

"조화와 수!"

5

허영에 찬 덧없는 존재, 인간

—

헤라클레이토스

Herakleitos

이란에서부터 이집트, 소아시아 지역까지 광대한 영토를 다스리던 페르시아의 다리우스 대왕이 소아시아 지역에 사는 괴팍하지만 유명한 철학자를 초대하고자 했다. 다리우스 대왕은 그의 명성을 듣고 강연을 직접 듣기 원한다는 초대장을 보냈다.

그대에게 그리스의 지혜를 듣기 원하오. 자연에 관한 그대의 저작은 세계에 대한 대담한 이론을 담고 있으면서도 이해하기 참으

로 어려운 애매한 구절들이 많으니, 직접 와서 나에게 설명해주
어 빛을 밝혀주기 바라오.

초대에 응하면 엄청난 보화와 안정된 지위가 따를 수 있는 기회였다.
그러나 애당초 권력이나 세속에 아무런 욕심이 없었던 이 철학자는 이
렇게 답신을 보냈다.

인간이라는 덧없는 존재는 진리나 정의와는 거리가 멀게 산다.
인간은 자신의 고질적인 무분별함 때문에 지나치게 허영에 찬 생
각만 한다. 그러나 나는 이런 일체의 악과 나를 따라다니는 과욕
이나 높은 지위에 앉고자 하는 허세도 모두 버렸으니 페르시아에

가지 않을 것이다. 나는 소박한 것에 만족하며 내 뜻대로 살아갈
것이다.

산나물을 캐 먹으며 철학에 몰두하다

페르시아 대왕의 초청을 거부한 이 철학자는 바로 괴팍한 철학자로
소문난 헤라클레이토스(Herakleitos, 기원전 540~480년경)였다. 그는 에
페소스에 있는 아르테미스 신전을 지키는 최고 사제 집안이자 정치 지
도자 블로손 또는 몇몇 어떤 사람들에 따르면 헤라콘이라는 사람의 장
남으로 태어났다. 그는 장남으로서 최고 지도자이자 최고 사제직에 오
를 수 있었다. 종교의 정화의식에 대한 발언을 보면, 그는 사제로 살기
에는 너무나 냉철하고도 비판적인 지성을 지녔던 것 같다.

> 그들은 정화한답시고 다른 피로 자신을 더럽히는데 이는 마치 어
> 떤 이가 진흙탕에 들어가서 진흙으로 씻으려는 것과 같다. 만일
> 그가 이러는 것을 누군가 알아차린다면, 그는 미쳤다고 여길 것
> 이다.(DK 22 B5)

애당초 종교 사제직에 관심이 없던 그는 자신의 자리를 동생에게 양
보하고, 평생 세속에 초연한 철학자의 모습으로 살았다. 그는 산속에
들어가 산나물을 캐먹으면서 세속에 대한 관심을 떨쳐버리고 순수하게
철학의 문제에만 몰두했다.
오만한 성격인 헤라클레이토스는 사람들의 무지를 경멸했고, 그에

아르테미스 신전, 에페소스. 세계 7대 불가사의 중 하나로 지금은 기둥 하나만 남아 있다.

대해 지독한 독설을 퍼붓은 것으로 유명했다. 한번은 에페소스의 시민들이 그의 친구 헤르모도로스를 "우리 중 누구보다 쓸모 있는 사람은 결코 있어서는 안 된다. 만일 그런 사람이 있다면 다른 곳에 가서 그렇게 하도록 하라."는 이유를 들어 추방했을 때, 그는 이렇게 독설을 퍼부었다.

"에페소스의 어른들은 도시를 아이들에게 맡기고 목매달아 죽어 마땅하다."(DK 22 B121)

헤라클레이토스는 대중의 무지를 경멸했으면서도 자신이 연구한 것을 대중에게 알리는 것에는 인색했다. 그의 글은 대중이 이해할 수 없을 정도로 난해하고 심오했다. 그래서 그는 스코테이노스, 즉 '이해할 수 없는 자'라는 별명을 얻었다. 그가 남긴 단편들을 읽어보자.

> —죽어가는 존재로서 그들은 죽지 않는다. 죽지 않는 존재로서
> 그들은 죽는다. 죽어가는 존재의 삶은 죽지 않는 존재의 죽음이
> 다. 죽지 않는 존재의 죽음은 죽어가는 존재의 삶이다.(DK B62)
> —단 한 사람에게서 발견되는 것, 그러나 항상 발견되지 않는 것
> (DK B69)
> —영혼에게 있어 물이 된다는 것은 즐거움인 동시에 죽음이
> 다.(DK B77)
> —우리 주위에 있으면서도 모든 사람에게 동일한 이 세상은 신
> 이나 인간이 만든 것이 아니다. 세계를 만든 것은 과거와 현재와
> 미래에 언제나 살아 있는 불이다. 척도에 따라 타오르기도 하고
> 꺼지기도 하는 불인 것이다.(DK B30)

키케로는 헤라클레이토스가 일부러 모호하고 난해한 글을 썼다고 주장했다. 그러나 헤겔은 천박한 지식의 소유자인 키케로가 심오한 헤라클레이토스를 어떻게 이해할 수 있겠느냐며 키케로를 비난했다. 소크라테스도 그의 글을 읽고 이렇게 말했다.

> (그의 글을 읽고) 내가 이해한 부분을 말한다면 대단히 탁월한 것
> 이었다. 내가 이해하지 못한 부분을 말한다면 대단한 내용을 담
> 고 있으리라 짐작된다. 이 책을 이해하려면 델로스의 잠수부와
> 같은 인내심이 요구된다.

헤라클레이토스는 이전의 자연 철학자들과 달리 사물의 변화 과정과 그 법칙에 주목한 철학자였다. 그는 이러한 철학적 관점에 비추어 이전의 철학자들에게 모두 혹독한 평가를 내렸다.

—지식이 많다고 해서 지성을 낳는 것은 아니다. 아는 것이 지성을 낳는다면 헤시오도스, 피타고라스, 크세노파네스, 헤카타이오스도 지성인이 됐을 것이다.(DK B40)

—피타고라스는 누구보다도 다른 사람의 책을 많이 베꼈다. 그리하여 이웃을 속이는 데 유익한 광범위한 지식과 영험과 저속한 기술들을 익혔다.(DK 22 B129)

헤라클레이토스의 새로운 사고는 사물을 지속적 운동과 변화 속에서 파악한 것이었다. 그의 주장은 이 한 마디로 요약된다. '판타레이!' 모든 것은 끊임없이 변화하고 흐른다. 그는 우리가 두 번 다시 같은 강물에 들어갈 수 없다고 주장한다. 왜냐하면 처음에 들어갔던 강물에 다시 들어가도 그 강물은 이미 새로운 물결로 이루어진 것이고, 우리도 처음 들어갈 때와 다르게 변화했기 때문이다. 그러나 변화는 그냥 이루어지는 것이 아니라 대립과 투쟁에 의해서 이루어진다. 낮과 밤은 서로 대립하지만, 그것은 서로의 투쟁에 의해서 하루를 이룬다. 헤라클레이토스는 "투쟁은 공통된 것이며, 투쟁이 정의이며, 모든 것은 투쟁과 필연에 따라서 생겨난다."(DK 22 B80)고 주장한다.

도나토 브라만테, 〈웃는 데모크리토스와 우는 헤라클레이토스〉, 1477년

불의 철학자, 물로 죽다

헤라클레이토스는 이 대립과 투쟁을 불로 상징화했다. 그래서 그는 '불의 철학자'라고도 불린다. 그러나 그가 말하는 불은 모든 것을 태워 재로 만드는 불이 아니라, 모든 것을 변화하고 움직이게 하는 힘이자 원동력이다! 불로 표상되는 대립은 대립자에 대해 변증법적으로 인식하게 만든다. 대립자는 서로를 배척하지만, 서로가 없으면 존재할 수가 없다. 예를 들어 죽음이 없으면 삶도 없고, 삶이 없으면 죽음도 없다. 헤라클레이토스는 "병은 건강을 달콤하고 좋은 것으로 만든다. 굶주림은 포만을, 피로는 휴식을 그렇게 만든다."(DK 22 B111)라고 말한다.

그는 이렇게 대립자들을 통일시켜주면서 대립자 속에는 어떤 공통적인 것이 있다고 주장한다. 그는 그것을 '로고스(logos)'라고 이름 했다. 로고스는 공통의 것이고, 만물을 하나로 파악하게 하는 원리이며, 영원한 것이라고 할 수 있다.

—로고스는 공통의 것이거늘, 많은 사람들은 마치 자신만의 생각을 지닌 듯이 살아간다.(DK 22 B2)

—만물은 나눌 수 있고 나눌 수 없으며, 태어나는 것이고 태어나지 않는 것이며, 가사적이고 불사적이다. 이와 같이 로고스는 영원한 것이고, 아버지는 아들이며, 신은 정의다. 나한테 귀를 기울이지 말고 로고스에 귀를 기울여, '만물은 하나다.'라는 데 동의하는 것이 지혜롭다.(DK 22 B50)

헤라클레이토스가 만든 이 로고스라는 단어는 그가 죽고 600년쯤 지나 에페소스에 살던 사도 요한이 〈요한복음〉의 첫머리에 인용하여 더욱 유명해졌다. 태초에 로고스가 있었다!

헤라클레이토스는 말년에 풀과 거친 야생 식물로 연명하다가 수종증에 걸렸다. 수종증은 몸에 물이 차서 퉁퉁 붓는 병인데, 불의 철학자를 죽음으로 몰고 간 것이 물이었다는 점이 아이러니하다. 그는 수종증에 걸린 자기 몸을 스스로 치유하기 위한 방법을 발견했다. 그는 노예들을 시켜 자신의 몸에다 소똥을 골고루 바르게 하고 태양을 바라보고 드러누웠다. 아마 소똥에서 나는 뜨끈뜨끈한 열과 태양열이 몸속의 물을 증발시킬 거라고 믿었던 것 같다. 그렇지만 이런 무지막지한 처방이 그를 죽음으로 더 빨리 몰아갔다. 다음 날 그는 세상을 떠났고, 그의 시신은 아고라에 묻혔다고 한다.

키지코스의 네안테스가 전해주는 다른 이야기는 훨씬 더 비극적이다. 헤라클레이토스는 몸에 대변을 바르고 양지 바른 곳에 누워 있었는데, 냄새를 맡고 똥개들이 찾아왔다. 그를 알아볼 리 없는 똥개들은 대변에 쌓인 그를 뜻밖의 먹이로 착각하고 갈가리 물어뜯어 먹어치웠다는 것이다.

헤라클레이토스의 최후에 대한 이 이야기들은 전부 디오게네스 라에르티오스가 전해준 것이다. 그가 3세기 사람이고 보면, 그와 헤라클레이토스 시대와는 800년 정도 차이가 난다. 그러므로 이 이야기들을 꼭 믿을 이유는 없다. 이보다 훨씬 더 믿을 만한 것은 헤라클레이토스가 철학사에서 최초로 변화를 이야기했으며, 변증법적 사고를 했다는 사실이다.

6

통제할 수 없는 혀

—

크세노파네스

Xenophanes

크세노파네스(Xenophanes, 기원전 565~470년경)는 이탈리아 남부에 있는 도시를 무대로 활동한 철학자다. 그는 스승이 없으며 홀로 세상의 이치를 터득했다고 자랑하고 다녔다. 위대한 철학자를 꿈꾸던 패기만만한 소년 엠페도클레스가 그런 크세노파네스를 만난 적이 있었다. 그는 크세노파네스와 만났을 때 당돌하게 면전에다 대고 이렇게 말했다.

"당신의 어디에도 현자의 모습이 보이지 않습니다."

그러자 크세노파네스가 이렇게 대답했다.

크세노파네스

"자네가 현자의 모습을 찾기 어려운 것은 당연하지! 현자만이 현자를 알아볼 수 있는 법이니까."

조국에서 버림 받은 유랑 시인

패기만만하지만 어린 엠페도클레스가 크세노파네스를 말로 이기기는 어려웠을 것이다. 크세노파네스 자신도 자신의 혀를 주체하지 못해, 일찍이 고향을 떠나왔다고 했으니까. 그가 스물다섯 살이었을 때 그의 고향 콜로폰이 페르시아의 지배에 들어갔다. 그는 불의한 페르시아의 지배에 대해 날카로운 풍자를 내뿜는 자신의 혀를 전혀 통제할 수 없었다. 그래서 그는 고향을 떠나 자유롭게 살기로 결심했다. 어떤 설에 따르면, 그는 조국에서 추방을 당했다고도 한다. 페르시아에 의해 멸망하는 줄도 모르고 콜로폰의 지배층들이 사치에 몰두하는 것을 신랄하게 조롱했기 때문이다. 크세노파네스는 고향을 떠나 유랑 시인으로 평생 이탈리아 남부의 여러 도시를 떠돌아다녔다. 그러나 운동선수보다도 더 형편없는 대접을 받은 것 같다. 그는 이렇게 불평을 털어놓았다.

누군가가 발이 빨라서, 또는 5종 경기를 해서, 또는 레슬링을 하거나 아주 힘든 권투 기술을 가져서, 또는 판크라티온이라고 하는 무시무시한 경기에서 승리를 획득하면, 시민들은 그를 아주 영예롭게 생각한다. 그는 경기장에서 눈에 잘 띄는 앞자리를 차지할 것이다. 국가는 그에게 공적인 비용의 식사를 줄 것이고, 보물이 될 만한 선물도 줄 것이다. 심지어 말들이 승리했을 때에도

장 오귀스트 도미니크 앵그르, 〈호메로스의 신격화〉, 1827년

이 모든 것이 주어진다. 그러나 그는 나만큼 그러한 것을 차지할
만한 자격이 없다. 왜냐하면 사람의 힘이나 말의 힘보다 우리의
지혜가 더 나은 것이기 때문이다.(DK 21 B2)

크세노파네스는 기원전 565년경에 콜로폰에서 태어났다. 콜로폰은
지금의 터키 서부 해안에 연해 있는 이오니아 지방에 있다.

대부분의 철학사를 보면, 크세노파네스는 엘레아학파의 시조로 설명
된다. 그가 엘레아학파의 시조라는 견해는 원래 플라톤에게서 비롯한
다. 플라톤은 〈소피스트〉 편에서 크세노파네스를 엘레아 철학의 창시
자로 간주하고 있다. 아리스토텔레스는 스승인 플라톤의 견해에서 한
걸음 더 나아가 《형이상학》에서 크세노파네스가 파르메니데스의 선생

이었다고 못 박고 있다. 크세노파네스가 파르메니데스보다 앞서서 '모든 것은 일자로 이루어져 있다.'는 사상을 견지했기 때문일 것이다. 그렇지만 크세노파네스가 엘레아학파의 시조라는 것에 대해서 오늘날에는 여러 사람이 의문을 제기한다.

크세노파네스는 유랑 시인이었다. 다시 말해 그리스 전역의 궁정과 주로 사람들이 모여 있는 곳을 다니면서 노래하는 가수이자 시인이었다. 고대에 유랑 시인들은 단순한 가수나 시인이 아니었다. 그들은 지나간 과거를 노래해주는 역사가이자 그 속에 든 교훈을 전달해주는 지혜의 전승자였다. 그러나 크세노파네스는 거기서 한 걸음 더 나아가 노래에 풍자와 지혜를 담았다. 그는 불합리한 것을 꼬집고 뒤틀어 조롱하는 풍자 시인이었다.

신은 우리와 닮지 않았다

크세노파스의 진면목이 드러나는 것은 비판적 종교학자로서의 모습이다. 서양 철학사에서 종교에 대해 처음으로 비판적 반성을 가한 사람이 그이기 때문이다. 고대 그리스인들은 호메로스와 헤시오도스가 묘사한 신들이 살아 있으며, 실제로 세상을 지배한다고 믿었다. 그래서 국가에서는 큰 행사 때마다 성대하게 신들에게 제사를 지냈고, 시민들도 각자 신들을 모셨다. 이런 분위기에서 크세노파네스가 행한 전통적인 신관에 대한 비판은 당시로서는 위험하고 상당히 급진적인 것이었다. 크세노파네스는 합리적 신관을 주장하며, 당시 그리스인들이 믿고 있던, 호메로스와 헤시오도스가 그려낸 신의 모습에 대해 신랄한 조소와 풍자를 가했다. 호메로스나 헤시오도스가 그려낸 그리스 신들은 한마디로 말해서 사기꾼이거나 난봉꾼이라는 것이었다.

"호메로스와 헤시오도스는 인간이 생각하는 모든 부끄럽고 수치스러운 일들을 신들에게 귀속시켰다. 도적질, 간통, 서로 기만하는 일들이 그것이다."(DK 21 B11)

크세노파네스는 호메로스와 헤시오도스가 그려낸 신들을 도저히 신이라고 받아들일 수 없었다. 그들이 노래한 신은 인간이 자기를 기준으로 해서 멋대로 그려낸 모습에 불과했다. 그는 호메로스나 헤시오도스가 노래하는 신들이 갖고 있는 인간적인 모습에 대해 이렇게 설명한다.

> 만일 소와 말, 그리고 사자가 손을 가졌거나, 그들이 손을 가지고 그림을 그릴 수 있고 인간들이 하는 일을 행할 수 있다면, 말은 신의 모습이 자신들을 닮도록, 소는 소의 모습으로, 그리고 신들의 몸을 그들 각자가 가지고 있는 형태에 따라서 만들었을 것이다.(DK 21 B15)

더 나아가 그는 신들이 하필이면 왜 그리스인의 모습을 하고 있는지 의문을 제기하면서 이렇게 비꼰다.

"에티오피아 사람들은 신이 코가 낮고 피부가 검다고 말하고, 트라키아 사람들은 눈이 파랗고 머리카락이 붉다고 말한다."(DK 21 B16)

크세노파네스가 이렇게 전통적인 그리스 신들을 비판한 것은 신의 존재를 부정하기 위한 것이 아니었다. 그는 무신론자가 아니었다. 우리 인간의 기준에 맞추어 고안된 '신'에 대해서는 반대했지만, '신'을 인정

크세노파네스는 자연현상을 신의 조화라고 생각하는 사람들을 신랄하게 비판했다.

했다. 그는 철저하게 합리적 신관을 견지한 인물이었다. 그의 합리적 신관은 초기 그리스적 사유가 신화적 사고를 탈피하는 데 있어 계몽적이고도 혁명적인 역할을 했지만 그의 자연철학을 펼치는 중요한 토대가 됐다. 그렇다면 그는 어떤 '신'을 생각한 것일까?

크세노파네스가 주장한 신은 유일신이다. 최고, 최선의 신은 오직 하나가 있을 뿐이다. 어떤 한 신이 다른 한 신을 의지하거나 지배할 수 있는 것이 아니다. 이 신은 유한한 존재가 아니라 무한한 존재다. 따라서 유한한 인간의 모습을 지니고 있을 수가 없다. 또한 사고도 무한하여 인간적인 사고와 비길 수 없는 그러한 존재다.

"신들과 인간들 가운데서 가장 위대한 하나의 신은 형체도 생각도 인간들과 조금도 비슷하지 않다."(DK 21 B23)

크세노파네스의 신은 생성과 소멸이 없는 우주 전체와 같은 것이다.

일종의 범신론적인 성격을 띤 신이다. 그 신은 언제나 같은 곳에 전혀 움직이지 않은 채 머물러 있으면서 마음의 생각으로 모든 것을 흔든다. 그는 의인적인 전통적 신관에 대해 신랄한 비판을 가한 다음, 이번에는 자연현상들로 눈을 돌린다. 당시의 그리스 사람들은 자연현상을 신 또는 신의 조화로 생각했다. 그러나 그는 무지개를 여신으로 생각하는 사람들에 대해 이렇게 주장한다.

"그들이 이리스(무지개의 여신)라고 일컫는 것, 그 또한 본디 구름이라. 자줏빛과 심홍빛, 그리고 녹황빛으로도 보이나니."(DK 21 B32)

크세노파네스는 태양도 신이 아니라 작은 불 조각이 모여 만들어진 것이라고 나름대로 합리적 근거를 가지고 설명했다. 그의 이런 말들은 태양을 신으로서 철석같이 믿고 숭배하던 사람들에게 경악을 금치 못하게 했을 것이다. 그보다 뒤에 태어난 아낙사고라스가 태양을 뜨거운 돌덩어리라고 말했다가 신 모독죄로 재판을 받고 사형을 선고받은 적이 있었다. 이런 사실을 감안하면 크세노파네스의 발언은 가히 선구적이고 혁명적이라고 할 수 있다. 크세노파네스는 기원전 470년경에 사망했다. 그가 쓴 시를 보면, 그는 평생 자유로운 유랑 생활을 하며 자신의 지식을 전파하다 죽은 것 같다.

> 그리스 땅 전역을 돌아다니며 나의 생각을 전파한 지
> 벌써 67년이란 세월이 지나갔네.
> 그렇지만 계산이 나를 속이지만 않는다면,
> 그전에 이미 스물다섯 해가 지나가 버렸네.
> 내가 태어난 날로부터 따지자면(DK 21 B8)

7

하얗게 센 머리가 우아한 철학자

파르메니데스

Parmenides

"이히힝, 이히힝."

육중하게 닫힌 문 앞에서 나를 태운 암말들은 급히 멈추어 서며 비명을 질러대고, 태양의 딸들은 다급한 듯 문 앞에서 애원하는 목소리로 말했다.

"빨리 문 좀 열어주세요."

밤과 낮을 가르는 거대한 대문의 열쇠를 가진 정의의 여신 디케가 엄격한 목소리로 말했다.

"그대들이 마차에 태워 온 이는 누구인가?"

태양의 딸들은 여신 디케에게 부드럽고도 듣기 좋은 목소리로 말했다.

"진리와 비진리가 무엇인지 알고 싶어 애타하는 젊은이를 데리고 왔습니다. 그러니 어서 문을 열어주세요. 이제 이 젊은이는 미망의 어둠에서 빛으로 나갈 준비가 되어 있습니다."

태양의 딸들이 다시 한 번 다급하게 재촉하자 디케는 굳게 닫힌 대문을 열어주었다. 그러자 환한 빛이 쏟아져 나왔다. 태양의 딸들은 나를 이제 밤의 영역에서 빛의 나라인 낮으로 이끌었다. 태양의 딸들은 구리로 된 기둥들이 잇따라 서 있는 통로를 지나 여신의 거처로 나를 안내했다. 여신은 마차에서 내리는 나를 맞아 반갑게 오른손을 친히 붙잡아주며 이렇게 말했다.

"오 젊은이여, 그대는 그대를 태우고 온 암말들과 불사의 마부들에 호위되어 나의 거처로 왔구나! 반갑구나. 결코 나쁜 운명이 그대를 이 길로 여행하도록 보낸 것은 아니니라. 진실로 이 길은 인간이 오기 힘든 길이며, 그대가 온 길은 올바르고 정의로운 길이니라. 그대는 흔들림 없는 완벽한 진리의 토대, 참된 신뢰가 없는 죽을 수밖에 없는 존재들의 억견들, 이 모두를 배워야 하느니라."

나는 용기를 내어 여신에게 말했다.

"배울 각오가 되어 있습니다. 말씀해주세요."

정의의 여신에게 진리를 배우다

디케 여신에게 진리에 대해 배우고자 겁도 없이 빛의 나라로 날아오른 이 젊은이는 파르메니데스(Parmenides, 기원전 515~445년경)였다. 앞의 글은 파르메니데스가 쓴 교훈시를 일부 윤문한 것이다. 그는 이 교훈시에서 자신의 깨달음을 태양의 딸들의 안내를 받으며 밤의 세계에서 빛의 세계로 나아가는 과정으로 알레고리화 했다. 그는 '존재와 비존재', '존재와 사유의 일치', '상식과 진리' 등 딱딱한 철학적 문제를 호메로스나 헤시오도스 때부터 전통적으로 내려오던 육각운의 시문학 형식을 빌려 생생하고도 흥미롭게 다루었다.

서구 형이상학과 존재론의 기초를 닦은 파르메니데스는 도대체 어떤 사람인가? 애석하게도 그에 관한 기록은 별로 남아 있지 않다. 출생일도 정확하지 않고, 다만 기원전 515년에서 510년 사이에 태어났다고

오딜롱 르동, 〈태양신의 전차〉, 1905년

추정될 뿐이다. 그는 명망 있는 부잣집 가문의 아들로 태어나 훌륭한
교육을 받으며 성장했던 것으로 보인다. 나중에 그는 엘레아에서 정신
적 지도자뿐만 아니라 정치적 지도자로서의 역할도 했던 것 같다. 엘레
아의 모든 시민은 자신의 자식들이 성년이 되면 파르메니데스가 만든
법에 따라 충성의 서약을 시켰다고 하니까. 파르메니데스가 논리학과

천문학을 배우기 위하여 이집트를 방문한 이야기도 있지만 근거가 확실하지 않다.

플라톤이 쓴《파르메니데스》에 다르면, 예순다섯의 나이로 파르메니데스가 제자인 제논과 함께 엘레아의 사절로 판아테나이아 축제에 참석하기 위해 아테네를 방문했다고 한다. 파르메니데스는 그때 이미 머리가 하얗게 세었는데 그 흰머리가 그를 더욱 우아하고도 아름답게 보이게 했다고 한다. 파르메니데스는 당시 아테네 근교의 피토드로스라는 부자의 집에 묵고 있었다. 그 당시 스무 살을 갓 넘긴 새파란 청년 소크라테스는 그 소식을 듣고 파르메니데스를 찾아가 철학적 문답을 벌였다.

파르메니데스는 만물은 변화한다고 주장한 헤라클레이토스와 다르게 변화는 없다고 주장했다. 변화가 없다는 것을 주장하기 위해 그는 존재와 무(無)의 문제를 끌어들인다. 그는 "오직 존재만이 있을 뿐, 무란 있을 수도 없고 생각할 수도 없는 것이다."라고 주장한다.

파르메니데스는 지극히 당연하게 존재는 있는 것이고 무는 없는 것이라고 설명한다. 그가 생각할 때 무는 생각할 수조차 없는 것이기 때문에 존재할 수조차 없는 것이다. 그러므로 무가 존재하는 것이라고 생각하는 것은 잘못된 것이다. 그렇기 때문에 무의 세계란 생각할 수조차 없으며, 오로지 존재의 세계만이 생각할 수 있는 것이다. 그런데 어째서 변화는 없다는 것일까? 그리스 사람들은 흔히 생성과 소멸을 변화로 본다. 그것은 존재의 세계에서 '무'의 세계로 넘어가는 것을 뜻한다. 그렇지만 '무'의 세계라는 것은 애당초 없기 때문에 소멸도 없고 또 생성도 있을 수 없다. 따라서 변화란 있을 수 없다는 것이다.

눈과 귀, 그리고 혀에 현혹되지 마라

파르메니데스는 생성이나 변화가 있는 것처럼 보이는 것은 눈과 귀, 그리고 혀 같은 우리의 감각이 외부의 세계에 현혹되기 때문이라고 한다. 태양이 산 뒤로 져서 우리 눈에 보이지 않는다고 해서 그것이 없어진 것은 아니지 않는가. 디케 여신의 입을 빌려 그는 이렇게 말한다.

> 많은 경험으로부터 비롯된 관습을 따르지 마라. 이것은 이성이 아니라 감각에 의한 것이다. 이것은 그대의 시선을 목적 없이 방황케 하거나, 그대의 귀와 혀를 의미 없는 소리로 가득 찬 길로 떨어지게 하기 때문이다.(DK 28 B7)

이렇게 감각에 의해 빚어진 오류를 비존재라고 보고, 거기에다 이름을 붙이기 때문에 인간은 잘못된 생각, 즉 억견에 빠진다고 본다. 디케 여신의 입을 빌려 그는 이렇게 설명한다.

> 인간들은 오로지 하나인 사물에 서로 다른 이름을 부여하고 그것을 때로는 대립적인 것들로 구분하기 때문이다. 우주는 빛과 어둠으로 동시에 가득 차 있느니라. 그리고 이 둘은 존재라는 측면에서 보면 하나이며 같은 것이다. 이 둘은 비존재의 몫을 가지고 있지 않기 때문이다. 그러나 인간들은 이 둘을 다른 것으로 생각한다. 마치 있는 것과 없는 것으로. 그들에 따르면, 사물들은 생겨나고 지금 있으며, 성장한 후 소멸할 것이니라. 그리고 이것들

에 각기 이름을 부여하고 있느니라. 그러나 그것은 하나이니라.
그들은 비존재의 몫을 가지고 있지 않기 때문이니라.(DK 28 B8)

파르메니데스는 비존재가 없기 때문에 존재에서 비존재로 넘어가는
생성이나 변화가 없으며, 오로지 항구적 불변의 존재만이 있다고 결론
을 이끌어낸다. 그는 세상 사물은 모두 존재로 가득 차 있으며, 존재는
모든 것과 더불어 지금 있는 것이므로 그것은 하나라고 주장한다. 그리
고 그것은 생성도 소멸도 없기에 시작과 끝도 없이 계속 지속하고, 따
라서 운동도 없으며, 구체의 덩어리처럼 모든 면에서 완전하고, 모든

방면에서 중심으로부터 똑같이 위치해 있다고 주장한다.

　파르메니데스가 어떻게 죽었는지는 모른다. 그러나 그의 철학은 의심할 여지없이 서구 형이상학과 존재론에 지대한 영향을 미쳤다. 특히 플라톤에게 많은 영향을 끼쳐서 플라톤 자신이 그를 '우리의 아버지 파르메니데스'라고 부를 정도였다.

8

독재자의 귀를 물고 죽다

—

제논

Z e n o n

발 빠른 아킬레우스와 거북이 경주를 하면 누가 이길까? 그야 물론 아킬레우스가 이길 것이다. 그런데 거북이 한 걸음 앞서서 출발한다면? 물론 아킬레우스가 몇 걸음 더 가지도 않아서 거북을 따라잡을 것이다. 그런데 이 당연한 사실에 대해 문제를 제기한 철학자가 있었다. 바로 제논(Zenon, 기원전 490~430년경)이었다. 그는 아킬레우스가 거북을 결코 따라잡을 수 없다고 주장했다. 그가 내세운 논리는 다음과 같다. 시간이 무한한 연속이라면, 아킬레우스는 한 걸음 앞서 달리는 거북

날아가는 화살은 정지되어 있다고 주장하는 제논

을 결코 앞지를 수 없다. 왜냐하면 아킬레우스가 거북을 따라잡으려면 그가 이동할 절대 시간이 필요하기 때문이다. 그렇게 아킬레우스가 거북이 출발한 지점에 도달했을 때, 거북은 그 시간만큼 조금 더 앞으로 나아갈 것이다. 다시 아킬레우스가 거북이 있는 장소에 오는 동안 절대 시간이 필요하고, 그사이에 거북도 앞으로 움직여 갈 것이다. 따라서 둘 사이의 거리가 더욱 좁아지게 되지만 상태는 항상 그대로가 된다.

스승을 위하여 상식 밖의 논리를 개발하다

이 제논의 논리를 어떻게 반박해야 할까? 제논은 한 걸음 더 나아가 날아가는 화살은 정지해 있다고 주장한다. 그는 시간이 매순간의 연속이고 집합이라면, 그 시간은 매순간으로 자를 수 있다고 말한다. 이렇게 시간을 매순간으로 자른다면, 날아가는 화살을 매순간으로 자를 수 있을 것이다. 매순간마다 화살은 마치 영화의 필름처럼 각각의 시점에 정지해 있을 것이다. 이 문제는 제논이 만든 역설이다. 제논의 역설은 상식적으로 받아들이기 힘들다. 그렇지만 제논의 역설이 10여 년 동안 러셀의 머리를 아프게 한 것처럼, 그것은 고대 그리스인들로부터 현대의 뭇 지성을 괴롭힌 골치 아픈 문제이기도 했다.

제논이 상식으로는 도저히 받아들일 수 없는 역설적 논리를 개발한 것은 순전히 스승 파르메니데스를 옹호하기 위해서였다. 플라톤의 《파르메니데스》를 보면, 제논 자신도 파르메니데스의 이론을 옹호하기 위해 책을 썼다고 말한다. 제논이 상식과 배치되는 역설적 논리를 개발해 가면서까지 스승을 적극적으로 옹호한 데에는 나름대로 까닭이 있었다. 제논에게 파르메니데스는 양아버지이자 스승을 넘어 연인인 특별한 존재였다. 플라톤은 둘 사이의 관계를 연인이라고 아예 터놓고 말했다. 그러니 제논이 파르메니데스를 옹호하는 일에 사활을 걸 수밖에 없지 않은가.

제논은 기원전 490년경에 엘레아에서 텔레우타고라스의 아들로 태어났다. 플라톤에 따르면, 그는 파르메니데스보다 스물다섯 살 연하였다. 엘레아의 정신적 지주이자 청소년들의 교육에 막강한 영향을 끼쳤던 파르메니데스가 어린 제논을 보고 곧바로 자기 집에 데려다 살 정도로 그의 재능과 성격은 남달랐던 것 같다.

물론 어린 제논이 파르메니데스에게 입양된 것을 두고 다른 주장을 하는 사람들도 있다. 그들에 따르면, 파르메니데스가 어리지만 뛰어난 미모(?)를 갖춘 제논에 반해 그를 데려왔다는 것이다. 이러한 주장을 하는 사람들은 제논의 재능이나 지적 능력보다는 "수려한 몸매에 호감이 가는 얼굴"을 지니고 있었다는 점과 "파르메니데스의 애인"이었다고 한 플라톤의 말에 무게를 둔다. 디오게네스 라에르티오스도 제논이 파르메니데스의 제자이자 애인이었다고 말하면서, 그의 외모가 뛰어났다는 점을 부각시키고 있다.

제논의 외모가 어땠든지 간에, 제논은 파르메니데스가 입양을 할 정도로 지적 능력과 재능이 비범했던 것만은 분명하다. 그것은 후에 그가 보여준 논리의 비범함을 통해서 잘 드러난다.

파르메니데스가 살아 있을 때부터 제논은 이미 스승의 명성을 능가하고 있었다. 그가 쓴 책 때문에 그리스 전역에서 명성이 높았다. 지역에서 이름이 좀 나면 서울로 가듯이, 당시에도 한다하는 명사들은 아테네로 향했다. 그렇지만 제논은 아테네를 일생 동안 딱 한 번 방문했을 뿐 고향인 엘레아를 떠나지 않았다. 그가 아테네로 가지 않은 까닭은 엘레아 사람을 촌닭 취급하는 콧대 높은 아테네 사람들이 못마땅했기 때문이다.

그러던 그가 스승 파르메니데스를 모시고 아테네를 방문하게 된 계기는 판아테나이아 축제에 참석하기 위해서였다. 명분은 판아테나이아 축제에 참석하는 것이었지만, 엘레아와 아테네 사이의 도시국가 간 동맹을 맺거나 더 강화하기 위한 외교적 방문이었을 가능성도 높다. 아무튼 이 아테네 방문은 촌구석 엘레아 밖에서도 제논의 명성이 어떠했는가를 보여주는 좋은 사건이었다. 제논은 파르메니데스를 모시고 아테네 외곽의 공동묘지 케라마이코스 근처에 있는 피토도로스라는 사람의 집에 머물고 있었다. 그런데 당시에 아직도 새파란 청년이던 소크라테스를 비롯한 아테네의 콧대 높은 지성인들이 파르메니데스와 제논이 머물고 있는 집을 찾아와 제논이 저술한 책에 대해 강연해주길 간절히 청했다. 제논의 명성이 어떠했는지를 보여주는 대목이라 할 수 있다.

디오게네스 라에르티오스에 따르면, 제논의 별명은 '엘레아의 팔라메데스'였다고 한다. 팔라메데스가 누구인가? 그는 꾀 많은 오디세우스가 전쟁에 나가지 않으려고 거짓으로 미친 척하는 것을 금방 알아차릴 정도로 현명한 사람이었다. 그 일로 오디세우스의 원한을 사서 트로이 전쟁 중에 억울하게 누명을 쓰고 죽었다. 그는 그리스 알파벳 중 여러 가지 철자와 화술을 창안한 사람으로도 알려져 있다. 그가 서양 장기와 여러 종류의 주사위 놀이를 고안해낸 것으로 보아, 당시 그는 글자를 짜 맞추는 퍼즐 놀이 같은 것을 만들어낸 사람이 아니었을까 싶다.

제논은 아킬레우스와 거북의
경주에서 아킬레우스가 먼저 출발한
거북을 절대 앞설 수 없다고 주장했다.

제논의 현란한 화술과 논리는 고대 그리스 사람들에게 화술, 즉 말하는 기술을 창안한 신화적 인물인 팔라메데스를 떠올리게 했던 것이다.

제논이 '엘레아의 팔라메데스'라는 명성을 얻게 된 것은 스승의 이론을 옹호하기 위한 논리를 개발하다가 그렇게 된 것이다. 제논은 스승 파르메니데스의 가르침에 반대하는 사람들이 내세운 주장에 담긴 모순을 드러냄으로써 간접적으로 스승의 가르침이 타당하다는 것을 논증하려 했다. 제논은 간접증명을 통해 자신의 주장과 반대되는 사람들이 가진 결론이 어떤 것인지를 보여주고자 했다.

'모든 것은 하나다.'라는 파르메니데스의 주장에 대해 사람들이 가장 많은 비웃음을 보냈던 모양이다. 파르메니데스를 비웃는 사람들은 모든 것은 하나가 아니라 다수라는 입장을 자동적으로 취하는 셈이었다. 제논은 스승의 가르침을 옹호하기 위해 '다수가 존재한다.'라는 주장이 모순적인 결론에 도달한다는 것을 보여주고자 했다. 다수가 존재한다는 주장은 다원론자뿐만 아니라 점들의 집합이 선이라고 주장하는 피타고라스주의자들도 마찬가지 입장을 취하고 있었다. 그들에 따르면 결국 현실은 개별적 사물들의 총합이 되는 셈이었다. 그러나 제논은 그들의 논리가 가진 모순점을 짚어냈다. 다수가 존재한다고 할 때 제논은 서로 구분이 되는 무수한 부분들인 그 개별적인 것은 단일성과 동일성을 갖는 하나여야 하는데, 다수라고 한다면 결코 하나가 될 수 없기 때문이다. 따라서 하나를 부정하고 다수를 주장한다면, 다수를 구성하는 개별적인 단일성과 동일성도 부정되어야 한다.

제논은 역설로 악명이 높다. 그러나 그는 그리스 철학에서 순수한 사유의 법칙과 논리의 영역을 독자적으로 개발한 것으로 평가된다.

엘레아 시민들, 봉기하다

철학자 제논은 엘레아의 폭군 네아르코스(Nearchos, 기원전 360~312년경)를 제거하려다 죽었다. 그는 리파라 섬에 무기를 숨겨놓은 다음 야음을 틈타 엘레아에 상륙해 네아르코스를 제거하려 했다. 그렇지만 누군가 비밀을 누설하는 바람에 거사는 수포로 돌아갔고, 싸움 한 번 제대로 해보지도 못한 채 음모의 주동자로 붙잡혔다. 네아르코스는 이 일을 함께 꾸민 사람들을 털어놓으라고 제논에게 갖가지 고문을 가했다. 그러나 제논은 좀처럼 입을 열지 않았다. 네아르코스가 입을 열라고 여러 차례 종용할 때도, 그는 오히려 다음과 같이 응수했다.

"내가 내 혀의 지배자인 것처럼, 또한 내 영혼이 내 육체의 지배자다."

"말로 해서는 안 될 작자구먼. 더 고문을 가하라."

한참 동안 제논은 심하게 고문을 당했다. 이 정도 고문이면 말할 듯 싶었는지 네아르코스가 제논에게 물었다.

"누가 무기를 리파라 섬으로 싣고 갖고 누가 공모했는지 말을 하라. 그러면 너만은 살려주겠다."

"말하겠소."

"누군가? 어서 말해보아라."

제논은 차례차례 이름을 대기 시작했다. 그 이름을 듣던 네아르코스는 깜짝 놀랐다.

"아니, 네가 말하는 이름들은 모두 나의 측근 이름이 아닌가?"

"그렇소. 당신의 측근들 모두가 이 일에 함께 공모했소."

네아르코스는 제논이 자신의 친한 친구들을 모두 공모자로 몰아, 자신을 고립시키려 한다는 것을 알았다. 네아르코스는 화가 머리끝까지 치밀었지만, 분을 삭이고 제논을 달래려 했다.

"나를 더 이상 놀리지 말고, 너 말고 이 거사를 일으킨 또 다른 결정적인 인물을 하나만 대보아라."

"좋소. 굳이 원한다면 알려드리리다."

"누구인지 어서 말해보아라."

"이 거사를 일으키게 한 결정적인 사람이 있소."

"그놈이 누구인가?"

"바로 국가가 저주하는 당신이오. 당신이 없었다면 애당초 이 거사는 일어나지도 않았을 것이오."

네아르코스는 말로는 도저히 어쩔 수 없다는 것을 알고 제논에게 더욱 심한 고문을 가했다. 고문이 점점 더 심해지고 도저히 참을 수 없는

고대 그리스 때에 번성했던 엘레아는 로마 시대 이후로 퇴락해서 흔적만 남아 있다.

지경에 이르게 되자 제논이 스스로 입을 열었다.

"좋소. 그만하오. 이제 다 불겠소."

회심의 미소를 띤 채 네아르코스가 거만한 몸짓을 하며 제논 앞으로 다가갔다.

"어서 불어라."

"이 비밀을 당신에게만 조용하게 알리고 싶으니 귀를 가까이 대시오."

네아르코스가 거만하게 제논의 청에 따라 귀를 가까이 댔다. 그러자 제논은 이때다 싶어 입을 벌려 그의 귀를 덥석 물었다. 가까이 있던 심복들이 재빨리 달려들어 제논을 떼어내려고 했지만 그럴수록 제논은 네아르코스의 귀를 더욱더 세게 물고 늘어질 뿐이었다. 결국 심복들은 철학자를 마구 칼로 찌를 수밖에 없었다. 이 처참한 광경을 목격한 엘레아 시민들은 봉기해서 네아르코스를 몰아냈다.

9

매년 나의 기일을 어린이날로 삼아라

아낙사고라스

A n a x a g o r a s

　아테네의 유명한 정치가이자 장군인 페리클레스(Perikles, 기원전 495~429년경)가 군대를 이끌고 출정했다. 그런데 전쟁터에 도착하자마자 일식이 일어났다. 훤한 대낮이 갑자기 캄캄해진 것이다. 군대가 동요하기 시작해 소란스러워졌다. 장교와 병사들은 혹시 뭔가 불길한 조짐이 아닐까 하여 두려워했다. 군대의 사기가 일식 때문에 갑자기 땅에 떨어졌다. 페리클레스는 두르고 있던 망토를 벗어 한 병사의 눈앞을 막았다가 다시 걷어냈다. 그리고 이렇게 물었다.

페리클레스

"너는 이것을 불행의 조짐이라고 생각하는가, 아니면 행복의 조짐이라고 생각하는가?"

"글쎄요, 대답하기 어려운데요."

그러자 페리클레스가 이렇게 말했다.

"그러면 이것과 일식의 차이가 뭔가? 일식을 일으키는 것은 망토보다 크다는 차이밖에는 없다."

술 취한 사람들 가운데 홀로 깨어 있는 자

일식은 고대 사람들에게는 두려움을 불러일으키는 커다란 사건이었다. 그러나 페리클레스는 그것이 단순한 자연현상에 불과하다는 것을 알았던 것 같다. 이 페리클레스에게 일식이 단순한 자연현상에 불과하다는 것을 가르쳐준 철학자가 있었다. 그는 페리클레스에게 자연이나 세상일 모두에 대해 냉철한 정신을 가지고 파악하라고 가르쳐주었다. 그리고 대화를 통해 페리클레스가 가장 뛰어난 웅변술을 지니도록 도움을 주었다. 페리클레스에게 냉철한 정신과 뛰어난 웅변술을 갖추게 한 이 철학자는 바로 아낙사고라스(Anaxagoras, 기원전 500?~428년)였다. 사람들은 그를 '누스'라고 불렀다. 그리스어 '누스'는 '정신'을 뜻한다. 아낙사고라스는 자연뿐만 아니라 세계의 모든 질서의 원인이 '정신'이라고 주장했다. 아리스토텔레스는 《형이상학》에서 아낙사고라스를 술 취한 사람들 가운데 홀로 깨어 있는 사람이라고 평가했다.

> 생명체만이 아닌 자연의 경우에 정신이야말로 세계와 모든 질서의 원인이라고 말한 아낙사고라스는 그 이전에 마구잡이로 얘기하던 사람들에 비하면 홀로 취해 있지 않은 사람처럼 보일 정도다.

아낙사고라스는 이오니아 연안 도시인 클라조메나이에 살던 헤게시불로스의 아들로 태어났다. 부모로부터 막대한 재산을 물려받은 것을 보면, 그는 부유한 집안 출신이었던 것 같다. 그러나 그는 부모가 물려준 막대한 유산에는 관심이 없고 철학에만 관심을 기울였다. 그러자 가족들이 그에게 재산을 잘 관리하라고 잔소리를 해댔다. 그러자 그런 가족들에게 그는 "그런 거야 여러분이 하면 되지 않는가?"라고 대꾸했다. 성가신 참견을 떨쳐버리기 위해 그는 아예 가족들에게 재산을 시원스럽게 나누어 주고 철학에 몰두했다. 그는 이오니아 철학자들, 특히 아낙시메네스의 영향을 강하게 받았다고 한다. 그도 이오니아 철학자들처럼 세상의 일보다 하늘을 바라보는 데 더 많은 시간을 보냈다. 어떤 마을 사람이 하늘만 바라본다고 그에게 불평한 적이 있었다.

"그대는 조국의 일이 조금도 걱정이 되지 않는가?"

그러자 아낙사고라스가 태연하게 대답했다.

"당치도 않은 소리! 나는 내 조국의 일이 걱정되어 밤이면 잠을 이루지 못할 정도요."

그렇게 대답하는 그의 손은 하늘을 가리키고 있었다. 하늘이 그에게는 조국이었다. 어떤 사람이 그에게 물었다.

"자네는 무엇 때문에 태어났는가?"

그가 대답했다.

"태양이나 달, 하늘을 관찰하기 위해서지!"

아낙사고라스는 천체에 대한 지식이 대단했던 것으로 전해진다. 전해지는 말로는 그가 기원전 467년에 아이고스포타모이에서 있었던 운석의 추락을 예견했다고 한다.

저승으로 내려가는 길은 언제나 같은 길이다

아낙사고라스는 기원전 480년경에 나중에 그리스 문화와 정치의 중심지가 된 아테네로 이주해왔다고 한다. 어떤 설에 따르면, 아낙사고라스가 아테네로 온 것은 크세르크세스의 군대가 그리스를 침입할 때 따라왔기 때문이라고 한다. 그러나 또 다른 설은 페리클레스의 아버지 크산티포스가 아들의 교육을 맡기기 위해 그를 초빙해 아테네로 왔다는 설도 있다. 그가 아테네에 왔을 때, 아테네는 아직 철학의 불모지였다. 그는 아테네에 이오니아의 철학과 과학적 탐구정신을 전파했다.

아낙사고라스는 천체에 관한 지식 때문에 곧 유명해졌다. 어느 날, 아낙사고라스가 올림픽 경기장에 모습을 나타냈다. 그런데 그는 비 올 때 쓰는 가죽 망토를 쓰고 있었다. 사람들이 그런 그의 모습을 이상한 눈으로 바라보기 시작했다. 시간이 얼마 지나지 않아, 쾌청한 하늘에서 억수 같은 비가 내리기 시작했다. 이 일로 아낙사고라스의 명성은 더욱 확고해졌다고 한다. 그가 아테네에서 학교를 열자 사람들이 몰려들었다. 그의 제자들 중에는 에우리피데스, 소크라테스의 스승으로 유명한 아르켈라오스 등이 있었다. 아낙사고라스는 밀레투스 철학자들과 같은 물음을 가지고 있었다. 그것은 다음과 같은 두 개의 물음이었다.

"가장 근원적인 질료는 무엇인가?"

"그러한 질료를 작동하게 하는 것은 무엇인가?"

첫 번째 물음에 대해, 밀레투스학파는 하나의 아르케를, 엠페도클레스는 가장 근원적인 질료로 4원소를 생각했고, 원자론자들은 동일한 물질이지만 수많은 원자를 주장했다. 아낙사고라스는 '호모이오메레이아(동질소)'라는 무한개의 원소를 설정했다. 이 동질소들은 그 수나 질에 있어 다양하고 무한하다. 그는 어떤 사물에나 모든 종류의 동질소가 들어가 있다고 주장했다. 다만 각 사물은 그 속에 가장 많이 들어 있는 동질소의 모습으로만 우리 눈에 보인다는 것이다. 다시 말해 책상에는 모든 종류의 원소들이 들어 있으나, 나무의 모습만이 보이는 것은 나무의 동질소가 압도적으로 많기 때문이라는 것이다. 그는 한 걸음 더 나아가 동물이 먹이를 먹으면, 먹이가 그 동물의 살도 되고, 뼈도 되고, 털도 되는 것은 이 동질소 때문이라고 주장한다. 먹이 속에는 이미 살의 동질소, 뼈의 동질소, 털의 동질소 등이 들어가 있어 그것이 그렇게 변화한다고 주장한다. 그는 자신의 주장을 확고히 하기 위해 "어떻게 살이 살 아닌 것으로부터 생겨날 수 있겠는가?"라고 반문했다.

첫 번째 물음에 대한 아낙사고라스의 답은 독창적이라기보다는 어딘가 모르게 앞선 이론들을 종합했다는 생각이 든다. 그러나 두 번째 물음과 관련해서는 그의 독창성이 드러난다. 그는 모든 우주의 근원적 운동에 누스, 즉 '정신'을 끌어들여 자신의 특색을 드러낸다. 그는 우주의 발생 처음에는 모든 사물이 함께 있었다고 주장한다. 어떤 것도 분별되지 않는 완전히 섞인 상태였다. 그런데 어떻게 이러한 상태에서 사물들이 분화되기 시작했을까? 여기에 아낙사고라스는 정신을 개입시킨다. 분화의 시작은 정신이 회전을 시작하도록 했을 때 일어났다는 것이다. 이 정신이 지성을 지닌 창조주와 같은 역할을 하지만, 그는 정신을 더 이상 그러한 방식으로 설명하지 않았다. 다만 운동의 원인으로만 설명했다. 이렇게 시작된 회전운동은 시간이 지나면서 영역이 점차 확대되어간다. 회전에 의해서 원시 혼합체로부터 분별 가능한 사물들의 분리가 계속 일어난다. 축축한 것, 차가운 것, 그리고 어두운 것 등 한마디로 무거운 것들은 가운데로 이동해 땅이 되고, 그 반대되는 것들은 창공으로 솟아올랐다. 이렇게 해서 구름에서 물이 분리되고, 물에서 땅이 분리되어 나온다.

'정신'을 철학의 원리로 끌어들인 아낙사고라스는 그 '정신' 때문에 곤경에 처하게 된다. 아테네에서 지낸 지 30년이 되던 해에, 그는 태양을 붉게 달아오른 뜨거운 돌덩이라고 주장했다는 죄목으로 고소당했다. 다시 말해 불경죄로 고소당한 것이다.

아낙사고라스에 대한 기소에는 페리클레스에 반대하는 정파들이 페리클레스에게 타격을 가하려는 의도가 담겨 있었다. 기소자는 페리클레스의 정적 투키디데스라고도 하고 클레온이라고도 한다. 아낙사고라스의 죄는 페리클레스를 제자로 둔 죄밖에 없었다. 최고 권력자인 페리클레스가 변호를 했지만, 별로 효과를 거두지 못했다. 아낙사고라스에게 5탈란톤의 벌금과 추방형이 내려졌다는 설도 있고, 그가 없는 자리에서 사형선고가 내려졌다는 설도 있다. 이 사형선고에는 불경죄 말고도 그가 페르시아의 첩자라는 죄도 추가되어 있었다. 사람들이 그에게 사형선고가 내려졌다고 하자 그는 대수롭지 않다는 듯 이렇게 중얼거렸다.

"자연은 오래전에 나와 나의 적들에게 사형선고를 해놓았지."

추방을 당했든지, 아니면 사형을 피해 도주를 했든지 간에, 아낙사고라스는 철학적 신념 때문에 최초로 박해를 받은 인물이었다. 그는 아테네를 떠나 이오니아의 트로이 부근에 있는 람사코스에서 유배 생활을 했다. 그는 유배지에서 생활하는 동안 《자연에 관하여》라는 책을 썼다. 이 책은 일종의 베스트셀러였다. 책값도 저렴해 손쉽게 구해 읽어볼 수 있을 정도로 대중적이었다.

아낙사고라스는 추방당한 지 몇 년이 안 되어 람사코스에서 세상을 마쳤다. 임종을 지켜보던 친구가 먼 이국땅에서 그가 죽게 되는 것을 탄식하자, 그는 태연히 이렇게 말을 했다고 한다.

"저승으로 내려가는 길은 언제나 같은 길이라네."

람사코스의 장관이 죽어가는 그에게 무엇을 해주었으면 좋겠느냐고 물었다. 그러자 그가 힘들게 대답했다.

"매년 내가 죽은 날에는 하루 동안 어린아이들이 공부 말고 즐겁게 놀게 해주시오."

아낙사고라스가 죽자 람사코스 시민들은 국장의 예를 갖추어 그의 장례를 성대하게 치러주었다. 그리고 그의 무덤에는 다음과 같은 비문을 새겨 넣었다.

"여기 천상 세계의 진리 끝까지 최대한 도달한 아낙사고라스가 누워 있다."

10

신이 되려 한 철학자

—

엠페도클레스

Empedokles

그리스 본토가 마라톤 전쟁으로 시작해서 앞으로 혹독한 전쟁을 치러야 할 운명에 처했을 때, 그리스 식민지인 이탈리아에서는 평화롭게 철학의 꽃이 피어나기 시작했다. 크로톤에서는 피타고라스가, 엘레아에서는 파르메니데스가, 남부 이탈리아에서는 이 두 사람의 영향을 받은 엠페도클레스(Empedokles, 기원전 490~430년경)가 새로운 사상의 기지개를 켜기 시작했다.

엠페도클레스는 마라톤 전투가 벌어지기 직전인 기원전 490년경에

엠페도클레스

아크라가스의 명문귀족 출신인 메톤의 아들로 태어났다. 그리스 도시 아크라가스는 시칠리아의 아그리젠토의 옛 이름이다. 그의 할아버지는 기원전 496년에 열린 71회 올림픽대회 우승자라고 전해진다. 당시 올림픽대회 우승자는 대단한 영예를 누렸다. 최고의 지배자들과 함께 식탁에 앉을 수 있는 영예가 주어졌을 뿐만 아니라, 그들의 흉상이 제작되어 마을 입구에 전시됐으며, 그들의 이름은 역사에 기록됐다. 엠페도클레스의 할아버지도 그러한 영예를 맛보았다. 엠페도클레스의 할아버지는 올림픽에서 우승하자 꿀과 밀가루를 가득 채워 요리한 황소 한 마리를 시민들에게 제공했다는 기록이 남아 있다.

올림픽 우승자이자 부유한 귀족 집안의 아들로 태어난 엠페도클레스는 할아버지와 달리 운동보다는 철학에 더 관심이 많았다. 일설에는 그가 어릴 적 이탈리아 남부를 떠돌던 철학자 크세노파네스를 만났다고 한다. 이때 그는 열여섯 살도 되지 않은 나이였다. 그 당시 그가 크세노파네스와 나눈 대화는 〈크세노파네스〉 편에서 이미 소개를 했다. 소년 엠페도클레스가 크세노파네스의 영향을 받아 철학자가 되기로 결심을 했는지는 알 수 없다. 그러나 그가 소년 시절부터 철학자의 삶을 걷고자 했던 것은 확실하다.

엠페도클레스는 크세노파네스 말고도 엘레아학파의 가르침을 받은 것으로 전해진다. 제논과 더불어 파르메니데스에게 공부를 했다고도 하며, 파르메니데스가 아니라 제논에게 배웠다고도 한다. 아무튼 엘레아학파에서 받은 영향은 그가 쓴 《자연에 관하여》에 반영되어 있다. 또한 그는 피타고라스의 가르침을 받았다고 한다. 디오게네스 라에르티오스에 따르면, 그는 피타고라스학파의 가르침을 받았으나, 피타고라스의 비밀스러운 가르침을 몰래 가지고 나가다 붙잡혀 쫓겨났다고 한다. 비록 쫓겨나기는 했지만, 그가 쓴 《정화》를 보면 그가 피타고라스학파의 영향을 받은 것만은 분명하다.

야인의 삶을 선택한 부잣집 아드님

엠페도클레스는 시인 못지않게 정치가와 의사로서도 명성을 날렸다. 우선 정치가로서의 그의 면모부터 살펴보자. 젊었을 때 그는 아버지 메톤과 함께 횡포와 독재를 일삼던 참주 테론의 아들 트라시다이오스를 권좌에서 밀어냈다. 그리고 아버지가 죽자 다시금 참주정치를 부활시키려는 귀족모임인 '천인회'를 공금을 횡령했다는 죄목으로 고발해 해

시칠리아 섬의 에트나 화산. 이곳에 엠페도클레스가 몸을 던졌다.

체시켰다. 그는 참주정치 대신 각 사람에게 정치적 자유가 보장되는, 평등에 기초를 둔 새로운 정부를 구성할 것을 제의했다. 사람들은 그의 제안에 열광을 해서 그에게 참주가 되어달라고 부탁했다. 그러나 그는 제안을 거절하고, 야인의 삶을 선택했다. 그가 야인의 삶을 선택한 이유는 간단하다. 참주보다 소박하고도 자유로운 생활을 더 사랑했기 때문이다. 엠페도클레스는 아그리젠토의 주민들이 정치적 평등의 원칙 아래 살 것을 주장하면서 그 자신도 정치적 평등을 실천했다. 그는 돈이 없어 시집을 가지 못하는 도시의 처녀들에게 자신의 재산으로 결혼

지참금을 마련해주었다.

　엠페도클레스는 정치가로서뿐만 아니라 의사로서도 명성을 떨쳤다. 도시에 나돌던 전염병을 막았기 때문이다. 나중에 사람들이 그를 신처럼 여기게 되고, 또 그도 신처럼 처신하게 되는 일도 의사로서의 그의 행적과 관련이 있다.

> 셀리누스라는 도시 사람들이 역병에 걸린 적이 있었다. 엠페도클레스는 그 전염병의 원인이 그 도시 지역을 지나는 냇물이 고여 오염된 탓이라고 생각했다. 그래서 그는 냇물을 흐르게 하는 방도를 설계했다. 그의 설계는 작은 운하를 파서 부근을 흐르던 다른 냇물 줄기를 그 냇물에다 연결해 물을 합류시켜 흘러가게 하는 것이었다. 그는 공사비를 모두 자신이 직접 대서 이 계획을 성공시켰는데, 설계대로 합쳐진 물은 서로의 흐름을 방해하지 않고 흘러갔다. 그러자 역병이 사라졌다. 역병이 사라지자 셀리누스 주민들은 강가에서 축제를 했는데, 그때 그가 나타났다. 모든 사람이 그에게 달려가서 그를 신처럼 경배했다.(DL VIII 70)

　엠페도클레스가 의사와 정치가로서 쉽사리 해낼 수 없는 일들을 해내자, 도시의 시민들은 그를 거의 신으로 추앙했다. 참주 자리는 거절했지만, 그는 신과 같은 대접은 거절하지 않았다. 이후부터 그는 신처럼 "붉은 융단으로 된 긴 옷에 금으로 된 허리띠를 두르고, 청동 신발을 신고, 머리에는 델포이 신전에서 쓰는 관을 쓰고" 다녔다. 그리고 신과 같은 능력을 사람들에게 자주 내보였다고 한다. 헤라클레이데스라는 사람은 그가 가사적 상태에서 아무것도 먹지 않고 호흡도 하지 않은 채 30일 동안 버텼다고 주장하기까지 한다. 그렇게 가사적 상태에서 깨어난 엠페도클레스는 다음과 같이 말했다고 한다.

> 황금빛으로 빛나는 아그리젠토의 강가에 있는
> 거대한 도시에 사는
> 시민들이여,
> 용감하게 훌륭한 일들을 해낸,
> 오 친구들이여,
> 이 도시의 아크로폴리스에서
> 나 그대들에게 인사를 보내노라!
> 나는 신과 같이 영원 불사, 영생하니
> 영예의 허리띠와 화관을 두른 채
> 내가 거리를 걸으며,
> 그대 모두로부터 영광을 받음이
> 어찌 자연스러운 일이 아닌가!
> 나를 따르는 남자와 여인들에 둘러싸여
> 내가 꽃이 만발한 도시에 들어섰을 때
> 나를 향해 기도를 드리노니,
> 수천 명의 남녀가 나를 따름은 구원의 길을 듣고자 함이라.
> 여러 가지 병의 고통에 억눌려 있는 그대들이 원하는 것은
> 미래를 알고자 함이요
> 약이 되는 말씀을 듣고자 함이 아니던가.(DL VIII 62)

가사적 상태에서 깨어나 엠페도클레스가 전하려 했던 '약'이 되는 말씀이란 도대체 어떤 것이었을까? 약이 되는 그의 말을 우리는 이제 그가 시로 써서 남겨놓은 철학 작품들을 통해 추측할 수밖에 없다.

엠페도클레스는 《자연에 관하여》에서 제자 파우사니아스에게 말을 하는 방식으로 약이 되는 말씀을 전파한다. 그는 사물의 전체와 본질을 보고자 한다면, 우선 그러한 것을 볼 수 없게 하는 인간의 감각, 개별적 경험에 좌우되는 인간의 지성의 한계를 인식할 것을 주장한다.

> 왜냐하면 사지에 퍼져 있는 힘들은 제한적이어서 사고를 가로막고 무디게 하는 불행한 일들[을 조장하는 경우]가 많다. 인간은 사는 동안 삶의 아주 작은 부분을 보게 되며, 저마다 모든 방향을 돌아다니면서 만나게 된 하나의 것만을 믿으면서 덧없이 죽어 연기와 같이 사라져버린다. 하지만 저마다 전체를 발견했다고 으스대는 것이다. 그러한 것들은 사람들이 볼 수 있는 것도 아니며, 들을 수 있는 것 또한 아니고, 사리를 가지고 파악할 수 있는 것도 아니다. 그러나 그대가 여기에 돌아와 있으므로 다음의 사실, 즉 가사적인 인간의 재치가 도달할 수 있는 것은 더 이상 없다는 것을 그대는 배우게 될 것이다.(DK 31 B2)

엠페도클레스는 인간의 감각과 개별적 경험에 기초한 지성이 가진 어쩔 수 없는 한계를 지적하면서도 인간이 모든 힘을 기울여 그러한 한계를 뛰어넘는다면 사물의 근원과 전체를 볼 수 있다고 말한다.

자, 이제 그대의 모든 힘을 기울여서 각각의 사물이 어떻게 하여 분명한지를 주시하라. 즉 청각에 비해 시각에 더 큰 신뢰를 주지 말며, 미각의 분명함을 넘어서 시끄러운 청각에 더 큰 신뢰를 하지 말며, 그리고 이해의 통로가 되는 길이라면 무엇이나 다른 사지의 어떤 부분으로부터의 신뢰도 차단하지 말고 단지 각각의 사물을 분명한 방식에서 파악하라.(DK 31 B3)

엠페도클레스에 따르면, 인간이 자기가 가진 지각과 개별적 경험이 빚어내는 일면성과 혼란함으로부터 벗어나 세계를 바라보면, 세계는 4원소로 구성되어 있다는 것을 발견할 수 있다고 한다. 그것은 흙·물·불·공기다. 우리 눈앞에 보이는 현상이란 모두 흙·물·불·공기, 이 4원소들이 뭉치고 흩어지면서 벌이는 것이다. 인간이 태어나고 죽는 것도, 사물이 생겨나고 소멸하는 것도 실상은 그런 것이 아니라, 이 4원소들이 결합하고 흩어지면서 빚어내는 현상이다. 엠페도클레스는 사물의 근원인 이 4원소들과 이 원소들이 서로 합해지고 흩어지는 원리를 다음과 같이 시적으로 표현했다.

들어라, 사물의 근원은 넷이라.
빛나는 제우스, 생명의 여신 헤라, 아이도네우스,
그리고 자신의 눈물로
영원히 마르지 않는 샘을 마련해준 네스토스라네.(DK 31 B6)

사랑과 미움은 전에도 있었다. 앞으로도 있을 것이다.

시칠리아 섬의 도시 엠페도클레스에 있는 우아한 고대 그리스 신전의 모습

내가 생각하기에 이 둘 때문에

무한한 시간은 결코 공허하지 않으리라.(DK 31 B16)

엠페도클레스는 육각운의 시로 주로 자신의 사상을 표현했다. 그가
사상을 시로 나타낸 것은 파르메니데스의 '숭배자'였기 때문이다. 그
리스 철학자 거스리(William Keith Chambers Guthrie)에 따르면, 엠페도
클레스의 글은 "서사시적 전통을 따라 육각운을 지키고 있으면서", 강
하면서도 메마른 논리로 귀결되는 파르메니데스 문체와는 다른 인상을

준다고 한다. 엠페도클레스에게 시라는 매체는 그의 사상을 나르기 위한 가장 자연스러운 수레라는 것이다. 엠페도클레스가 여성의 은밀한 부위를 다음과 같이 표현할 때, 왜 아리스토텔레스가 그를 수사학의 창시자라고 불렀는지 이해가 간다.

"키 작은 풀로 뒤덮인 아프로디테의 균열."(DK 31 B66)

엠페도클레스는 세상의 현상이라는 것을 모두 이 4원소들의 결합과 흩어짐으로 설명했다. 마치 레고 놀이처럼, 네 원소는 이리저리 결합해서 다양한 모습을 만들어내지만, 그것이 해체되면 원래의 4원소들로 돌아간다.

> 나는 다른 것을 그대에게 말하고자 한다. 가사적 존재들 가운데에서 그 어떤 것도 출생은 없으며, 저주 받은 죽음으로 끝나는 어떠한 것도 없다. 단지 혼합된 것의 혼합과 교환이 있는 것인즉, 출생이라는 이름은 인간이 그것들에 붙인 것이다.(DK 31 B16)

> 어리석도다. 왜냐하면 그들은 전에 존재하지 않았던 것이 존재하게 된다고 생각한다든가, 하나의 것이 죽게 되면 완전히 파괴되는 것으로 생각함으로써 근시안적 사고를 하고 있기 때문이다.(DK 31 A52)

여기서 엠페도클레스는 생성·소멸하는 현상세계를 부정하고 오로지 실재하는 하나의 세계, 즉 '존재'를 설파했던 파르메니데스의 주장을 그대로 수용하고 있다. 다만 파르메니데스적 존재는 그에게 있어 이제

4원소로 나타난다. 파르메니데스가 생성·소멸을 거듭하는 것처럼 보이는 현상세계가 미혹된 감각에서 빚어지는 것이라고 설명한다면, 그는 4원소를 뭉치게 하고 흩어지게 하는 운동의 원리를 설명함으로써 현상세계가 어떻게 출현하는가를 보여주고 있다. 그는 이 점에 있어 파르메니데스가 부정한 운동을 다시 끌어들이고 있다. 그 운동의 힘은 사랑과 미움이다. 사랑은 당연히 이 4원소를 결합하는 힘이며, 미움은 결합된 것을 그 원소들로 흩어지게 하는 힘이다.

> ······ 미움 속에서 그것들은 모두가 상이한 형태를 하게 되고 분리되나, 사랑 속에서 그것들은 결합하며 서로 서로를 그리워한다······.(DK 31 B21)

> ······ 그리고 이러한 사물들은 결코 자신들의 지속적인 교환을 멈추지 않으며, 한때는 사랑에 의하여 만물이 하나로 결합이 되며, 다른 때에는 미움에 의하여 각각 분리된다······.(DK 31 B26)

엠페도클레스는 사랑과 미움을 통해 우주 발생론도 설명했다. 사랑의 영향 아래 4원소들이 하나로 결합됐을 때, 거기에는 아직 원소들 사이의 구별이 없이 혼합된 상태로 우주를 이룬다. 이 우주가 미움에 의하여 분리되면서 4원소들이 떨어져 나온다.

> 엠페도클레스는 에테르(공기)가 최초로 분리되어 나왔으며, 두 번째로는 불, 그리고 이어서 흙(대지)이 떨어져 나왔다고 하는데,

4원소로 이루어진 세계를 표현한 중세 때의 그림.
엠페도클레스는 세계가 흙·물·불·공기로 이루어져 있다고 선언했다.

흙이 회전의 힘에 의해 극도로 수축됐을 때, 그 흙으로부터 물이 나왔다고 말했다.(DK 31 A49)

이렇게 4원소와 그것을 분리하고 결합하는 힘으로서의 사랑과 미움을 이야기하는 《자연에 관하여》라는 책이 엘레아학파의 영향 아래 서 있는 엠페도클레스를 보여준다면, 《정화》라는 책에서 엠페도클레스는 영혼의 타락과 영혼 윤회를 설법하는 충실한 피타고라스주의자로서 등장한다. 영혼(Daimon)은 운명에 의해 죄를 짓고 하늘의 고향으로부터 쫓겨나 방황하며 윤회의 고통을 겪는다. 《정화》는 영혼이 이러한 윤회로부터 벗어나 신이 되는 과정을 기술하고 있다. 엠페도클레스는 《정화》에서 말하는 것처럼 자신의 죽음을 통하여 신이 되려 했다.

죽어서 영원하리라, 엠페도클레스 콤플렉스

아리스토텔레스는 엠페도클레스가 예순 살에 죽었다고 전한다. 다른 기록을 보면 그가 예순아홉 살, 일흔일곱 살, 아흔아홉 살, 백아홉 살까지 살았던 것으로 나와 있다. 그가 언제 죽었는지 정확히 알 수 없는 것처럼, 그의 최후에 대해서도 여러 가지 주장이 엇갈린다. 알려진 것만 해도 대여섯 가지가 된다. 엠페도클레스는 역병을 막고 나서 신으로 대접 받자, 자신이 신임을 입증하기 위해 불속으로 뛰어들었다는 황당한 주장에서부터, 그가 정적에 의해 펠로폰네소스로 유배되어 거기서 죽었다고 하는 그럴듯한 주장까지 있기 때문이다. 그러나 '신'이 되고자 했던 엠페도클레스에게 가장 어울리는 죽음에 관한 이야기는 이런 것이 아닐까 싶다.

페이시아낙스라는 사람의 밭에서 신에 대한 희생물을 드리고 있었다. 그곳에는 파우사니아스와 다른 친구들이 초대되어 와 있었다. 잘 먹고 난 다음에 다른 사람들은 쉬기 위해서 뿔뿔이 흩어졌고 어떤 이는 바로 곁에 있는 밭의 나무 밑에 기댔다. 그러나 엠페도클레스만은 음식을 먹던 그 자리에 그대로 앉아 있었다. 새벽녘이 되어 사람들이 자리에서 일어섰는데, 그의 모습이 보이지 않았다. 그를 찾았고, 시중들던 하인들에게 물어보았지만, 그들은 그가 어디로 갔는지 몰랐다. 그러나 어떤 사람이 간밤에 일어난 일을 이야기했다. 자신은 한밤중에 엠페도클레스의 이름을 부르는 엄청난 소리를 듣고 자리에서 일어나게 됐는데, 관솔 빛과 같은 하늘의 빛만 보았을 뿐, 그 밖에 아무것도 보이지 않았다는 것이다. 파우사니아스는 집으로 돌아와서 사람들을 더 보내 그를 찾게 했지만 허사였다. 그러자 그가 사람들에게 선언을 했다.
"사람이 가장 소원하는 일이 이루어졌다. 이제 엠페도클레스는 신이 됐으니 그에게 제사를 지내자."(DL VIII 66)

그러나 다른 전기에 따르면, '신'이 되고자 했던 엠페도클레스의 최후가 좌절된 기록도 보인다.

그는 모든 의사가 손을 들고 만 아크라카스의 판테이아라는 여성을 고쳐주었다. 그리고 그에 대한 감사로 희생 제사를 지내면서

80명의 사람들을 초청했다. 히포보토스는 그가 자리에서 일어나서 에트나 화산을 향했다고 전해준다. 그는 분화구에 도착하자 바로 그 속으로 뛰어들었다. 사람들이 그가 신이 됐다고 하는 믿음을 더욱 확실하게 하기 위해서였다. 얼마 후에 사람들은 에트나 화산이 그가 늘 신고 다니던 청동 샌들 하나를 다시 토해낸 것을 보았다.(DL VIII 69)

가스통 바슐라르(Gaston Bachelard)는 이런 엠페도클레스의 죽음에 관한 신화를 기초로 해서 '엠페도클레스 콤플렉스'라는 말을 지어냈다. 그에 따르면, 이러한 콤플렉스는 "삶의 본능과 죽음에의 본능이 결합"되는 콤플렉스라는 것이다. 죽음으로써 영원 불사하는 신이 되기를 원했던 엠페도클레스가 보여주는 것처럼. 그리스 사람들에게 신과 인간을 가르는 중요한 기준점은 죽을 수밖에 없는 존재냐 아니냐 하는 것이었다. 인간인 엠페도클레스는 영원 불사의 '신'이 되려 했다. 그러나 그것을 두고 누가 엠페도클레스를 교만(hybris)하다고 말할 수 있을까? 유한한 인간인 이상 영원에 대한 근원적 소망은 누구나 가질 수밖에 없는 것 아닌가. 그러기 위해서 인간은 철학을 하는 것이 아니던가.

11

여행광이었던 철학자

—

데모크리토스

Demokritos

다리우스 대왕은 어느 날 사랑하는 왕비를 잃고 한없이 슬퍼했다. 신하들은 그런 대왕이 슬픔과 실의에서 벗어나게 하려고 현자를 찾았다. 그러다 그들은 그리스 압데라에 사는 한 철학자를 찾아냈다. 다리우스 대왕은 이 철학자가 들어오는 것도 모른 채 슬픔에 젖어 있었다. 그리스 철학자가 말했다.

"전하, 이 종이 위에 적어놓은 것을 모두 이루어주신다면 왕비마마를 다시 살려드리겠나이다."

대왕은 그 말을 듣고 기뻐했다. 그리고 즉시 그의 말대로 하기 시작했다. 그러나 마지막에 쓰어 있는 것은 왕도 어쩔 도리가 없었다. 그것은 왕비의 비석에 평생 한 번도 고통을 맛보지 않은 세 남자의 이름을 적어 넣으라는 것이었다. 그때 철학자가 말했다.

"오, 세상의 이치를 모르는 대왕이시여, 전하께서는 세상에서 그런 슬픔을 경험한 유일한 사람이라도 되는 듯이 괴로워하시는군요."

다리우스 대왕이 이 말을 듣고 슬픔을 이기고 마음의 평정을 회복했는지는 모른다. 그러나 분명한 것은 그런 슬픔을 다리우스 대왕 혼자만 겪은 것이 아니라는 사실이다.

슬픈 일을 당하면 세상이 곧 무너질 것 같지만, 그래도 세상은 돌아간다. 누구에게나 슬픔은 있는 법이다. 자기만이 겪는 불행이 아니라고 할 때, 우리는 마음의 평정을 찾을 수 있다. 마음의 평정을 잃지 않는 것이 행복이다.

왕의 자리보다 기하학이 더 좋다

다리우스 대왕에게 과감한 조언을 한 이 철학자는 데모크리토스 (Demokritos, 기원전 460~370년경)였다. 그는 그리스 북부에 있는 압데라라는 도시에서 기원전 460년경에 태어났다고 한다. 이해에는 의성 (醫聖) 히포크라테스가 태어난 해이기도 하다. 데모크리토스의 가계를 쭉 따라 올라가 보면 오디세우스가 나온다. 오디세우스를 선조로 두어서 그런지 데모크리토스도 여행광이었다.

데모크리토스의 아버지는 압데라의 재력가이자 유력가였다. 일설에

헨드릭 테르 브뤼겐,
〈웃는 데모크리토스〉, 1628년

따르면, 그는 2차 페르시아 전쟁 중 그곳을 지나던 크세르크세스 왕 일
행을 융숭하게 대접했을 정도라고 한다. 데모크리토스는 아버지에게
물려받은 유산 100달란톤을 가지고 세상을 두루 다니며 가능한 많은
스승들을 찾아 다녔다. 100달란톤은 오늘날 돈으로 환산하면 10억 정
도 되는 돈이다. 그는 돈이 수중에서 한 푼도 남지 않을 때까지 이집트
와 페르시아, 홍해 등 세계 각지를 여행하며 현자와 학자들을 만나 학
문을 배웠다. 그도 자신의 여행에 대해 이렇게 말했을 정도다.

나는 우리 시대의 사람들 중 가장 많은 여행을 하고, 가장 이상한
것들을 찾아 다녔으며, 셀 수 없이 많은 하늘과 땅을 보았다. 또
한 학식 있는 사람들을 가장 많이 만났다. 기하학적인 도형을 그

리고 이를 풀이하는 데 나를 능가하는 사람이 없었으니, 이른바 토지측량 학자라고 하는 사람들도 나를 이기지 못했다.

오랜 여행을 마치고 돌아왔을 때 데모크리토스는 빈털터리였다. 압데라가 속한 트라키아의 법률에는 아버지의 재산을 탕진한 아들은 조국의 땅에 묻힐 수 없다는 규정이 있었다. 그는 죽은 다음에 바다에 버려지는 것을 피하고자 급히 《자연에 관하여》라는 책을 저술했다. 그 책을 읽은 압데라 시민들은 그의 해박한 지식에 놀라 그를 위해 돈을 모으고, 죽으면 성대한 장례를 치러주기로 했다.

데모크리토스는 원자론을 주장한 사람이었다. 일설에는 밀레투스에서 태어난 것으로 추정되는 레우키포스(Leukippos)가 원자론을 창시했고, 데모크리토스가 그것을 완성했다고 한다. 그러나 레우키포스가 생존했던 인물이 아니라는 주장도 있고, 데모크리토스의 또 다른 이름이라는 주장도 있다. 그러므로 원자론을 이야기할 때 이 두 사람을 구분하는 것은 별 의미가 없다.

원자로 번역되는 그리스어 '아톰(Atom)'은 더 이상 나누어질 수 없다는 뜻이다. 원자는 질적으로 모두 같지만 크기와 기하학적 형태, 즉 모양이 서로 다르다. 원자는 파르메니데스의 일자처럼 자를 수도 없고, 분할될 수도 없으며, 꽉 차 있기에 다른 어떤 것에 의해 영향을 받지 않는다. 다만 파르메니데스가 이런 일자를 하나라고 생각했다면, 데모크리토스는 이런 일자가 무수히 많다고 생각했다. 그는 파르메니데스가 운동을 부인한 것과 달리 이 원자들의 운동을 주장했다. 이 원자들이 운동할 수 있기 위해서는 허공이 필요하다. 물건으로 꽉 차 있는 방에 있다면 우리는 움직일 수 없을 것이다. 허공은 비어 있으며, 원자들이 끊임없이 움직일 수 있는 공간이다. 그래서 원자론에서는 세계가 생성되기 위해서는 원자들과 허공이 있어야 한다.

그렇다면 애당초 누가 이 원자들을 만들어낸 것일까? 원자들은 누가 만들어낸 것이 아니고 영원으로부터 존재하는 것이다. 원자들은 허공에서 운동하면서 서로 부딪히고 충돌하며, 비슷한 것들끼리 분리되면서 세계를 생성해낸다. 데모크리토스는 이런 과정이 우연적이지 않고 필연적이라고 주장한다.

> 세계들은 다음과 같이 생겨난다. 온갖 형태의 많은 물체들이 무
> 한한 것에서 잘라져서 조각 난 채 거대한 허공으로 옮겨지며, 그
> 것들이 한데 모여서 하나의 회오리를 만드는데, 이 회오리 안에
> 서 서로 부딪치고 온갖 방식으로 회전하면서 비슷한 것들끼리 쪽
> 으로 분리된다.(DK 67 A1)

데모크리토스는 원자들의 수는 무한하며 영원으로부터 존재한다고 말한다. 그는 감각이나 사고, 더 나아가 영혼조차 원자로 이루어졌다고 주장한다. 우리가 쓴맛을 느끼는 것은 작고 매끄럽고 둥글며, 표면에 굴곡이 있는 원자들 때문이다. 짠맛은 크면서 둥글지 않은 원자들 때문이다. 그는 우리가 소리를 듣는 것은 소리의 조각들, 즉 소리의 원자들 때문이라고 생각했다.

데모크리토스는 영혼도 원자의 운동에 불과하다고 주장한다. 이런 점에서 그는 유물론의 선구자가 된다. 그에 따르면 행복한 영혼이란 영

데모크리토스의 고향 압데라 광장 한가운데 있는 데모크리토스의 흉상

압데라 유적지

혼을 구성하는 원자들이 안정되어 큰 동요로부터 벗어나 있는 것을 뜻한다. 그러기 위해서는 영혼을 구성하는 원자의 배열과 위치를 항상 좋은 상태로 유지해야 한다. 그러기에 영혼을 안정시킬 수 있는 교육과 훈련이 필요하다. 그는 "의술은 몸의 질병을 낫게 하지만, 지혜는 영혼을 격정에서 벗어나게 한다."라고 말한다.

축제가 끝나야만 눈감으리라

데모크리토스에게 행복은 영혼이 동요되지 않고 상태가 평정하고 유쾌하며 즐거운 상태를 뜻한다. 누가 그에게 "그대에게 페르시아의 왕의 자리를 준다면 어떻게 하겠소?"라고 물었다. 그러자 그가 태연하게 대답했다.

"내게는 페르시아의 왕국보다 차라리 (기하학에) 필요한 원인을 밝히는 것이 더 가치가 있소."

데모크리토스에게는 왕좌에 앉아 골머리를 썩기보다는 차라리 기하학의 문제를 풀며 소박하게 사는 것이 영혼을 더욱 유쾌하고 행복하게 하는 길이었다. 영혼을 항상 유쾌하고 행복하게 유지하고자 했던 그에게 사람들이 붙여준 별명은 '웃는 이'였다. 서양 역사에서 종종 그는 '우는 자 헤라클레이토스'와 대비시켜 웃는 자로 묘사된다.

그는 영혼의 교육을 위한 여러 가지 격언을 남겨놓았다.

—본성과 가르침은 유사하다. 가르침은 사람을 개조해 본성을 재형성하기 때문이다.(DK 68 B33)

—나쁜 짓을 하는 자가 나쁜 짓을 못하도록 막는 것은 훌륭하다. 그러나 만약 막지 못한다면 같이 나쁜 짓을 하지는 마라.(DK 68 B38)

—사람들을 행복하게 해주는 것은 몸도 재물도 아니고, 올바름과 폭넓은 분별력이다.(DK 68 B40)

—훌륭한 사람이 되거나, 아니면 훌륭한 사람을 모방해야 한다.(DK 68 B39)

—앞을 내다보지 못하는 사람들에게는 말로 일러봐야 소용이 없다. 그들에게는 불행이 선생이다.(DK 68 B76)

—때에 맞지 않는 쾌락은 불쾌를 낳는다.(DK 68 B71)

— 어떤 것에 대한 강렬한 의욕은 혼을 눈멀게 하여 다른 것들을
못 보게 한다.(DK 68 B72)

— 이롭지 않다면 쾌락도 받아들이지 마라.(DK 68 B74)

아리스토텔레스에 따르면, 데모크리토스는 모든 문제에 대해 고찰했
으며, 고찰 방식에서 남달랐다. 그는 윤리학과 자연학, 일반자연학, 기
타 분야 등에서 61권 이상의 책을 저술했다. 그는 대중적 명성을 추구
하는 것을 경멸했다. 그러나 그의 명성은 이미 그리스 전역에 널리 퍼
졌다. 일설에 따르면, 플라톤은 데모크리토스를 싫어한 나머지 시중에
있는 그의 저서를 모두 사다 불태워버리려 했다고 한다. 그런데 주변에
있는 피타고라스학파 사람들이 이미 그의 서적이 세간에 너무 많이 퍼
져 있어 소용없을 것이라고 말해주는 바람에 포기하게 됐다는 것이다.

데모크리토스는 백 살 이상을 살았다. 그의 장례는 압데라 도시의 국
장으로 치러졌다. 그가 죽기 전에 남긴 일화도 유명하다. 그가 죽기 얼
마 전, 압데라에는 마침 여자들만으로 제사를 드리는 테스모포리아 축
제(데메테르 여신을 기리던 고대 그리스의 축제)가 열릴 예정이었다. 곡기
를 끊고 조용히 죽음을 기다리며 침대에 누워 있던 데모크리토스에게
그의 누이가 사정했다.

"지금 죽으면, 테스모포리아 축제에 참여할 수가 없잖아요?"

침대에 누워 있던 데모크리토스는 누이의 부탁을 들어주기로 하고,
일단 죽는 것을 잠시 단념했다. 그는 누이에게 날마다 갓 구운 빵을 가
져와 달라고 했다. 그는 축제가 끝날 때까지 그 빵 냄새를 맡으며, 마지
막 인내심을 발휘해 생명을 유지했다. 축제가 끝날 때쯤 그가 누이에게

물었다.

"이제 죽어도 되나?"

누이가 축제가 끝났다고 대답하자, 그는 눈을 감고 다시 뜨지 않았다. 그는 유언을 남기지 않았지만, 언젠가 삶에 대해서 이렇게 말을 한 적이 있었다.

"세계는 연극무대, 삶은 한 편의 연극, 그대는 와서 보고 떠나네."(DK 68 B115)

그리스 고전 철학

철학자, 사유의 꽃을 피우다

12

바보들의 도시에서 태어난 소피스트

—

프로타고라스

P r o t a g o r a s

에우아틀로스라는 사람이 프로타고라스(Protagoras, 기원전 485~414
년경)에게 수업을 받기로 했다. 그는 프로타고라스의 수업료가 비싸다
는 것을 잘 알고 있었다. 그래서 그는 수업료를 내지 않으려고 처음부
터 이런 조건을 스승에게 내걸었다.

"내가 첫 번째 소송 사건에서 이기게 되면 스승의 가르침이 참된 가
르침이라는 것이 증명되니 그때 수업료를 내겠습니다."

프로타고라스는 약속을 받아들이고 그를 가르쳤다. 수업이 다 끝난

응변술에 능했던 프로타고라스가
사람들과 논쟁을 하고 있다.

후에 프로타고라스가 수업료를 요구하자 제자 에우아틀로스는 수업료가 터무니없이 비싸다며 첫 번째 소송 상대자로 스승을 법정에다 고소했다. 그는 이렇게 주장했다.

"내가 소송에서 이기면 비싼 수업료를 내지 않아도 되고, 지면 가르침이 잘못된 것이니 수업료를 내지 않아도 됩니다."

그러자 프로타고라스는 눈도 꿈쩍 하지 않고 이렇게 대답했다고 한다.

"에우아틀로스여, 그대는 어떻게든 수업료를 내지 않고는 못 배길 걸세. 자네가 진다면 패소했으니 법의 심판대로 내게 수업료를 내야 할 것 아닌가? 반대로 자네가 승소했다고 하세. 그러면 약속대로 수업료를 내야 하지 않는가?"

프로타고라스는 돈을 받고 강의하는 관습을 그리스에 처음 도입한 사람이라고 한다. 그가 처음 강의를 하고 요구해 받은 금액은 100무나였다고 한다. 당시의 풍조로 볼 때, 강의를 하고 돈을 받는 것은 전혀 비난 받을 일이 아니었다. 그러나 항상 그렇듯이 강의 내용이 부실하거나, 그에 비해 수업료가 지나치게 높을 때가 문제였다. 그는 나중에 아테네에서 가장 비싼 수업료를 받는 사람이 됐다. 플라톤은 《메논》에서 소크라테스의 입을 통해 이렇게 말한다.

"나는 프로타고라스라는 사람을 알고 있는데, 그는 자신의 지혜를 팔아, 아름다운 훌륭한 작품들을 만든 페이디아스와 열 사람의 조각가가 합친 것보다 더 많은 돈을 벌었다."

프로타고라스는 그리스 북부에 있는 압데라라는 도시에서 기원전 485년경에 태어났다. 이 압데라는 고대 그리스인들에게 '바보들의 도시'라고 불렸던 곳이다. 그런데 이 '바보' 도시는 아이러니하게도 두 명의 '지혜로운 자'를 배출해냈다. 한 사람은 사람들이 '지혜'라는 별명으로 불렸던 데모크리토스이고, 다른 한 사람은 스스로를 소피스트, 즉 지혜로운 자라고 불렸던 프로타고라스였다.

프로타고라스는 젊었을 적에 생계를 위해 장작 나르는 일을 했다. 그런데 그는 보통 사람들과 달랐다. 장작을 많이 나르기 위해 장작을 묶는 원형 도구 같은 것을 발명했다. 하루는 그가 장작 묶는 것을 보고, 데모크리토스가 칭찬하며 데려가서 교육했다고 한다. 그러나 프로타고라스가 데모크리토스에게 배웠는지 역사적으로는 확인할 길이 없다.

프로타고라스는 소피스트 생활을 서른 살쯤부터 시작하여 40여 년 동안 그리스의 여러 도시를 방문했다. 특히 그는 아테네를 자주 방문했다. 그가 아테네에 처음 온 것은 기원전 450년 이후다. 그는 아테네에서 페리클레스와 친분을 쌓았다. 페리클레스는 기원전 444년에 남부 이탈리아에 투리오리라는 식민도시를 건설했다. 그는 프로타고라스에게 이 도시의 헌법을 제정해달라고 위촉했다. 그가 만든 헌법은 균형 잡힌 민주주의였다. 그가 기초한 헌법은 토지 소유의 법적인 제한을 통해 중산층을 보호하고, 모든 시민의 자식들에게 의무적인 교육을 시키며, 국가가 교육적 부담을 지는 것을 내용으로 하고 있었다. 그는 그곳에서 '국가 철학자'라는 칭호를 얻었고, 기원전 445년에서 443년까지 투리오리에 머물렀다. 기원전 431년 펠로폰네소스 전쟁이 일어나기 전에, 그는 아테네로 다시 돌아왔다. 그리고 아테네에 계속 머물렀는지는 알려져 있지 않다.

프로타고라스는 40여 년 동안 소피스트로 살면서 열두 권 정도의 책을 남겼다. 그러나 현재 그 책들은 남아 있지 않으며, 제목과 단편만이 남아 있다. 프로타고라스는 교제에도 능하고, 궤변에도 능했다고 한다. 그는 최초로 글의 기본형을 기원문·의문문·응답문·명령문의 네 가지로 분류했다고 한다. 문장에 대한 이런 지식은 그가 언어 논리에 해박했음을 보여준다. 그는 소크라테스적 논의 방법이라고 일컬어지는 것을 최초로 도입한 사람이라고 한다. 다시 말해 어떤 제안에 대해 이를 반박해 논의를 진행해가는 문답법적 추론을 최초로 제시해 선보인 사

소피스트가 활동했던 아테네 아고라의 모습

람이라는 것이다. 그러나 철학자이자 소피스트로서의 진면목이 드러나는 것은 프로타고라스가 다음과 같이 말할 때였다.

"인간은 만물의 척도다. 존재하는 그 자체로 존재하는 것들의 척도요, 존재하지 않는 그 자체로 존재하지 않는 것들의 척도다."(DK 80 B1)

여기서 프로타고라스가 말하는 인간은 보편적 인간이 아니라 개별적 인간이다. 인간은 각기 자기중심적으로 세상을 보고 세상을 해석한다. 따라서 세상에 대한 관점은 절대적일 수 없고 다양하며 상대적일 수밖에 없다. 프로타고라스의 이 주장을 볼 때, 진리는 상대적이고 불가지론적이며 주관적이라고 할 수 있다. 이런 입장은 진리는 하나고 절대적이라는 입장에서 오랫동안 비판을 받아왔지만, 현대 철학의 경향은 오

젊은이들을 가르치는 프로타고라스. 당시에 그는 강의료가 가장 비싼 스승이었다.

히려 프로타고라스의 입장을 따르는 경향이 있다.

프로타고라스가 일흔이 됐을 때 아테네 시민들이 그를 고발하는 사건이 일어난다. 어느 날 그는 친구인 비극작가 에우리피데스의 집에서 자신이 쓴《신들에 대해서》라는 저서를 낭독했다. 저서의 첫머리는 이렇게 쓰여 있었다.

> 나는 신들이 존재하는지 아닌지, 그리고 그들이 어떻게 생겼는지 알 수가 없다. 그러한 것을 알려고 하기에는 너무나 장애가 많다. 그리고 신들은 파악 불가능하며, 그러한 문제를 풀기에 인생이 너무 짧다.(DK 80 B4)

프로타고라스의 이 말은 정확하게 자신의 철학적 입장을 대변한다. 신들의 존재를 알 수도 없고, 인간은 그것을 파악할 수도 없다고 하는. 그러나 아테네 시민들은 그의 말을 신들의 존재를 부정하는 것으로 해석했다. 그를 고발한 사람은 아테네 과두정 체제의 400인 평의회의 한 사람인 피토드로스였다. 프로타고라스는 아테네의 법정에 출두해 사형 선고를 받았다고 한다. 그리고 그의 책들은 소유자들에게서 거둬들여져 시장에서 불태워졌다고 한다. 말 잘하는 그도 법정에서는 어쩔 도리가 없었다. 재판 결과를 뒤집지 못한 그는 도주 이외의 다른 묘수를 생각해내지 못한 것 같다. 그는 아테네를 탈출하여 시칠리아 섬을 향해 작은 배를 타고 가는 도중에 배가 파선해 익사했다고 한다. 또 다른 설에 따르면, 프로타고라스는 여행 도중에 세상을 떠났고 아흔 살까지 살았다고 하기도 한다. 시인 플리아시오스의 티몬이라는 사람은 프로타고라스를 위해 이런 시를 지었다.

좋은 음성의 소유자요, 전무후무한 소피스트의 일인자.
예리하고 다재다능한 천재, 오 프로타고라스여,
올바른 판단을 솔직히 밝히고자
신이 누구인지 어떤 존재인지 알지 못하고
깨달을 수 없다고 썼다 하여
저들은 그대의 저술을 한 줌의 재로 만들었네.
그리하여 그대는 소크라테스의 차가운 음료를 거부하며
하데스로 내려가는 길을 피하고자 도피의 길을 택했네.(DK 80
A12)

프로타고라스는 최초의 소피스트였다. 상대적이고 주관적이며 불가지론적이었던 그의 철학은 오늘날 새롭게 평가될 필요가 있다. 다른 한편으로 생각해볼 때, 그는 상대방의 견해를 존중하고, 상대방이 가진 주관성과 다양성을 긍정했다고 생각할 수도 있다. 그리고 그의 철학적 지향은 민주주의라는 것을 기억할 필요가 있다.

13

북적대는 아고라의 영웅들

—

소피스트

S o p h i s t

소피스트라는 단어는 원래 지(知)자, 현자를 뜻했다. 즉 어떤 분야에 깊은 지식이나 지혜를 가진 사람을 지칭하는 표현이었다. 이들은 지식을 전수하고 그 대가를 받는 최초의 전문 지식인 그룹이었다. 그러면 어떻게 소피스트라는 직업을 가진 사람들이 등장했을까?

아테네는 페르시아와의 전쟁에서 두 번이나 극적인 승리를 거둔 후 그리스 전체의 중심이 됐다. 아테네의 정치 지도자 페리클레스는 정치·경제·군사의 중심지뿐만 아니라 문화의 중심지가 된 아테네를 "이제 그리스를 가르치는 학교다."라고 말했다.

파르테논 신전이 있는 아크로폴리스가 아테네의 문화적 중심이었다면, 아고라는 아테네 민주정치의 중심이었다. 아고라는 아크로폴리스 밑에 있는 아레오파고스 언덕을 등지고 펼쳐져 있었다. 그러면 아고라는 어떤 곳인가? 그곳은 물건을 사고파는 시장일 뿐만 아니라 '말'을 주고 파는 시장이기도 했다. 아고라는 고대 그리스어로 '시장'이라는 뜻 이외에도 '민회, 민회가 열리는 장소'라는 뜻을 지니고 있었다.

아테네의 민주정체에서 민회를 대변하는 기관은 500인 협의회(Boule)였다. 500인 협의회의 회원은 상임의원들로 아테네의 10개 부족에서 각각 50명씩 추첨으로 선출됐다. 협의회는 민회를 소집하고, 민회의 일정을 주관했다.

국가의 중요한 사안들은 모든 시민이 참여하는 민회에서 결정됐다. 민회는 당시 행정을 책임진 10명의 스트라테고이(장군들)가 정치를 잘못하는 경우 그들을 추방하거나 사형을 선고할 수도 있었다. 또한 민주정체가 위협받지 않게 하기 위해 참주가 될 만한 사람들은 투표를 통해 도시 밖으로 추방하기도 했다. 이렇다 보니 아고라는 정치의 중심지가 될 수밖에 없었다. 거기에 아고라는 시장으로서 경제의 중심지 역할까지 했다. 그러니 아고라에는 항상 시민들로 북적일 수밖에 없었다. 대개 시민들은 거주 외국인과 노예, 어린이, 여자를 제외한 성인 남성이었다. 고대 그리스의 관습에서 시장은 남자들이 봤다. 전쟁을 통해 확보된 수많은 노예들 덕분에 집 안에서 별로 할 일이 없었던 아테네 시민들이 자주 간 곳은 아고라였다. 페리클레스는 가뜩이나 소일거리 없는 아테네 시민들에게 일당을 지급해 민회를 더욱 활성화시켰다.

아고라에서는 무엇보다 중요한 것이 '말'이었다. 시장에서 흥정을 할 때도 말이 중요했지만, '민회'에서는 더욱 그랬다. 민회에서 정책 입안자는 나서서 시민들을 설득시켜야 할 의무가 있었다. 또한 반대자의 주장을 효과적으로 무력화시켜야만 했다. 민주적으로 운영되는 아테네의 법정에서도 말은 무척 중요했다. 아테네에서는 매년 6,000명의 배심원단이 추첨으로 선출됐다. 재판이 열리는 날에는 이들 가운데 추첨으로 배심원을 선정했다. 배심원을 몇 명으로 할 것인지는 재판의 경중에 따라 달랐다. 소크라테스 재판 때에는 501명의 배심원들이 재판을 담당했다.

당시에는 판사나 검사, 변호사라는 직업이 존재하지 않았다. 고소한 당사자가 직접 나와 고소한 이유를 밝히고 형량을 제시하기도 했고, 고소당한 피고도 직접 출두하여 스스로 변론을 펼쳐야만 했다. 그러니 고소인이든 피고소인이든 말재주가 없으면 손해를 볼 수밖에 없었다. 물론 원고와 피고에게 법정 연설문을 대신 써주는 법정 연설가들이 있기는 했다. 그러나 법정에서는 원고나 피고가 법정 연설문을 직접 읽어야만 했다.

이렇게 아테네의 사회생활에서 말이 중요해지자 이에 부합해서 나타난 철학자들이 소피스트들이었다. 소피스트들은 원래 지혜를 가진 자로, 아테네의 민주주의 체제에서 다양한 의견을 내놓았다. 소피스트들은 여러 가지 지식을 돈을 받고 전수했지만, 그래도 가장 수요가 많은 것은 사람을 세련되게 설득할 수 있는 말재주, 즉 웅변술이었다. 요즘에도 많은 사람들이 논술교육을 받으려고 하지만, 아테네에서는 출세하려고 소피스트들에게 비싼 돈을 주고 웅변술을 배웠다. 웅변술에 대한 수요는 상대방의 말을 반박하거나 상대방을 말로 제압하려는 목적을 가지고 있었다. 바로 이 점이 소피스트들로 하여금 '진리'나 '진실'보다는 상대방을 어떻게든 이기려 하는 말기술에 치중하게 만들었다. 그러면서 소피스트들에게는 궤변가라는 악명이 따라붙었다.

말을 파는 기술자들, 그리스 민주주의의 바탕을 이루다

유명한 소피스트 철학자로는 앞서 소개한 프로타고라스와 고르기아스(Gorgias, 기원전 483?~376년) 등이 있다. 고르기아스는 그리스의 식민지인 시칠리아의 레온티노이에서 태어났다. 그는 프로타고라스의 상대주의보다 한 걸음 더 나아가 아예 극단적인 회의주의를 나타냈다.

"아무것도 존재하지 않는다. 어떤 것이 존재한다 하더라도, 우리는 그것을 인식할 수 없다. 우리가 그것을 인식할 수 있다 하더라도 우리는 그것을 전달할 수가 없다."

소피스트들은 다양한 입장을 견지했다. 법을 놓고서도 그들은 다양한 상대적인 의견들을 내놓았다. 트라시마코스는 '실정법은 약한 자를 억압하는 권력자의 도구'라고 주장했다. 칼리클레스는 이에 반대해 '법률이란 강자에 대한 약자의 보호막'이라고 주장했고, 리코프론은 법질서를 '시민의 생명과 재산에 대한 상호적인 보장'으로 보았다.

소피스트들을 단순하게 시민들을 현혹해 말의 기술을 판 사람들로 생각해서는 안 된다. 자유분방하고 다양한 상대적인 입장을 나타내는 소피스트들의 철학에는 그리스 민주주의의 분위기가 반영되어 있다. 소피스트들은 전통적인 종교적 진리나 절대적인 도덕적 가치를 신봉하

아테네의 아레오파고스 언덕. 이 아래에 아고라가 있다.

지 않고 상대적인 관점에서 바라보았다. 사실 소피스트들은 일종의 자유사상가이자 계몽주의자들이었다.

그러나 플라톤 철학이 주류가 되면서 소피스트들은 자유사상가로서 제대로 평가받지 못했다. 그 점은 플라톤이 민주정체에 대해 비판적인 입장을 취한 것과도 관련이 있을 것이다. 소피스트들에 대한 비판적 평가에도 불구하고, 그들 덕택에 다양한 의견과 활발한 토론 문화가 아테네에서 꽃을 피웠고, 그렇게 해서 완전히 새로운 철학의 지평을 열렸다는 점은 부인할 수 없을 것이다. 이러한 바탕 위에서 집요하고도 능란한 '말'로 소피스트들을 곤궁에 처하게 한 소크라테스가 등장할 수 있었던 것이다.

14

아테네의 찰거머리 철학자

—

소크라테스

Socrates

"아테네 시민 여러분, 여러분이 내린 판결은 다음과 같습니다. 흰 돌 220, 검은 돌 280. 피고인에게 사형이 선고됐습니다!"

기원전 399년 아테네의 배심원들은 아테네의 가시 같은 한 노인에게 사형선고를 내렸다. 이 노인의 죄명은 '국가가 신봉하는 신을 믿지 않고, 청년들을 부패시킨 죄'였다. 아테네의 법은 원고가 먼저 형량을 제의하고, 피고가 다른 형량을 제의한 후 배심원들이 그중 하나를 선택하게 되어 있었다. 노인은 사형 대신 다른 대체 형벌에 대해 자신이 '무

국립 아테네 대학교 앞의
소크라테스 조각상. 머리 부분에
누군가 ×표시를 해놓았다.
그때나 지금이나 소크라테스를
모욕하는 자들은 항상 있다.

죄'라고 주장했다. 노인은 법정이 아니라 국가가 비용을 들여서 올림픽
대회 우승자들에게 향응을 베푸는 프리타네이온으로 자신을 모셔야 맞
다고 주장했다. 배심원 자리가 술렁거렸다. 노인은 사형을 대신하는 국
외 추방이나 벌금도 거부했다. 노인의 뻔뻔한 태도는 배심원들의 분노
를 샀다. 노인도 한 걸음 뒤로 물러섰다. 결국 친구들의 보증으로 30미
나의 돈을 내기로 했다.

이 노인에게 사형인가, 30미나의 벌금인가를 결정하는 배심원의 2차

투표가 이루어졌다. 2차 투표에서는 검은 돌이 훨씬 더 많아졌다. 흰돌 140 대 검은 돌 360. 노인에게 최종적으로 사형이 선고됐다. 그러나 노인은 전혀 동요하는 기색이 없었다. 노인은 최후 변론에서 배심원들이 자신에게 내린 사형의 의미가 무엇인지에 대해 깨우쳐주고자 했다. 플라톤의 《변명》에 이 사건이 상세히 기록되어 있다.

> 아테네의 시민들이여, 죽음이 무엇인지 알고 있소? 흔히 말하듯, 죽음이 아무것도 없는 곳으로 사라져버리는 것이라든가, 영혼이 다른 곳으로 옮겨가는 것이라고 생각합시다. 죽음이 아무것도 없는 곳으로 사라지는 것이라 칩시다. 고통도 없고 괴로움도 없을 테니 죽음보다 좋은 일이 어디 있겠소? 죽음이 하계와 같은 다른 곳으로 옮겨가는 것이라 칩시다. 그렇다면 나는 훌륭한 사람들을 만날 수 있는 행운을 가진 것이오. 여러분 중에는 아무리 돈이 많이 들더라도 오르페우스나 그의 제자 무사이오스, 호메로스, 헤시오도스하고 한 번이라도 이야기를 나누고 싶은 사람들이 있지 않소? 자, 이제 시간이 다 됐소. 나는 죽기 위하여, 여러분은 살기 위하여 떠나야 합니다. 그러나 우리 중 누가 더 좋은 곳으로 가는지는 신만이 아실 것입니다.

철학은 죽음에 대한 연습이다

사형을 선고받고도 태연하게 아테네 시민들에게 죽음에 대해 가르치려 한 이 노인의 이름은 소크라테스(Socrates, 기원전 469~399년)였다.

소크라테스는 아테네에서 태어나 아테네에서 최후를 맞이한 철학자였다. 그가 주로 돌아다니며 철학적 대화를 나눈 장소는 아고라였다. 젊은 크세노폰은 아고라의 비좁은 길에서 소크라테스를 처음 만났다. 소크라테스는 그때 지팡이를 들어 길을 막고 그의 눈을 뚫어져라 쳐다보며 말했다.

"자네, 생선을 어디에서 파는지 아는가?"

"물론, 시장에서 팔지요."

"그렇다면 사람들이 어디서 덕을 쌓을 수 있는지 아는가?

"모릅니다."

"그렇다면 나를 따라와 내 말을 들어보게."

소크라테스와 만난 크세노폰은 나중에 장군으로도 문필가로도 이름을 날렸다. 그는 《소크라테스의 회상》과 《키루스의 교육》 등을 남겼다. 청년 플라톤도 소크라테스를 만나고 삶이 바뀌었다. 그는 소크라테스를 만나기 전까지 정치에 뜻을 둔 문학청년이었다. 그러나 그는 소크라테스가 다른 청년들과 토론하는 것을 듣고, 자신이 찾던 스승이란 것을 금세 깨달았다. 그는 그때까지 썼던 시를 모두 불태워버리고 그를 따라다니기 시작했다. 이렇게 소크라테스의 가르침을 받고 삶이 바뀐 청년은 한둘이 아니었다.

소크라테스는 가르침에 부자나 가난한 자를 가리지 않았다. 그는 아고라에 있는 구두장이 시몬의 집 근처에서 주로 활동했다. 최근에 시몬의 집은 실제로 발굴되어 소크라테스가 아고라에서 활동한 것이 어느 정도 입증됐다.

소크라테스는 아고라에서 주로 활동했지만, 소피스트들처럼 돈을 받

델포이에 있는 아테네 신전

고 지식을 팔지는 않았다. 소피스트들은 지혜로운 자를 자처했다. 그러나 소크라테스는 자신을 '무지한 자'라고 불렀다. 그는 입버릇처럼 "나는 자신이 아무것도 모른다는 것을 알고 있다. 그래서 지혜를 추구한다."라고 말했다.

델포이 신전은 무지한 자를 자처하는 소크라테스가 가장 현명한 사람이라는 신탁을 내렸다. 사실 철학이라는 말인 'Philosophia'는 '지혜를 사랑하다, 추구하다'라는 뜻을 지니고 있다. 이런 의미에서 본다면 소크라테스야말로 지혜를 추구하는 자로서 철학자라고 할 수 있다. 소크라테스가 소피스트와 또 다른 점은 대가를 받지 않고 가르쳤다는 점이다. 그가 가르침을 준 사람은 귀족에서부터 시몬처럼 천한 직업에 종사하는 사람까지 다양했다.

사실 소크라테스는 가르치기보다 대화를 통해 사람들이 스스로 깨닫게 했다. 《메논》이라는 책을 보면, 소크라테스는 무지한 노예 어린아이에게 질문을 던져 스스로 기하학의 원리를 터득하게 만든 적도 있었다. 질문을 던져 자신의 무지를 깨닫고 스스로 지혜를 터득하게 하는 그의 이러한 철학적 방법을 '산파술'이라고 한다. 소크라테스의 어머니가 산파였던 까닭에 그러한 이름이 붙었다. 산파가 산모 곁에서 아이를 잘 낳도록 돕는 기술을 가진 것처럼, 그도 사람들이 자기 정신을 가질 수 있도록 옆에서 돕는 기술을 가졌던 것이다.

아테네 최고의 꽃미남도 매료된 그의 매력

젊었을 때 소크라테스는 원정 전쟁에 세 번 참여했다. 그는 전쟁에서 공을 세우기도 했다. 그런 원정을 떠난 것을 제외하고, 그는 아테네를 떠나지 않고 평생 젊은 청년들을 가르쳤다.

소크라테스는 대머리에다 둥글둥글한 얼굴에 약간 광대뼈가 튀어나온 실레누스같이 생긴 볼품없는 노인이었다. 그래도 청년들은 그를 따르며 흠모했다. 흠모의 정도가 지나쳐 연인처럼 질투까지 하는 청년도 있었다. 알키비아데스가 그런 청년이었다. 플라톤의 《향연》을 보면, 알키비아데스가 술에 취한 채 갑자기 향연의 자리에 나타난다. 그러자 다른 사람들과 있던 소크라테스가 당황해 집주인인 아가톤에게 그를 말려달라고 한다.

오오 아가톤, 나 좀 도와주게. 내가 이 사람과 사랑하게 된 이후,
이 친구는 내가 다른 어떤 아름다운 사람을 쳐다보지도 못하게
하고, 아름다운 사람과 이야기하지도 못하게 한다네. 그렇게 하
면 이 질투심 많은 친구는 나에게 몹시 화를 내고, 욕을 하면서
손까지 대려 한단 말일세. 그러니 이 친구를 진정시켜주게나.

알키비아데스는 아테네 최고의 꽃미남이었다. 그는 아테네 최고 지
도자 페리클레스의 조카로 귀족 출신이었다. 그런 그가 왜 볼품없고 못
생긴 노인에게 **빠졌는지** 이렇게 증언한다.

다른 어떤 사람이 다른 여러 가지 연설을 할 때에는 아무리 그가
훌륭한 웅변가라 할지라도, 적어도 우리는 아무도 그걸 신통하게
여기지 않습니다. 그러나 선생님의 말씀을 직접 듣거나 다른 사
람을 통해서 전해들을 때에는, 그 사람이 말을 아주 잘 못하는 사
람일지라도, 또 듣는 사람이 부녀자건 성인 남자건 어린이건 우
리는 그만 압도되고 정신이 사로잡히게 됩니다. …… 이분의 말
씀을 들을 때 내 심장은 미친 듯 춤추는 코뤼바스들의 심장보다
더 격렬하게 뛰며, 눈물이 내 눈에서 마구 쏟아져 흐릅니다. 그리
고 나 말고도 무수히 많은 사람들이 이와 똑같은 상태에 빠지는
것을 보았습니다. 페리클레스나 그 밖의 뛰어난 웅변가들의 연설
을 들었을 때, 나는 그들이 훌륭한 연설가라고 생각했습니다. 그
러나 내 마음이 흔들리거나 노예가 된 때와 같이 초조하게 된 적
은 없습니다. 그러나 여기 있는 이 마르시아스〔소크라테스〕는 나

를 자주 그런 상태에 빠지게 했지요.

소크라테스는 말년에 젊은 청년들을 타락시키고, 나라에서 신봉하는 신들을 믿지 않고 다이몬이라는 것을 신봉한다는 죄목으로 고소당했다. 그는 법정에서 신이 자신에게 부여한 사명이 아테네 시민들이 정신적으로 타락하지 않도록 그들에게 등에처럼 달라붙어 정신을 일깨우는 것이라고 주장했다. 그는 아테네 시민들이 도덕적으로 타락하지 않고 선과 덕을 추구할 수 있도록 "너 자신을 알라!"라고 설파했다.

그러나 아테네 시민들은 그런 소크라테스를 목에 걸린 가시처럼 불편해했다. 결국 그는 사형을 선고받았다. 이 일이 얼마나 불의했는지는 그가 죽고 난 다음에 벌어진 일에서도 알 수 있다. 그가 죽자 곧바로 아테네 사람들은 후회했다. 그의 죽음을 애도하기 위해 사람들이 몰려들었다. 사람들은 그를 고발한 시인 멜레토스를 사형에 처했다. 시인 멜레토스를 부추겨 소크라테스를 고발하게 한 민주정파의 우두머리 아니토스와 리콘도 추방시켰다.

《크리톤》과 《파이돈》을 보면, 소크라테스가 죽음을 맞는 모습이 너무나 의연하고 감동적이다. 그가 죽기 전날 친구인 크리톤이 찾아온다. 크리톤은 소크라테스의 부유한 친구였다. 소크라테스가 감옥에 갇혀 사형을 기다릴 때 크리톤은 그에게 외국으로 도주할 것을 권유한다. 간수도 매수했고, 배도 구해놨으며, 그렇게 도주해도 아무도 비방할 사람이 없다면서. 그러나 소크라테스는 죽을 줄 알면서도 아테네를 떠나는 것을 완강하게 거부한다. 그는 그저 사는 것이 중요한 것이 아니라 하루를 살아도 올바른 것에 따라 사는 것이 중요하다고 말한다. 친구 크리톤은 소크라테스 본인을 위해서가 아니라 사랑하는 친구를 잃게 될 자신의 운명을 생각해서 도주해달라고 소크라테스에게 간절하게 부탁한다.

크리톤이 이렇게까지 나오자 소크라테스는 대화를 통해서 무엇이 올바른 것인지를 따져보고 그것을 따르자고 말한다. 그리고 자기가 떠날 수 없는 까닭을 크리톤에게 말한다. 소크라테스에 따르면, 자기는 아테네에서 태어나 어려서부터 교육을 받았고, 커서는 아테네의 법률에 따라 살겠다고 맹세를 했다고 한다. 만약 아테네의 법률이 싫다면 가족과 재산을 가지고 다른 나라로 이주할 수 있도록 국가가 배려를 했지만 자신은 떠나지 않았다고 한다. 그렇게 떠나지 않은 것을 소크라테스는 아테네의 법률에 대해 자신이 동의했기 때문이라고 말한다.

소크라테스의 주장대로라면, 그가 도주하지 않고 사형을 선택한 것은 법률에 대한 자신의 동의를 지키려 했기 때문이다. 악법은 그 법에 대해 사람들이 동의하지 않는 법이다. 그래서 악법이고, 그러한 법은 지킬 필요가 없다. 그것은 폐기되거나 개선되어야 한다. 그러나 소크라테스가 끝까지 지키려 했던 법은 '악법'이 아니라 자기가 동의했던 '법'이다. 이것은 법이 존립할 수 있는 중요한 근거다.

소크라테스는 이러한 신념에 따라 의연하게 죽음을 선택했다. 그는 철학을 죽음에 대한 연습이라고 했다. 그에게 중요한 것은 육체를 하루 더 연장해 사는 것이 아니라, 정신이 올바르다고 생각하는 바에 따라 사는 것이다. 플라톤은 《파이돈》에서 담담하면서도 감동적인 소크라테스의 최후의 모습을 이렇게 전해주고 있다.

그러니까 그 사람은 이렇게 대답하더군요.

"오오 소크라테스, 여기서는 마실 만큼밖에 갈지 않습니다."

"알았소. 그러나 저세상에 가는 여행을 잘 하도록 내가 기도를 드릴 수 있을 테지. 또 드려야만 되고. 내 기도대로 이루어지이다."

이렇게 말하면서 그는 잔을 입술에 대고 조용히 기쁜 낯으로 그 약을 마셨습니다. 그때까지만 해도 우리는 슬픔을 억제할 수 있었습니다만, 이제 그가 그 약을 다 들이키는 것을 보고는 더 참을 수가 없었습니다. 저는 그만 울음을 터뜨렸어요. 그래서 저는 얼굴을 가리고 울었는데, 이것은 그를 위해서가 아니라 이제 그러한 벗을 여의게 된 저 자신의 불행을 생각한 때문이었습니다. 제가 먼저 운 건 아니지요. 저보다 먼저 크리톤은 울음을 억제할 수 없으니까 밖으로 나가려고 일어서더군요. 아폴로도로스는 벌써부터 줄곧 울고 있었는데, 이때에는 큰 소리로 흐느껴 울어 우리 모두의 가슴을 메어지게 했습니다. 홀로 소크라테스만이 여전히 조용했어요.

"그게 무슨 꼴인가."라고 소크라테스가 말씀하셨습니다.

"이상한 사람들 다 보겠네. 내가 아낙네들을 내보낸 것은 그들이 이런 창피스런 꼴을 보일까 봐 그런 거야. 사람은 모름지기 조용히 죽어야 한다고 들어왔네. 조용히 하고 꿋꿋하게 행동하게."

이 말을 듣고 우리는 부끄러운 생각이 들어 눈물을 삼켰습니다. 그는 이리저리 걷더니 한참 만에 다리가 무겁다고 말하고는 반듯이 드러눕더군요. 이건 그에게 약을 준 사람이 그렇게 하라 한 거지요. 소크라테스가 누우니까 그 사람은 소크라테스의 다리와 발

델포이에 있는 아폴론 신전.
소크라테스는 이 신전에 새겨진 '너 자신을 알라'는 격언을 철학의 모토로 삼았다.

을 살펴보더군요. 그리고 한참 있다가 발을 세게 누르면서 감각이 있느냐고 묻더군요. 소크라테스가 "없다."고 하니까, 그 다음엔 다리를 눌러보고는 우리에게 몸이 차지고 굳어진다고 하더군요. 그리고는 다시 우리에게 말하기를, "독이 심장에까지 미치면 마지막입니다."라고 하더군요. 하반신이 거의 다 차진 때에 그분은 얼굴에 덮었던 것을 벗고 이렇게 말했습니다. 이것은 그의 최후의 말이었습니다.

"오오 크리톤, 아스클레피오스에게 내가 닭 한 마리 빚진 것이 있네. 기억해두었다가 갚아주게."

"그렇게 하겠네."라고 크리톤이 말했습니다.

"그 밖에 뭐 다른 말은 없나?"

이 물음에는 아무 대답이 없었습니다. 일이 분 후 몸이 조금 움직였습니다. 그러니까 그 사람이 소크라테스의 얼굴을 가렸던 천을 벗겼습니다. 그의 눈은 허공을 바라보고 있더군요. 이것을 보고 크리톤은 그의 눈을 감게 해주고 그의 입을 다물게 해주었지요.

오오 에케크라테스, 우리의 벗의 최후는 이러했소. 그는 그 당시에 내가 만난 사람들 가운데 가장 현명하고 가장 올바른 사람이었다고 나는 진심으로 말하지 않을 수 없소.

15

소크라테스의 무릎에서
날아간 새끼 백조

—

플라톤

P l a t o n

어느 날 소크라테스가 꿈을 꾸었다. 꿈에서 그는 새끼 백조를 무릎 위에 올려놓고 있었다. 그런데 곧 이 새끼 백조가 날개가 돋더니 기쁜 듯 소리를 질러대며 창공으로 날아가 버렸다. 백조는 학문과 예술의 신인 아폴론의 상징 동물이다. 소크라테스의 무릎에서 날개를 펼쳐 날아간 새끼 백조는 소크라테스 문하에서 학문과 예술에 엄청난 사건을 일으킬 사람이 나타난다는 뜻이었다. 다음 날 소크라테스는 플라톤 (Platon, 기원전 428 / 427~348 / 347년)을 소개 받자, 이렇게 말했다.

플라톤

"이 친구가 바로 그 백조였구나!"

시를 쓰며 정치가를 꿈꾼 청년

영국의 저명한 철학자 앨프리드 노스 화이트헤드(Alfred North Whitehead)는 이제까지의 서양 철학은 플라톤의 주석에 다름 아니라고 주장했다. 이처럼 플라톤은 서양 철학에 절대적인 영향을 끼쳤다. 사실 소크라테스도 플라톤이 없었더라면 그 영향력이 거의 없었을 것이다. 플라톤은 스승 소크라테스의 언행을 하나도 빠뜨리지 않고 꼼꼼하게 기록했다. 그는 몸이 아파서 스승의 마지막을 함께하지 못했다. 어쩌면 스승의 최후를 보기가 너무 괴로웠을지도 모른다. 그 자리에 없었어도 그는 주변 사람들의 증언을 토대로 스승의 최후를 생생하게 기록해놓았다. 글을 읽다보면 마치 곁에서 목격한 사람이 쓴 것 같은 느낌이 든다. 플라톤은 대화록에서 스승 소크라테스를 주인공으로 내세웠다. 억울하게 죽은 스승 소크라테스를 살려내, 그는 사형이 잘못된 것임을 보여주고자 했다. 그리고 소크라테스가 가장 존경 받을 만한 훌륭한 스승이었다는 점을 보여주려 했다.

플라톤이 소크라테스를 만나지 않았다면, 집안의 내력으로 볼 때 정치가가 됐을 것이다. 플라톤은 아테네의 명문귀족 가문에서 태어났다. 아버지 쪽은 아테네의 마지막 왕 코드로스의 후손이고, 어머니 쪽의 조상은 위대한 정치가요 입법자인 솔론의 동생 드로피에스다. 플라톤의 본명은 아리스토클레스이며, 플라톤은 넓은 어깨 때문에 붙여진 예명이었다. 그는 귀족 가문답게 어렸을 적부터 정치가가 꿈이었다. 실제로 플라톤의 외당숙인 카르미데스와 외삼촌 크리티아스는 막강한 독재 권력을 행사한 30인 참주의 일원이었다. 그러나 플라톤은 그들과 정치적 견해를 달리했다.

> 바로 이들 중 몇몇이 나와는 친척이거나 친지였으며, 게다가 그들은 정치가 내게 맞는 일이라고 하여 바로 가담하도록 권유했소. …… 그래서 지켜보았더니, 이들은 불과 얼마 되지 않아서 이전의 정치 체제가 오히려 황금시대로 여겨지게 할 정도였소.

플라톤은 정치보다 철학의 길을 걸었다. 물론 그가 그렇게 된 것은 소크라테스 때문이었다. 소크라테스를 만나기 전까지 플라톤은 시를 쓰며 언젠가 정치가로 나아갈 꿈을 가진 청년이었다. 그러던 어느 날 그는 비극경연대회에 참가하기 위해 디오니소스 극장 앞을 지나던 길에 청년들과 토론을 벌이고 있던 소크라테스를 만나게 되었다. 그 만남이 있은 뒤 플라톤의 인생은 완전히 바뀌게 되었다. 그는 그때까지 썼던 시를 모두 불태워버리고 소크라테스를 따르기로 결심했다. 그는 소크라테스가 처형을 당하기 전까지 그를 따라다니며 철학을 배웠다. 그런 그에게 스승 소크라테스의 처형은 날벼락이나 다름없는 사건이었다. 그는 처형이 얼마나 부당한지 다음과 같이 증언한다.

> 그러나 불행하게도 이번에는 우리의 동지 소크라테스를 몇몇 권력자들이 가장 소크라테스에게 어울리지 않는 고약한 죄목을 뒤집어 씌워서는 법정으로 끌고 갔소. 그리고 그를 불경죄로 고발해서 유죄 판결을 내려 처형했으니, 그는 그들 자신이 망명해 있던 불행한 시기에 당시의 망명 동지에 대한 부당한 연행에 가담하기를 거절했던 바로 그 사람이었소.

플라톤은 소크라테스가 처형된 뒤 정치적 박해가 두려워 아테네를 떠나 10년 이상의 세월을 여행하며 보냈다. 우선 그는 3년 동안 아테네와 이웃해 있는 메가라라는 도시로 갔다. 그는 계속해서 키레네, 타렌트, 이집트 등을 여행했다. 이 시기에 그는 철학적 대화록을 작성하기 시작했다. 그 속에서 그는 소크라테스의 철학을 재현하고자 했다.

플라톤은 아테네에서 이탈리아 남부에 있는 시라쿠사를 세 번이나 방문했다. 그는 자신이 구상한 이상국가를 실현해보려고 그곳을 방문했던 것이다. 첫 번째 방문 때어는 아직 《국가론》을 집필하기 전이었

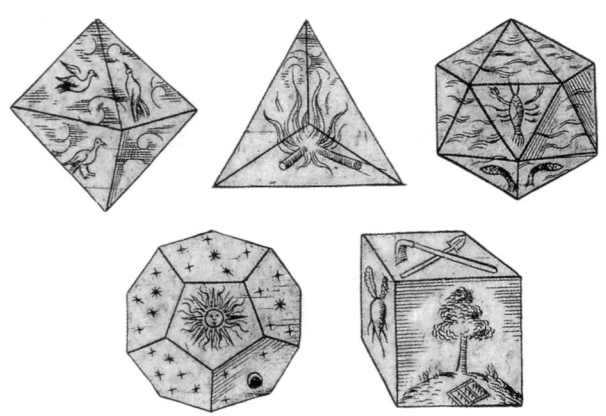

천문학자 케플러가 플라톤의 《티마이오스》에서 설명된
불, 공기, 물, 흙, 에테르 5가지 원소를 그린 〈세계의 조화〉, 1619년

다. 그러나 그는 그 무렵에 이미 정치에 대해 많은 생각을 하고 있었다.

당시 시라쿠사의 참주는 디오니시우스 I세(Dionysios I, 기원전 430～367년)였다. 그는 권력 기반을 확고하게 한 다음 자신의 지위를 과시하기 위해 철학자와 예술가들을 시라쿠사로 초청했다. 그는 아테네의 명문귀족 출신이자 몇 편의 대화록을 써서 이미 유명세를 얻고 있던 플라톤을 대단히 환영했다. 그러나 디오니시우스 I세는 도덕적인 지배자가 아니라, 환락에 취해 사는 전형적인 독재자였다. 도덕적이고 금욕적인 플라톤은 궁정 생활을 견디기 어려웠다.

> 내가 도착했을 때, 거기 사람들이 맛있고 풍부한 이탈리아나 시칠리아식 음식에 빠져 사는 것을 고작 행복한 삶이라고 여기는 것이 내겐 너무도 어처구니없는 일이었소. 하루에 두 번씩이나

포식하고, 단 하룻밤도 혼자 자는 법이 없으며, 그 밖의 모든 생활 습관이 그런 삶의 형태와 연관되어 있기에 나로서는 견디기 어려웠소.

그 시기에 플라톤은 디오니시우스 I세의 처남인 젊은 디온을 만나 위로를 삼는다. 젊은 디온은 플라톤의 친구이자 제자가 된다. 하지만 결국 플라톤은 디오니시우스 I세의 폭압적인 정치와 방탕한 궁정 생활을 참지 못하고 아테네로 돌아가고자 한다. 그러자 디오니시우스 I세는 플라톤이 귀국하려 탄 배를 아테네가 아니라 아이기나 섬에 상륙하도록 일을 꾸민다. 아이기나 섬은 아테네와 전쟁을 하고 있었다. 그 섬에 도착한 플라톤은 죽음을 당하거나 노예로 팔려가게 될 운명에 처하게 된다. 죽음을 면한 플라톤은 노예시장에서 노예로 팔려가는 신세로 전락한다. 그때 플라톤에게 은인이 나타난다. 키레네학파의 소크라테스주의자 아니케리스가 노예시장에서 플라톤을 발견한 것이다. 그는 플라톤을 사서 노예 신분에서 해방시켜준다. 플라톤은 아테네로 돌아온 후 아니케리스에게 그 돈을 갚으려 한다. 그러나 그가 받지 않자 결국 그 돈으로 아카데모스 신전 근처의 땅을 사서 기원전 387년에 아카데미아를 세운다. 이 아카데미아는 거의 천 년간 존속되다가 529년에 동로마 제국의 황제 유스티니아누스에 의해 폐지됐다.

지구상에 이상국가는 없다

디오니시우스 I세가 죽고 아들 디오니시우스 II세가 젊은 나이에 참주가 되었다. 플라톤은 이때 다시 한 번 시라쿠사를 방문한다. 디온이 젊은 참주에게 플라톤을 스승으로 모셔오도록 설득했기 때문이다. 그러나 젊은 참주는 그 아버지에 그 아들이었다. 그는 플라톤의 철학에 별로 관심을 보이지 않았다. 젊은 참주는 외삼촌인 디온마저 국외로 추방시켜버렸다. 플라톤은 디온을 도우려 했지만 제대로 뜻을 이루지 못하고 아테네로 되돌아와야만 했다. 젊은 참주는 삼단노의 전함을 보내 원하는 바를 들어주겠다며 스승을 다시 초청했다. 주변의 권유와 친구 디온마저 권유하자 플라톤은 젊은 참주를 가르치기 위해 예순여섯 살에 또다시 시라쿠사를 방문한다. 그러나 그는 참주가 전혀 바뀌지 않은 모습에 실망해 아테네로 도망치듯 귀환한다.

아테네에서 시라쿠사까지의 여정은 만만한 것이 아니었다. 플라톤의 말대로, 죽음의 카리브디스 소용돌이를 넘어서 가는 위험천만한 여정이었다. 플라톤이 목숨을 걸고 이렇게 여러 차례에 걸쳐 시라쿠사를 방문한 것은 무엇 때문이었을까? 그것은 자기의 이상국가론을 실현하려 했기 때문이다. 그러나 이러한 시도는 실패로 끝났다. 플라톤은 자신의 저서에서 지구상에 완전한 국가가 실현될 만한 장소는 아무 데도 없다고 말했다. 그가 꿈꾸었던 완전한 이상국가의 실현은 완전하고 정의로운 질서에 따른 공동체에 대한 인간의 염원을 대변한 것이었다.

플라톤이 《국가론》에서 그린 국가는 어떠한 국가인가? 그의 국가는 가능한 한 머리로 그려볼 수 있는 이상적인 국가였다. 최초의 유토피아이기도 했다. 그는 국가가 발생한 것은 인간의 나약함 때문이었다고 설명한다. 인간 혼자는 특정한 활동에만 재능을 가질 수 있기 때문에 다른 사람과 협력을 해야 살 수 있다. 구두장이는 구두를 만들지만 그것만으로는 살 수 없다. 구두를 팔아서 빵을 사려면 빵을 만드는 사람이 필요하다. 이렇게 다양한 직종의 사람들이 서로 도움을 주고받으며 살아야 하기 때문에 국가가 탄생한 것이다.

플라톤은 이렇게 탄생한 국가가 정의로울 수는 없을까 고민했다. 다시 말해 그는 다양한 인간들이 정의롭고도 유기적으로 서로 도움을 주고받으며 살아갈 수 있는 사회를 그리고자 했다. 우선 그는 인간을 지배하는 인간의 영혼에 주목한다. 그리고 인간의 영혼이 공통적으로 세 부분을 가지고 있다고 주장한다. 그것은 욕망과 용감함, 그리고 지혜다. 사람들은 이 세 요소가 이끄는 대로 살아간다. 어떤 사람들은 마음대로 내달리려는 욕망에 따라 살고, 어떤 사람들은 용감하게 살려고 애쓰며, 어떤 사람들은 지혜에 따라 산다. 플라톤은 이 인간의 성향에 따라 국가의 계층을 생산 신분, 감호 신분, 지배 신분으로 나눈다.

생산 신분은 수공업자나 상인, 농부들로서 욕망에 좌우되는 사람들이다. 이들은 결혼도 할 수 있고, 사유재산도 가질 수 있다. 국가에서 의식주를 담당하지만, 통치에 참여할 수는 없다. 이들은 국가의 피지배자들이다. 이들의 덕은 신중함이다. 이들은 이들의 격정을 제어하고, 절제와 복종을 연습해야만 한다. 두 번째 신분은 국가를 방어하고 감시하는 일을 맡은 감호 계급이다. 이들은 기개를 덕으로 삼는 사람들이다. 세 번째 신분은 지배 신분이다. 감호 신분과 지배 신분은 국가에서 함께 지배 계층을 형성한다. 이들은 함께 교육을 받으며 국가의 질서를 수립하고 유지하고자 하는 공통된 관심을 가지고 있다.

플라톤의 국가는 스파르타처럼 외적을 방어해야 할 뿐만 아니라 내적인 소요도 진압해야 하는 상비군을 둔 군사국가이자 경찰국가다. 이들 감호 신분에게는 결혼도 사유재산도 허락되지 않는다. 그들은 공익을 위해 사는 사람들이기 때문이다. 그러나 그들은 부부공유제와 재산공유제를 통해 섹스 파트너와 재산을 공동소유할 수 있다. 부부공유제의 원칙은 체인징 파트너. 그래야 누구의 자식인지 몰라 공동의 소유로 할 수 있고, 자식들을 공동으로 양육할 수 있다. 그런데 파트너를 바꾸되, 원칙이 있다. 우등한 사람에게는 비밀스럽게 횟수를 늘려 기회를 더 주고, 그렇지 않은 사람에게는 횟수를 줄인다. 이렇게 해야 우등한 종자를 얻을 수 있다. 체인징 파트너를 한다고 해서 플라톤이 무제한적인 성적 자유를 옹호한 것은 아니다. 그는, 지배 계급은 국가를 위한 최상의 후손을 생산해내기 위하여 성적 교류도 엄격하게 통제해야 한다고 주장한다. 플라톤의 국가에서 흥미로운 것은 여성과 남성이 동등한 권리를 가지고 있다는 점이다. 다시 말해 여성들도 감호자와 통치자의 역할을 할 수 있다.

플라톤은 체인징 파트너를 통해 태어난 아이들을 공동으로 교육시켜야 한다고 주장한다. 스무 살이 되기 전까지 아이들에게는 체육과 음악, 시를 통한 기초 교육이 행해진다. 여기서 음악과 시 교육은 전투적 사기를 북돋우고, 교화적인 내용을 갖는 것으로 제한되어야 한다. 이후에는 수학과 천문학, 화성학을 10년 동안 배우게 된다. 여기서 추려낸 소수의 통치자들을 대상으로 5년간 변증법, 즉 철학교육을 행하게 된다. 그 이후 이들은 15년간 하위 국가 공무원으로서 봉사하게 된다. 쉰 살이 되면, 이들 가운데 철학적 인식 중 최상의 형식인 '선의 이념'을 관조할 수 있는 사람을 엄격한 시험을 거쳐 선출하게 된다. 이렇게 해서 국가를 통치할 철인왕을 선택하게 되는 것이다. 그런데 철인왕이 관조하는 '선의 이념'이란 어떤 것인가?

행복은 평등하다

플라톤은 '선의 이념'을 《국가론》의 하이라이트라고 할 '동굴의 비유'를 통해 설명한다. 동굴에는 어떤 사람들이 벽을 보고 앉은 채, 등 뒤의 모닥불에 의해서 생기는 동굴 밖 물체의 그림자만을 쳐다보며 포로처럼 살고 있다. 그 사람들은 이 그림자의 모습을 현실이라고 여기고 있다. 포로들 가운데 한 사람이 해방되어 동굴 밖으로 나온다. 그는 태양의 환한 빛 때문에 고통스러워하지만, 태양이 비추어주는 참된 현실을 보게 된다. 이 태양이 바로 선의 이념과 같은 것이다. 그는 다시 동굴 속으로 돌아가 함께 묶여 있던 사람들에게 그에 대해 이야기한다. 그들은 처음에 그를 믿지 못한다. 오히려 그를 의심한다. 태양의 환한 빛에 익숙한 그가 다시 벽에 비친 그림자를 뚜렷하게 보지 못하기 때문이다.

동굴은 우리가 겪는 일상적인 감각적 지각의 세계다. 우리는 이러한 세계에 사로잡혀 있는 포로다. 동굴을 떠나 실상을 본 포로는 철학자다. 그는 인간들에게 참된 현실을 알려준다. 동굴 밖에 존재하는 이 참된 현실은 이데아의 세계다. 플라톤에게 '이데아'란 실재의 '원형'이다. 이러한 원형에 따라 가시적인 세계의 대상이 형성된다. 그는 이러한 이데아의 세계가 우리의 인식이나 사고와 독립적으로 존재한다고 한다. 이데아의 세계는 의식에 의해 만들어지는 세계가 아니다. 그것은 의식에 의해 인식되거나 정신으로만 볼 수 있는 또 다른 객관적인 세계다.

플라톤의 '동굴의 비유'를 표현한 삽화

예를 들어보자. 완벽한 원이나 삼각형은 결코 볼 수도 없고, 그려낼 수
도 없다. 그럼에도 우리가 그것들을 원이나 삼각형이라고 말하는 것은
그것들의 이데아를 인식하기 때문이다.

　이데아의 세계는 눈으로 볼 수 있는 가시적 세계가 아니라, 정신을
통해서만 접근할 수 있는 세계다. 플라톤은 선분의 비유를 통해 가시적
세계와 정신적 세계를 나눈다. 가시적 세계란 그림자와 거울을 통해 간
접적으로 지각할 수 있거나, 생명체와 사물들을 직접적으로 지각할 수

있는 그런 세계를 말한다. 정신적 세계는 수학이나 이념들의 세계로 보이지도 않으며, 만질 수도 없는 그러한 세계다. 오로지 정신을 통해서 인식 가능하다. 플라톤은 이 선분의 비유에 따라 거울을 보는 것에는 '추측'이, 생명체와 사물들을 직접 보는 것에는 참된 것으로 간주하려는 '믿음'이, 수학적 대상에는 '숙고'가, 이념들에는 '통찰'이 상응한다고 주장한다.

플라톤의 현실 인식에서 가장 낮은 단계인 '추측'에 예술이 해당한다. 침대를 그리는 예술가는 수공업자가 만든 '침대'를 보고 그리기 때문이다. 예술가는 침대의 이데아를 모사한 침대를 보고 그리기 때문에 그의 인식은 삼류적 인식이자 참된 현실 인식이 아니다. 이와 반대로 철인왕은 맨 꼭대기의 인식 단계를 나타낸다. 맨 꼭대기에는 현실의 최상의 원리이자 이성과 유덕한 행위의 척도가 되는 선의 이데아가 있다. 이 선의 이데아를 관조하고 통찰하는 사람이 바로 철학자다. 플라톤은 바로 이 참된 현실을 인식할 수 있는 사람이 국가의 통치자가 되어 국가를 이끌고 가야 한다고 주장한다. 그래서 그는 국가의 지도자로서 철인왕을 주장한 것이다.

플라톤이 그린 철인왕이 다스리는 '국가'는 그때까지 그리스가 겪어왔던 혼란한 정치 체제에 대한 대답이었다. 귀족정치, 금권정치, 과두정치, 민주정치, 전제정치로 이어지는 악순환이 계속됐다. 그 악순환 속에서 죄 없는 소크라테스가 희생됐다. 플라톤은 시라쿠사를 세 차례나 방문해 자신이 구상한 이상국가를 세우려고 노력하지만 실패했다. 그는 이렇게 실패를 거듭하면서도 자신이 왜 이상국가를 만들려 했는지 다음과 같이 설명한다.

아테네 학당을 그린 로마 시대의 모자이크

　"공화국을 만드는 우리의 목적은 특정 계급이 행복한 세상이 아니라 모두가 가장 큰 행복을 누리는 세상을 만드는 데 있다."

　플라톤은 《국가론》 이외에도 수많은 대화록을 썼다. 그의 이름으로 전승된 대화는 모두 34편에 이른다. 이 가운데 일부는 위작으로 간주된다. 중요한 플라톤의 대화를 살펴보면 다음과 같다. 가장 초기의 저술에 해당하는 것은 소크라테스의 재판 과정을 담은 《변명》, 소크라테스가 죽기 전 친구 크리톤과 나눈 법의 준수에 관한 대화인 《크리톤》, 덕에 관해 소피스트와 논쟁하는 내용을 담은 《프로타고라스》다. 이후 그는 철학의 추동력으로서의 에로스를 설명한 《향연》과 영혼 불멸설과 소크라테스의 감동적인 최후를 담은 《파이돈》 등을 썼다. 그리고 그의 사상의 절정이라 할 수 있는《국가론》을 쓴 이후 그의 자연철학의 내용을 담은《티마이오스》, 노년기의 대작인《법률》등을 썼다. 이 대화들은 철학자 플라톤뿐만 아니라 문학자로서의 플라톤의 면모들 더욱 잘 보여주는 책들이다. 플라톤은 이러한 대화록을 집필하고 아카데미아에서 가르치기도 했다. 그런 과정을 통해 그는 수많은 제자들을 길러냈다. 그가 그렇게 해서 길러낸 제자 가운데 가장 유명한 사람은 아리스토텔레스였다.

플라톤은 여든한 살을 채우고 어떤 결혼식 연회장에서 숨을 거두었다고 한다. 그의 장례 행렬에는 아카데미아가 있는 구역의 전 주민이 참가했다. 그는 자신이 학문을 하며 시간을 보냈던 아카데모스 숲에 묻혔다. 현재 아카데미아는 파괴되어 황폐하게 방치되어 있다. 플라톤의 무덤도 찾을 수가 없다. 그러나 플라톤이 죽은 뒤에도 그의 철학은 오랫동안 서양 철학을 지배했다. 그의 말대로 중요한 것은 육체가 아니라 정신이었다. 지금도 그의 정신은 천 년 이상이나 사람들의 마음을 사로잡아 왔고, 지금도 사로잡고 있다.

16

플라톤을 발로 찬 망아지

—

아리스토텔레스

A r i s t o t e l e s

　플라톤의 아카데미아가 배출한 최고의 스타는 누가 뭐래도 아리스토텔레스(Aristoteles, 기원전 384~322년)였다. 그는 플라톤과 더불어 서양의 학문을 지배해왔다. 학문의 영향력에서 그는 스승 플라톤보다 더욱 큰 위력을 발휘했다. 근대 학문은 그를 극복하는 데서 시작됐다. 중세에는 아리스토텔레스와 다른 견해를 내놓는 것은 곧바로 이단으로 취급될 정도였다.

　이런 일화가 있다. 수도원에서 수도사들이 아리스토텔레스의 동물학

아리스토텔레스

이론에 따라 암말의 이가 몇 개인지를 두고 설왕설래를 벌일 때, 그 곁에서 논의를 듣던 어린 종이 마구간으로 달려갔다. 그러고서는 암말의 이를 센 다음 달려와서 수도사들에게 자랑스럽게 암말의 이가 몇 개라고 알려주었다. 그러나 어린 종은 칭찬 대신 아리스토텔레스의 동물학 이론을 부정한 죄로 큰 벌을 받았다.

플라톤은 소중하다. 그러나 진리는 더 소중하다

이렇게 서양 정신사에서 절대적 영향력을 행사한 철학자 아리스토텔레스는 기원전 384년에 그리스 북부의 스타게이로스에서 태어났다. 그의 아버지 니코마코스는 마케도니아의 왕 아민타스 2세의 주치의였다. 아리스토텔레스는 어렸을 때부터 아버지를 따라 마케도니아 궁정을 드나들었다. 그는 알렉산드로스의 아버지인 필리포스 왕과도 알고 지냈을 것이다.

그런데 아리스토텔레스의 부모는 일찍 세상을 떠났다. 그의 아버지는 아들이 장래 학문 연구에만 몰두할 수 있는 충분한 재산을 물려주었다. 아리스토텔레스는 철학을 하는 중요한 조건으로 한가를 꼽았다. 그 한가는 넉넉한 재산과 시중을 들 몇 명의 하인이 없으면 힘든 것이다. 어린 아리스토텔레스는 친척 프록세노스에게서 양육됐다. 그는 프록세노스에 대한 고마움을 죽을 때까지 잊지 못했다. 프록세노스의 동상을 세워달라는 유언을 남길 정도였다.

아리스토텔레스는 열일곱 살 때 아테네의 명문 학교인 아카데미아로 와서 수학했다. 그가 아카데미아 학생이 됐을 때, 플라톤은 아직 시라쿠사에 있었다. 그는 플라톤의 아카데미아에서 20년 동안 머무르며 공부를 했다. 플라톤이 '아카데미아의 정신'이라고 할 정도로 그는 공부에 몰두했다. 공부에 몰두하는 그를 보고 플라톤이 이렇게 말했을 정도다.

"크세노크라테스에게는 박차가 필요하지만, 아리스토텔레스에게는 고삐가 필요하다."

아카데미아에 처음 왔을 때 아리스토텔레스는 학생 신분이었지만 곧 교수의 신분으로 바뀌었다. 아카데미아에 있을 때부터 그는 플라톤을 가장 잘 이해하는 제자이면서 동시에 그에 대한 비판자이기도 했다. 그래서 플라톤이 이렇게 핀잔을 주었다고도 한다.

"아리스토텔레스는 망아지가 자기를 낳아준 어미를 차는 것처럼 나를 차버렸다."

비록 철학적 입장은 달리했어도 아리스토텔레스는 스승 플라톤을 평생 존경했다. 그는 플라톤이 죽자 비문에다 '스승 중의 스승'이라고 새

아리스토텔레스의 《자연학》

겨 넣어 플라톤에 대한 존경을 나타냈다. 스승 플라톤이 죽자, 아리스
토텔레스는 실망해서 아카데미아를 떠났다. 그 이유는 실력이 형편없
던 플라톤의 조카 스페우시포스가 아카데미아 원장 자리를 차지했기
때문이다. 때마침 친구이자 아타르네우스의 참주인 헤르미아스가 불러
주어 그는 이오니아 지역에 있는 아소스로 건너갔다. 지금은 터키의 서
해안에 위치해 있는 칼람바카라는 이름의 조그만 항구도시로 바뀌어
있다.

　헤르미아스는 노예 출신으로 참주의 지위에까지 오른 특이한 경력의
소유자였다. 아리스토텔레스는 그와 각별한 인연을 맺었다. 헤르미아
스는 조카이자 의붓딸인 피티아스와 아리스토텔레스를 결혼시켰다. 전
해오는 이야기에 따르면, 평생 연구실에 앉아 연구에만 몰두할 것 같은
깐깐한 교수 스타일의 아리스토텔레스가 피티아스를 보고 열렬한 사랑
에 빠져 헤르미아스에게 요청해 결혼을 했다고 한다.

아리스토텔레스는 겉으로는 냉철해도 속이 뜨거운 사람이었다. 그의 사랑은 마치 석탄 같았다. 처음에 불을 붙이기는 어려워도 불이 붙으면 *끄*기가 어려운 것이 석탄이다. 그렇게 그는 피티아스에게 사랑과 열정을 바쳤다고 한다. 아리스토텔레스는 《정치학》에서 이상적인 결혼 적령기를 남편은 서른일곱 살, 아내는 열여덟 살로 규정한 대목이 있는데, 그가 피티아스와 결혼할 때의 나이가 서른일곱 살이었다. 그때 피티아스가 열여덟 살이었는지는 분명하지 않다. 불행하게도 피티아스는 오래 살지 못했다.

아리스토텔레스는 아소스에서 철학을 가르치다 기원전 345년에 아소스 건너편에 있는 레스보스 섬으로 이주했다. 그는 이곳에서 3년 정도 지내다 필리포스 왕의 부름을 받고 왕자 알렉산드로스를 가르치러 마케도니아 궁전으로 떠났다. 그를 알렉산드로스의 스승으로 추천한 사람은 헤르미아스였다. 헤르미아스는 필리포스 왕에게 알렉산드로스의 교육을 아리스토텔레스에게 맡기라고 조언했다. 세계사의 두 인물이 스승과 제자로서 만났다. 그러나 알렉산드로스가 아리스토텔레스에게 어떠한 영향을 받았는지는 확실하게 알 수가 없다. 한 가지 분명한 것은 알렉산드로스 대왕이 원정지에서 아리스토텔레스에게 연구 자료로 희귀한 식물과 동물들을 보내주곤 했다는 것이다.

알렉산드로스 대왕이 그리스를 통일하자 아리스토텔레스도 아테네로 화려하게 귀환했다. 그의 머리에는 대왕의 스승이라는 후광이 환히 빛나고 있었다. 그는 아폴론·리케이오스 신전 가까이에 있는 곳에 리케이온이라는 학교를 세웠다. 이곳에서 그는 연구하고 가르쳤다. 그는 산책을 하며 가르치는 습관이 있었는데, 이런 습관 때문에 아리스토텔레스학파는 페리파토스학파 또는 소요학파라고 불리기도 했다. 그가 세운 학교의 명성은 얼마 지나지 않아 플라톤이 세운 아카데미아를 능가하기도 했다.

아리스토텔레스가 가르치는 철학은 플라톤의 철학과 달랐다. 플라톤은 이데아의 세계를 역설했지만, 아리스토텔레스는 이데아의 세계가 다른 세계 속에 있는 것이 아니라 실재 속에 존재한다고 가르쳤다. 또한 플라톤이 국가에서 철인왕이 필요하다고 하는 것에 대해서도 비판했다.

"직접 철학을 하는 것은 왕에게는 필요 없을 뿐만 아니라 심지어 방해가 된다. 그러나 왕은 참된 철학자의 말을 듣고 따라야 한다."

아리스토텔레스가 스승이자 정신적 친구인 플라톤을 비판한 것은 진리를 추구하는 정신 때문이었다. 그는 플라톤의 영향을 벗어나면서 이런 말을 남겼다고 전해진다.

"플라톤은 소중하다. 그러나 진리는 더욱 소중하다."

플라톤의 영향을 떠나 아리스토텔레스는 실제적인 관찰과 논리적 체계에 기초해 모든 학문의 분야를 체계화하고 정리했다. 그는 철학에서부터 동물학, 식물학에 이르기까지 전 학문 분야에 걸쳐 방대한 저술을 했다. 고대인들의 기록에 따르면, 그가 400권을 저술했다고도 하고, 1,000권 이상의 책을 썼다고도 한다. 오늘날까지 남아 있는 그가 쓴 중요한 철학적 저술들로는 후에 논리학이라고 불린 《오르가논》과 《형이상학》, 《윤리학》, 《정치학》, 《시학》 등이 있다.

아리스토텔레스는 학문을 하기에 앞서 학문의 도구, 즉 방법에 대해 고민했다. 그는 독자적 학문의 영역으로 학문의 도구인 《오르가논》, 즉

《논리학》을 발전시켰다. 《논리학》은 올바른 사유에 관한 이론, 좀 더 정확히 말해 올바른 사유의 형식과 방법에 관한 이론이다. 《논리학》에는 개념·범주·판단·추론·증명·귀납법 등 중요한 논리적 방법들이 들어 있다. 추론은 아리스토텔레스 《논리학》의 핵심이다. 아리스토텔레스에 따르면, 학문의 목적은 어떤 원인에서 기존의 것을 필연적으로 도출하는 데 있다. 그것이 바로 추론이다. 추론과 관련해서 그 유명한 삼단논법이 등장한다. 삼단논법의 고전적인 예는 다음과 같다.

인간은 모두 죽는다.
소크라테스는 인간이다.
따라서 소크라테스는 죽는다.

삼단논법의 추론 방식은 연역이다. 연역은 일반자에서 특수자로 나아간다. 이와 반대되는 것으로 아리스토텔레스는 《토피카》에서 귀납을 든다. 귀납은 개별자에서 일반자로 나아간다. 이 두 가지 방법을 사용하면서 학문은 완전을 기하게 된다. 이와 같은 내용을 담은 아리스토텔레스의 《논리학》은 중세와 근대에 들어서까지 학문의 기본이자 방법으로 절대적 영향을 끼쳤다.

《논리학》과 더불어 아리스토텔레스에게 불멸의 이름을 안겨준 학문은 《형이상학》이다. 《형이상학》은 원래 아리스토텔레스가 붙인 이름이 아니다. 로도스 출신의 안드로니코스라는 후대의 편집자가 아리스토텔레스의 글들을 모아 분류하는 과정에서 발생한 우연한 용어였다. 안드로니코스는 아리스토텔레스가 남긴 14편의 글들을 자연에 관한 글들(ta

아리스토텔레스가 아테네에 있는 플라톤의 아카데미아를 떠난 후 활동했던 아소스의 모습

physika) 뒤에(meta) 놓은 다음 '자연에 대한 글들 뒤에 있는 것들'이라는 뜻에서 'ta meta ta physika'라는 이름을 붙였다. 그런데 공교롭게도 이 열네 편의 글들이 물리적 대상을 넘어선 초자연적인 것을 대상으로 삼고 있었다. 이렇게 해서 '물리적 대상을 넘어선 초자연적인 원리를 탐구한다.'는 뜻의 '메타피지카'란 용어가 생겨난 것이다. 동양에서는 이 메타피지카의 번역어로 '형이상학(形而上學)'이라는 말을 사용하고 있다. 형이상학이라는 말은 《노자주역왕필주》의 한 구절인 "형이상자, 위지도, 형이하자, 위지기(形而上者, 謂之道, 刑而下者, 謂之器)"의 '형이상자'에서 비롯됐다. 여기서 형이상자는 형체가 없고, 즉 경험의 한계를 넘어서 있는 것들을 가리킨다. 그러나 이 번역은 아리스토텔레스보다 플라톤에 더 가깝다. 아리스토텔레스의 형이상학적 원리는 형체와 분리될 수 없기 때문이다.

콩 심은 데 콩 나고, 팥 심은 데 팥 나는 이데아론

아리스토텔레스는 《형이상학》에서 탐구되는 학을 일컬어, '지혜(sophia)', 제일철학(prote philosophia), 신학(theologike) 등의 이름으로 부른다. 이런 이름들로 볼 때 아리스토텔레스의 형이상학이 초자연적인 성격을 지니고 있는 것은 부인할 수 없다. 그러나 그것은 존재와 분리되어 있는 것이 아니라 존재들의 제1원인이다. 따라서 아리스토텔레스의 형이상학은 단순한 초월적인 것이 아니라 보편적 존재론과 함께 연관되어 있다는 점을 생각해야 한다. 아리스토텔레스의 형이상학이 존재자의 제1근거와 근원을 묻는 한, 그의 형이상학은 '제일철학'이자 존재론이기도 하다. 이런 점에서 아리스토텔레스는 《형이상학》 1권에서 플라톤의 입장과 결별한다. 그는 플라톤의 이념을 이렇게 비판한다.

"'이데아'는 다른 사물을 인식하는, 다른 사물이 존재하는 데도 아무런 도움이 되지 않는다. 왜냐하면 이데아는 이데아에 참여한 사물에 존재하지 않기 때문이다."

아리스토텔레스는 플라톤과 다르게 이데아는 사물과 달리 떨어져 존재하는 것이 아니라 그 안에 존재한다고 보았다. 그것은 사물 속에서 사물의 본질을 이룬다. 이런 주장을 통해 그는 이데아와 현실 세계를 분리한 스승 플라톤의 이원론을 극복하고자 한다. 그는 본질은 사물 속에 있으며, 본질은 사물을 사물답게 만들어주는 완전성을 향한 활동 원리, 즉 엔텔레키아라고 말한다. 예를 들어 설명해보자. 도토리가 참나무가 되는 것은 도토리 속에 참나무의 본질이 있기 때문이며, 도토리가 다른 나무가 되지 않고 참나무가 되게 하는 것은 엔텔레키아다.

이와 관련하여 아리스토텔레스는 존재에 대한 네 가지 발전 원인을 제시한다. 그것은 목적인·형상인·작용인·질료인이다. 집이 존재하기 위해서는 집에 대한 네 가지 원인이 있어야 한다. 집을 짓기 위해서는 벽돌이나 돌 등 재료가 필요하다. 이것이 질료인이다. 그러나 그것만으로는 집이 되지 않는다. 벽돌이나 돌 등을 날라다 쌓을 목수나 미장이의 노동이 필요하다. 이것이 작용인이다. 그러나 이것만으로는 집이 되지 않는다. 집이 되기 위해서는 설계가 필요하다. 목수나 미장이는 이 설계에 따라 돌을 옮기고 벽돌을 쌓는다. 이것이 형상인이다. 그런데 이 형상인만으로는 집이 되지 않는다. 집의 용도를 결정하는 것은 목적인이다. 집을 강당으로 쓸 것인가 주거용으로 쓸 것인가에 따라 집의

단테는 아리스토텔레스를
'지식인들의 스승'이라고 예찬했다.

설계도 바뀌기 때문이다. 이렇게 네 가지 원인이 규명되어야만 우리는
존재에 대해 이해할 수 있다.

아리스토텔레스는 형이상학 이외에도 윤리학에 관한 책을 썼다. 그
의 윤리학 가운데 《니코마코스 윤리학》이 가장 유명하고 중요하다. 이
책은 총 10권으로 구성되어 있다. 니코마코스는 아리스토텔레스가 피
티아스가 죽고 난 후 두 번째 맞이한 아내 헤르필르스에게서 난 아들의
이름이다. 그는 윤리학을 정치학의 입문이라고 생각했다. 그리고 정치
학을 시민 모두가 공동적으로 추구해야 할 선을 밝히는 학문으로 생각
했다. 그런데 공동의 선을 추구하자면 공동체의 일원인 시민 각자가 무
엇이 선인지 알 필요가 있으며, 윤리학이 필요하다. 이런 점에서 윤리
학은 정치학의 입문서이기도 하다.

윤리학은 '선'을 탐구하는 학문이다. 아리스토텔레스가 말하는 '선'은 우리가 말하는 착함과는 거리가 멀다. '선'은 인간이 가진 기능을 가장 잘 발휘하는 탁월함에 가까운 것이다. 그런데 그리스 사람들은 '선'을 인간에게만 쓴 것이 아니다. 물건을 실어 나르는 배에도 그런 말을 썼다. 그렇다면 배의 선은 무엇인가? 배의 선은 배의 기능을 가장 잘 발휘하는 것이다. 다시 말해 배가 사람과 짐을 태우고 무사히 강을 건너는 것이 배의 선인 것이다. 배의 선에 대해 물은 것처럼, 우리는 의사의 선에 대해서도 물을 수 있다. 의사의 선은 환자를 치료하는 기능을 가장 잘 발휘하는 것이다. 그렇다면 학생의 선은 무엇인가? 학생은 배우는 사람이니까, 열심히 공부하는 것이다. 땡땡이치지 않고!

그런데 의사나 학생을 포함하는 인간이 공통적으로 추구해야 할 선은 무엇일까? 아리스토텔레스는 인간의 고유한 기능은 이성에 있다고 본다. 인간에게는 이성을 가장 잘 발휘하는 것이 선이라고 할 수 있다. 이성을 잘 발휘한 인간을 우리는 선한 인간, 다시 말해 이성적 인간이라고 할 수 있다. 그런데 한 번의 이성을 발휘한다고 해서 이성적 인간이 되는 것은 아니다. 마치 한 마리 제비가 여름을 몰고 오지 않는 것처럼. 그렇다면 어떻게 인간은 이성적 인간이 될 수 있을까? 그는 이성을 발휘하는 것을 습관화하여 그것을 자기의 덕성으로 만들어야 한다고 한다. 아리스토텔레스에게 중요한 것은 실천이다. 그는 선을 향하기 위해서는 선을 먼저 알아야 한다는 소크라테스와 플라톤의 입장에 대해 이렇게 비판한다.

"선을 알아도 그것을 실천하지 않는 사람은 너무나 많다."

윤리적 덕은 실천과 관련이 있다. 아리스토텔레스는 실천을 통해 윤리적 덕을 형성할 수 있다고 본 것이다. 우리는 여러 가지 상황에 처할 수 있다. 그때 어떻게 행동해야 하는지 고민하게 된다. 이때 필요한 것이 윤리적 덕이다. 아리스토텔레스가 윤리적 덕으로 이야기한 것은 '중용'이다. '중용'은 어느 상황에서도 한 쪽에 치우치지 않는 유연한 태도를 뜻한다. 예를 들어, 비겁과 만용의 중용은 용기이며, 사치와 인색의 중용은 절제다. 그는 인생이 추구하는 궁극 목적을 행복이라고 보았다. 행복이란 다른 어떤 것을 위하여 추구하는 것이 아니라, 그 자체로서 추구되는 좋은 것이다. 행복은 여기서 자족을 뜻한다. 쾌락적 삶도, 정치적 명예를 위한 삶도 행복한 삶이 아니다. 그것은 나 이외의 것에, 다른 것에 의존하는 것이기 때문이다. 예를 들어 명예는 내가 주는 것이 아니라 남이 나에게 부여하는 것이기 때문이다. 행복은 덕에 따른 정신의 활동을 뜻한다. 다시 말해 그것은 이성적 삶에 따른 생활을 뜻한다.

대야에 떨어지는 쇠공이 소리에 잠을 깨다

《윤리학》에 이은 《정치학》에서 아리스토텔레스는 인간의 행동과 공동체의 문제를 다루었다. 그는 인간이 '본성적으로' 정치적 동물이라는 전제에서 출발한다. 그는 플라톤처럼 이상국가론을 내세우지 않고, 현재 존재하는 다양한 유형의 국가 형태를 검토해 현실적으로 가능한 국가를 내세웠다. 그가 가장 이상적인 정체라고 주장한 것은 '혼합정체'다. 혼합정체는 민주정체와 과두정체가 '혼합'되어 '중간 계급'이 중심을 이루는 체제다. 그가 이렇게 주장한 이유는 '중간 계급'이 중심을 이루어야 정치 체제가 안정적으로 지속될 수 있으며, 양극성을 배제하는

데에도 도움이 된다고 보았기 때문이다

아리스토텔레스가 윤리학과 정치학을 포함하는 실천철학의 한 갈래로 본 것은 시학이다. 그는 역사는 학문이 될 수 없어도 시학은 학문이 될 수 있다고 보았다. 그가 볼 때 역사는 우연한 일회적 사건의 모음이지만, 시학은 인간의 보편적 감정을 기반으로 하고 있기 때문이다. 그가 쓴 시학 중에는 지금 비극만이 남아 있다. 그리스 비극에서 중요한 개념은 모방, 카타르시스다. 그는 예술이 현실을 모사해야지 기록해서는 안 된다고 주장한다. 예술의 행위는 현실과 달리 통일적이어야 하며, 일관성 있고, 끝마무리가 있어야 한다. 그리고 시간은 대략 해가 있는 한나절에 끝나야 한다. 예술은 관객이 묘사된 것을 동일시하그 이를 통해 자신의 정념을 다른 차원에서 진정시키게 함으로써 관객을 깨우쳐야 한다.

논리학에서부터 자연철학, 예술에 이르기까지 모든 학문 분야를 탐구한 아리스토텔레스의 저작은 근대에 들어서기까지 오류가 없는 것으로 간주됐다. 그런데 그는 짧은 생애 동안 어떻게 그토록 많은 책을 쓸 수 있었을까? 당시의 제자들도 그가 공부하는 모습과 어떻게 사는지 꽤나 궁금했던 것 같다. 그는 공부할 때 청동 대야를 발아래에다 두고 쇠공이를 손에 들고 했다고 한다. 사색에 잠겨 졸게 되면 손에 든 쇠공이가 청동 대야에 떨어져 '땡그랑' 소리가 나게 되고 그러면 놀라 깨어 다시 연구에 매진했다고 한다. 잘 때에는 따뜻한 모래주머니를 배 위에 올려놓고 잤다고 한다. 평소 위장병을 지병으로 앓고 있던 그에게 그러한 방식은 효과가 있었을 것이다. 나중에 아리스토텔레스는 지병인 이 위장병으로 사망한다.

기원전 323년에 알렉산드로스가 죽자 아테네는 마케도니아에 대항해 궐기를 하고 마케도니아 출신의 사람들을 몰아낸다. 아리스토텔레스도 신성모독이라는 죄명으로 소송을 당할 위험에 처했다. 그는 위험을 피해 어머니의 영지인 칼키스로 피신을 했다. 그러나 그는 피신 온 지 얼마 되지 않아 예순세 살의 나이에 위장병으로 사망한다. 그는 아테네에서 피신하며 다음과 같은 이유를 내세웠다.

"아테네인들이 철학에 대해 똑같은 죄를 두 번 저지르지 않게 하기 위해서!"

아테네인들이 철학에 대해 저지른 첫 번째 죄는 소크라테스를 죽인 것이었다. 아리스토텔레스가 도주함으로써 아테네인들은 철학에 대해 똑같은 죄를 두 번 저지르는 기회를 잃었지만, 철학의 도시 아테네의 명성에 금이 가게 한 것만은 사실이다.

아리스토텔레스가 자신을 철학과 동일시할 정도로 철학에 몰두하게 한 것은 무엇일까? 그것은 세상에 대한 경탄과 경이, 그리고 물음 때문이었다.

"철학은 경탄과 경이, 그리고 질문으로 시작된다."

17

거리의 철학자

디오게네스

Diogenes

플라톤은 인간을 두 발로 걷는 깃털 없는 짐승이라고 정의했다. 그 소리를 들은 거지 철학자가 플라톤을 찾아왔다. 그의 손에는 닭이 들려져 있었다. 거지 철학자는 닭의 털을 뽑으면서 이렇게 말했다.

"자 보시오, 이게 깃털 없는 짐승이고, 바로 당신이 말하는 인간이오."

플라톤에게 닭을 들고 와 면박을 주었다고 전해지는 일화의 주인공은 디오게네스(Diogenes, 기원전 400?~323년)다. 디오게네스는 소크라

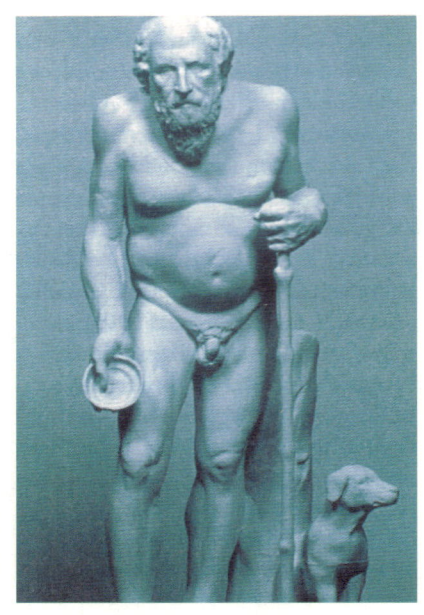

디오게네스

테스 그룹에 속한 철학자로, 소크라테스가 행한 '거리의 철학'의 전통을 가장 잘 이어받은 제자라고 할 수 있다. 플라톤이 소크라테스 제자 그룹 가운데 주류라면, 디오게네스는 비주류에 속한다. 둘 다 소크라테스의 제자였지만 플라톤과 디오게네스는 서로 앙숙이라고 할 정도로 생각이 달랐다. 디오게네스는 플라톤이 욕망을 버릴 것을 주장하지만 실제로는 화려한 집에 사는 것에 대해 매우 못마땅해했다. 비 오는 날 그는 플라톤의 침실에 뛰어들어 진흙투성이 발로 침대를 마구 더럽혔다고 한다.

《냉소적 이성 비판》을 쓴 독일의 철학자 페터 슬로터다이크(Peter Sloterdik, 1947~)는 디오게네스의 이런 행동을 플라톤의 귀족적·이상적 철학에 대한 '평민적' 대응이었다고 말한다. 디오게네스는 플라톤과 달리 소크라테스의 '거리의 철학' 전통을 고수했다.

디오게네스는 사사건건 플라톤을 물고 늘어졌다. 플라톤은 그런 디오게네스를 '미친 소크라테스'라고 욕을 하는 수밖에 다른 도리가 없었다. 그러나 그렇게 부름으로써 플라톤은 디오게네스를 소크라테스의 반열에 오르게 한 셈이었다. 디오게네스는 그에게 삼킬 수 없는 가시였다.

디오게네스는 시노페 출신이었다. 시노페는 고대 그리스 사람들이 7세기에 세운 도시다. 오늘날 터키 북부의 흑해 연안에 위치해 있다. 그리스 신화에 따르면, 시노페는 이렇게 생겨났다고 한다. 시노페는 강의 신 아소포스가 강의 신 라돈의 딸 메토페와 결혼하여 낳은 딸이다. 요정 시노페의 모습은 너무나 아름다웠다. 제우스는 아름다운 그녀를 보고 사랑에 빠졌다. 제우스는 신처럼 빠른 발을 가진 시노페를 붙잡기 위해 지구 반 바퀴를 돌아야 했다. 제우스는 그렇게 붙잡은 시노페의 사랑을 구하기 위해 그녀에게 한 가지 소원을 들어주겠다고 약속했다. 그러자 영리한 시노페는 항상 처녀로 남게 해달라고 답했다. 제우스는 화가 났지만 하는 수 없이 시노페의 처녀성을 지켜주었다고 한다. 그리고 제우스가 시노페를 붙잡은 곳에 도시가 세워졌는데, 그 도시의 이름이 바로 시노페다.

이런 신화가 있는 고향 시노페에서 디오게네스는 돈을 위조하다 걸려 추방당했다. 그의 아버지는 환전상이었는데, 시노페 시로부터 위탁받은 공금을 다시 주조하여 가짜 돈을 만들었다. 이 사실이 탄로나 아버지는 종신형에 처해졌고, 그 아들은 추방형을 선고받았다.

개처럼 철학하다

고향에서 쫓겨난 디오게네스는 아테네로 오게 되었다. 그는 아테네에 오자마자 소크라테스의 제자인 안티스테네스를 만나게 되었다. 그는 안티스테네스가 하는 말을 듣고 자신이 추구하는 바가 무엇인지 분명하게 깨달았다. 그리고 안티스테네스에게 자신을 제자로 삼아달라고 간청했다. 그러나 안티스테네스는 완강하게 거절했다. 그래도 그는 끈질기게 매달렸다. 제자 두기를 지극히 꺼려 한 안티스테네스는 몽둥이를 휘둘러 그를 쫓아내려 했다. 하지만 디오게네스는 겁을 먹기는커녕 오히려 머리를 내밀며 말했다.

"스승님, 마음껏 때려주십시오. 그러면 뭔가 알게 될 것 같습니다. 그 몽둥이는 저를 쫓아버릴 수 있을 만큼 그리 단단하지 않은 것 같습니다."

어쩔 수 없이 안티스테네스는 디오게네스를 제자로 삼았다. 디오게네스의 스승 안티스테네스는 '진짜 개'라는 별명으로 통했다. 사람들은 안티스테네스와 그를 추종하는 자들을 키니코스학파라고 불렀다. 키니코스는 '떠돌이 개'라는 뜻의 퀴온에서 나온 말이다. 철학사에 보면 키니코스학파를 개 견(犬) 자에 선비 유(儒) 자를 붙여 견유학파라고 점잖게 번역을 해놓았는데 실제 뜻대로 번역하면 '개 같은' 학파다. 그들은 개처럼 떠돌아 다녔고, 그렇게 돌아다니면서 아테네의 속물들을 가차 없이 물어뜯었다. 디오게네스도 플라톤을 물어뜯었을 뿐만 아니라 아테네 시민들의 허영과 위선도 물어뜯었다.

디오게네스에 관한 일화는 많다. 잘 알려진 이야기는 알렉산드로스

디오게네스가 알렉산드로스 대왕에게 햇빛을 가리지 말고 비켜달라고 말하는 장면을 그린 그림

대왕과 그가 만난 이야기다. 알렉산드로스 대왕은 그리스를 정벌하고, 코린토스에 있었다. 대부분의 정치가나 학자들이 대왕에게 인사를 하러 왔다. 알렉산드로스는 이 괴짜 철학자의 명성을 익히 들었고, 한번 만나보고 싶었다. 그러나 끝내 디오게네스는 오지 않았다. 알렉산드로스는 코린토스 교외의 크라네이온으로 이 괴짜 철학자를 몸소 찾아 나섰다. 디오게네스는 양지 바른 곳에 드러누워 일광욕을 즐기고 있었다.

대왕이 와도 기척도 안 하는 그를 보고, 알렉산드로스가 기분이 상했다.

"나는 대왕 알렉산드로스다."

"나는 개 같은 디오게네스요."

"내가 무섭지도 않은가?"

"그대는 선한 자인가?"

"그렇다."

"그렇다면 선한 자를 뭣 때문에 두려워하겠는가?"

"그대가 바라는 것을 말해보라."

"대왕이시여, 햇빛이나 가리지 마시오."

대왕은 디오게네스가 건방졌지만 그에게 점점 매력을 느꼈다. 곁에 있던 시종 무관들이 칼을 빼들고 무례한 디오게네스를 치려 했지만, 알렉산드로스는 그들을 말리면서 이렇게 말했다.

"만약 내가 알렉산드로스가 아니라면, 나는 디오게네스가 됐을 걸세."

디오게네스는 걸레 같은 옷 한 벌과 음식을 담는 사발 하나만 가지고 살았다. 잠은 둥그렇게 생긴 개집에서 잤다. 그는 집이 없어도 잘 살 수 있다는 것을 보여주고자 했다. 이동을 할 때는 개집을 굴려서 함께 갔다. 아테네 시민들이 그것을 보고 개가 개집을 끌고 다니는 것을 보았느냐고 비아냥댔다. 그 소리를 들은 디오게네스는 맞는 말이라며 거추장스러운 개집마저 아예 없애버렸다. 그는 옷이 많지 않아도 행복할 수 있다는 것을 가르쳐주기 위해 단벌옷으로 지냈다. 나중에는 그마저도 벗고 다녔다. 그는 아이가 우물에서 손으로 물을 마시는 것을 보고는 사발과 그릇마저 내던져버렸다.

개집 속에 들어가 있는 디오게네스가 알렉산드로스 대왕과 만나 이야기하는 모습을 표현한 부조

디오게네스가 이렇게 산 것은 영혼의 최고선인 '자유'를 추구했기 때문이다. 그는 감정과 육체의 노예가 되고 싶지 않았고, 그렇다고 해서 '금욕의 노예'가 되고 싶지도 않았다. 그는 욕망의 노예가 아니라 자신의 주인이 되고자 했다. 맛있는 음식이 있어도 그것을 스스로 절제할 수 있을 때 비로소 그는 맛있는 음식에 입을 대는 그런 사람이고자 했다. 그러므로 그는 모든 허영과 사치, 그리고 위선을 버렸다. 그는 성욕이 타오르면 시장 바닥에서 태연하게 자위를 할 정도로 뻔뻔했다. 아니, 뻔뻔한 게 아니라 아예 남의 시선이나 평판을 의식하지 않았다는 게 더 맞는 표현일 것이다. 아테네 시민들이 모든 사람이 보는 앞에서 무슨 짓이냐고 그를 비난하면, 오히려 그는 이렇게 대답했다고 한다.

"너희는 욕망이 끓어오르면 사람들이 보지 않는 곳에서 온갖 추잡한 짓을 하지 않는가."

이 말을 들은 아테네 시민들이 머쓱해하자, 디오게네스는 태연하게 이렇게 중얼거렸다.

"아, 배고픔도 이렇게 뱃가죽을 몇 번 쓰다듬어주는 걸로 해결할 수 있으면 오죽 좋을까!"

디오게네스는 뻔뻔한 이런 행위를 통해 아테네 시민들의 위선을 개처럼 물어뜯은 것이다. 그리고 아테네 시민들에게 철학을 몸으로 보여준 것이다. 그는 '무소유'와 '무욕'을 통해 어떤 것에도 얽히지 않는 자유로운 삶을 보여주었다.

디오게네스는 아흔 살 가까이 되어 스스로 숨을 멈추어 죽었다고 한다. 그는 자신의 유해를 땅에 묻지 말고 맹수들의 먹잇감으로 던져주라고 유언했다. 그러나 제자들은 그의 유해 처리를 놓고 치고받고 싸우다가 결국 그를 묻는 쪽으로 합의를 봤다. 그들은 그의 무덤에다 돌기둥과 대리석으로 만든 개 모양의 기념비를 세웠다. 나중에 위조범이라고 그를 쫓아냈던 고향 사람들은 다음과 같은 묘비명을 세워 그를 기렸다.

시간이 동상을 갉아먹겠지만, 디오게네스여
그대의 영광은 영원하리라.
그대는 인간에게 스스로 만족하는 법을 보여주었고
행복의 지름길을 가르쳐주었으니.

18

거지 부부 철학자

—

크라테스와 히파르키아

Krates & Hipparchia

키니코스학파에는 희한하게도 크라테스(Krates, 기원전 336~286년경)
와 히파르키아(Hipparchia, 기원전 360~280년경)라는 거지 부부 철학자
가 있었다. '개 같은' 철학자 시노페의 디오게네스는 여자를 소유하는
것을 인정하지 않았고, 결혼 생활도 부인했다. 그러니 제자가 어찌 다
른 길을 선택할 수 있으랴. 그의 제자 크라테스도 숫총각으로 늙을 때
까지 그렇게 살았다. 그러나 그는 처녀 히파르키아의 열렬한 구애(?)
앞에 삶의 방식을 약간 수정하지 않을 수 없었다.

크라테스

　히파르키아는 키니코스학파의 철학자 크라테스의 이야기를 듣고, 직접 그가 사는 모습을 본 다음 이 늙고 볼품없는 철학자에 반해버렸다. 그녀의 집은 트라키아 만에 인접한 마로네이아의 명문가였다. 알렉산드로스의 아버지 필리포스 2세 대왕이 머무를 정도로 그녀의 집은 명문이고 부유했다. 부유한 명문가 출신에다 아름답기까지 한 여인 히파르키아에게 마로네이아의 잘생기고 돈 많은 청년들이 청혼하러 줄을 선 건 당연한 일이었다. 그러나 그녀는 오로지 늙은 스승에 대한 생각으로 가득 차 있었다. 부모가 말리면, 그녀는 차라리 죽어버리겠다고 오히려 부모를 위협했다. 보다 못한 부모가 크라테스를 찾아가 딸을 설득해달라고 부탁했다.

금욕도 속박이라면 내던져라

크라테스는 부모의 부탁을 받고 그녀를 설득하기로 했다. 하지만 앉혀놓고 아무리 설득해도 그녀는 요지부동이었다. 마침내 크라테스는 비상수단을 쓰기로 했다. 그는 벌떡 일어서서는 그녀 앞에서 누더기 옷을 훌러덩 벗어버렸다. 늙어빠진 벌거숭이 몸을 보여주면서 크라테스는 이렇게 말했다.

"이게, 네가 결혼하고 싶어하는 신랑이란다."

그러고는 그는 누더기 옷을 가리키면서 이렇게 말을 덧붙였다.

"이게 내가 가진 전 재산이다. 앞으로 나와 살려면 이렇게 살아가야 한다."

이런 크라테스를 보고 히파르키아의 마음은 더욱 확고해졌다. 크라테스가 보여준 게 그녀가 바라는 삶의 양식이었기 때문이다. 그녀는 견유학파 철학자답게 늙어빠지고 볼품없는 철학자를 남편으로 삼았다. 설득하러 간 크라테스가 오히려 설득을 당한 셈이었다. 그녀는 그렇게 늙은 철학자 크라테스와 결혼을 했다.

히파르키아라는 이름은 원래 '말을 제어하는 여자'라는 뜻이다. 이름 뜻만 보아도 보통 기개가 있는 여자가 아닐 것이다. 이제 그녀는 '말' 대신 늙은 '개'를 제어하는 여자가 됐다. 히파르키아는 결혼한 후 남편과 같이 튜닉이라는 간소한 옷 한 벌을 입고 도시를 돌아다녔고,

공공연히 거리에서 남편과 교접을 했다고 한다. 그렇게 해서 그들은 아들 하나를 낳았는데, 아들 이름이 파시클레스였다고 한다. 그녀의 이런 행동은 집 안에만 갇혀 아이들 교육과 부엌일만 하던 그리스 여인들에게는 기상천외한 일이자 도저히 이해할 수 없는 행동이었다. 모든 관습을 무시하는 그녀의 행동은 동시대인의 감정을 상하게 했다. 하지만 비판과 적대감에 대해 그녀는 냉소적인 잠언 형태로 응대하곤 했다.

히파르키아가 남편과 함께 리시마코스라는 사람이 베푼 연회에 참석했을 때의 일화다. 그 자리에는 테오도로스라는 사람도 와 있었다. 그는 '무신론자'에다 키니코스학파와 달리 '쾌락주의자'였다. 서로 여러 가지 논쟁이 오갔다. 테오도로스는 히파르키아를 보고, "집 안에서 베틀하고 담을 쌓고 지내는 여자"라고 비아냥거렸다. 그러자 히파르키아가 이렇게 응수했다.

"맞아요, 테오도로스. 하지만 내가 베틀 앞에 앉아 낭비했을 시간을 나 자신의 중요한 정신 활동에 써 온 것이 틀렸나요?"

부창부수라고 했던가. 히파르키아의 남편 크라테스도 부유한 집안 출신이었다. 히파르키아의 집에 필리포스 2세 대왕이 묵은 것처럼, 알렉산드로스 대왕이 그의 집에 묵은 적이 있었으니까. 부유하게 살던 크라테스에게 디오게네스는 청천벽력과 같았다. 디오게네스와 만난 다음 그는 삶의 방식을 완전히 바꾸었다고 한다. 디오게네스에게 설득당한 크라테스는 자기 논밭을 양치는 목장으로 개방했다. 가진 돈도 모두 바닷속에 던져버렸다. 또 다른 설에 따르면, 그는 테베 시민들에게 가진 재산을 모두 나누어주었다고 한다. 그러고 나서는 이렇게 소리쳤다고 한다.

철학을 여왕으로 의인화해서 그린 뒤러의 작품. 여왕의 오른쪽에는 아리스토텔레스가,
왼쪽에는 플라톤이 있고, 네 귀퉁이에는 4원소인 불, 바람(공기), 흙, 물이 의인화되어 그려져 있다.

"크라테스는, 나 크라테스를 해방하노라!"

크라테스에게는 문을 열어젖히는 사람이라는 뜻의 '튈레파노이게테
스'라는 별명이 붙어 있다. 그가 불쑥 아무 집이나 문을 열고 들어가 충
고를 했기 때문에 붙여진 별명이다. 그래도 테베 시민들은 이 거지 철
학자를 위해 집집마다 '선신(善神) 크라테스의 입구'라고 쓰고 그를 맞

테베로 가는 길의 풍경

아주었을 뿐만 아니라 그의 충고를 기꺼이 들어주었다. 이 별난 키니코
스학파 부부는 자녀교육에도 남달랐다. 아들 파시클레스가 성년이 되
자 아들을 창녀의 집으로 데리고 가 직접 결혼에 대해 가르쳤다. 간통
을 하는 자의 결혼은 그 대가로 추방이나 죽음을 당하기 때문에 비극적
이고, 창녀의 집을 드나드는 자의 결혼은 그 대가로 낭비와 숙취로 인
해 광기에 이르기 때문에 희극적이라고.

집도, 도시도, 조국도 없는 코스모폴리탄

크라테스는 욕망의 절제를 아들에게 가르쳐주고자 했다. 키니코스학
파는 금욕을 강조했지만, 금욕주의자가 아니었다. 금욕이 그들에게 속
박이 된다면 그들은 그것마저도 내던질 수 있는 자유인이었다. 피할 수

없는 욕망이라면 그들은 좀 더 작은 속박을 초래하는 방법을 선택했다.

'시장 바닥에서 자위를 했던' 디오게네스나 사람들이 보는 앞에서 교접을 했던 크라테스와 히파르키아는 그러한 것을 직접 몸으로 보여준 것이었다. 그들은 일단 자신의 욕구를 벗어버린 다음에는 결혼 제도뿐만 아니라 정치와 사회 제도 등 모든 문제에 대해 무관심했다. 알렉산드로스 대왕이 크라테스에게 그의 조국 테베를 다시 재건해주길 원하느냐고 물은 적이 있었다. 크라테스의 대답은 다음과 같았다.

"아니, 그럴 필요 없소. 어차피 건설해봤자 또 다른 알렉산드로스가 와서 파괴해버릴 테니까."

그들은 디오게네스가 말한 것처럼 스스로를 집도, 도시도, 조국도 없는 코스모폴리탄, 즉 세계 시민으로 살았다. 그러므로 그들은 자유했다.

NEADVM G
ENITRIX H
OMINV̄ DI
VVMq; uoluptas

A lma uenus coeli subter Labentia signa

Q uæ mare nauigerum quæ terras frugiferentis

C oncelebras per te quoniam gen'omne ... matum

C oncipitur uisitque exortum Luminis solis

T e dea te fugiunt uenti te nubila coeli

A duentumque tuum tibi suauis dædala te...

S ummittit flores tibi rident æquora po...

P Lacatumque nitet diffuso lumine ...

N am simulac species patefacta est uerna diei

E t reserata uiget genitabilis aura fauoni

I eriæ primum uolucres te diua tuumque

S ignificant initum percussæ corda tua ui

I nde feræ pecudes persultant pabula Læta

E t rapidos tranare amnis: ita capta Lepore

e sequitur cupide quocunq; inducere pergis

D eniq; per maria ac montes fluuiosq; rapaces

노예에서 황제까지,
우리 모두가 철학자다

19

죽음을 두려워 말고
살아 있는 삶을 즐겨라

—

에피쿠로스

Epicouros

진정한 쾌락은 무엇인가? 음주가무와 섹스? 쾌락하면, 이렇게 질펀하고 방탕한 이미지가 먼저 떠오르는 경우가 많다. 쾌락주의자 에피쿠로스(Epicouros, 기원전 342?~271년)에게도 항상 그런 오해가 따라다녔다. 당시에 에피쿠로스를 적대시했던 학파, 특히 '금욕주의'를 표방한 스토아학파는 에피쿠로스를 가장 심하게 모략했다. 그의 《쾌락》 해설 부분을 살펴보면 그들의 비방은 대개 이런 종류였다.

에피쿠로스

에피쿠로스는 사치스런 생활 때문에 너무 많이 먹어 하루에 두 번씩 토했다.

에피쿠로스는 많은 창녀들에게 편지를 썼으며, 특히 레온티온에게 편지를 썼다. 그런데 레온티온은 메트로도로스와도 사랑에 빠졌다.

여러 창녀(맘마리온, 헤데이아, 에로티온, 니키디온)가 에피쿠로스, 메트로도로스와 함께 살았다.

금욕주의를 표방하며 쾌락을 금기시했던 스토아학파와 달리, 에피쿠로스는 어떠한 쾌락도 나쁘지 않다고 주장했다. 그는 육체적 쾌락이 정신적 쾌락 못지않은 진정한 행복의 필수 요건이라고 생각했다.

"나는 맛의 즐거움, 사랑의 쾌락, 듣는 즐거움, 아름다운 모습을 보아서 생기는 즐거운 감정들을 도두 제외한다면, 선(agathon)을 무엇이라고 생각해야 할지 모르겠다."

에피쿠로스가 이런 주장을 한 때문인지 그의 두상은 '쾌락'의 상징으로 쓰이기도 한다. 그리스를 여행할 때인지, 이탈리아를 여행할 때인지 지금은 기억이 희미하지만, 아무튼 박물관에서 호사스럽고 화려한 식탁을 하나 본 적이 있었다. 그 탁자 다리 중간에 에피쿠로스의 두상이 붙어 있었는데, 식탁 위에서 벌어지는 쾌락을 상징하는 것 같았다.

그러나 에피쿠로스는 스토아학파가 생각하는 쾌락과는 먼 삶을 살았다. 그는 많은 경우에 쾌락을 가져다주는 수단이 쾌락보다 고통을 가져다줄 수 있으니 조심하라고 경고할 줄 아는 사람이었다. 그래서 술을 너무 많이 마셔 숙취로 고통을 받지 않기 위해 양을 조절할 줄 알았고, 대부분의 경우는 아예 술 대신 물을 마셨다. 실제로 에피쿠로스는 방탕하거나 호사스런 삶을 살지 않았다. 그는 인생의 목적이 쾌락이라고 말한 사람치고는 너무 단순하고 소탁한 삶을 살았다. 그는 언젠가 제자에게 이런 편지를 쓴 적이 있다.

> 내가 빵과 물로 만족하며 호사스런 삶의 쾌락을 멀리할 때, 나의 몸은 상쾌하기 그지없다네. 호사스런 삶을 멀리하는 것은 그 자체가 나빠서가 아니라 그런 생활에서 오는 불편 때문이라는 것은 다시 말할 필요도 없겠지.

소박하고 단순한 삶을 산 에피쿠로스가 제자들과 파티 한 번 하지 않

아테네 전경을 그린 그림. 에피쿠로스 정원이 플라톤의 아카데미아에서 아고라 쪽으로 1,100미터 떨어진 곳에 있다. 아고라 뒤편으로 아리스토텔레스의 리케이온은 1,000미터 떨어진 곳에 있다.

고 경건하고 재미없게 삶을 보낸 것은 아니다. 그는 가끔 제자들과 성찬을 벌이며 즐길 줄도 아는 사람이었다. 그는 제자에게 "가끔 성찬을 벌여 먹고 마실 수 있도록, 항아리에 저장해둔 치즈나 보내주게나."라고 편지를 보내기도 했다.

에피쿠로스는 기원전 342년경에 아테네가 아니라 사모스 섬에서 태어났다. 하지만 그는 사모스인이 아니라 아테네인으로 분류된다. 아버지 네오클레스와 어머니 카이레스트라테가 모두 아테네인이기 때문이다. 그가 태어나기 얼마 전 2,000여 명의 아테네 시민들이 아테네 당국의 허가를 받아 사모스에 식민도시를 건설했는데, 그 속에 에피쿠로스의 부모도 껴 있었다.

에피쿠로스는 소아시아 연안에 거주하던 플라톤주의자들과 데모크리토스의 추종자들에게 철학을 배웠다. 서른 살이 넘자 그는 레스보스 섬의 미틸레네에서 처음으로 에피쿠로스 학교를 세웠다. 그러나 먼저 자리 잡은 플라톤 계통의 학교들의 견제로 그는 람사코스로 옮겨가 다시 학교를 세우고 제자들을 모았다. 이곳에서 5년 정도 생활을 한 다음, 306년에 드디어 철학의 본거지인 아테네로 입성하게 된다. 그때 이미 그의 사상은 그리스 전 지역은 물론 소아시아와 이집트, 이탈리아 등 국경을 넘어 여러 나라로 퍼져가기 시작했다.

에피쿠로스는 아테네에 80미나를 주고 집 한 채와 거기에 딸린 정원을 사서 '공동체' 생활을 했다. 이런 것 때문에 에피쿠로스는 '정원학파'라고 불리기도 한다. '정원' 공동체의 구성원에는 외국인과 여자는 물론 노예도 있었다. 심지어 정원 공동체를 드나들던 여자들 중에는 창녀도 있었다. 이런 파격적인 구성원들 때문에 에피쿠로스학파는 온갖 비방에 시달리고 박해를 당했다.

노예와 여성도 철학자가 될 수 있다

스토아학파 사람인 디오티모스는 50편의 음탕한 편지를 쓰고 그것을 에피쿠로스가 쓴 것이라고 뒤집어씌우기도 했다. 키케로조차 이 학파를 "온갖 향락 속에서 초췌해져가는 쾌락의 정원"이라고 정의하기까지 했다. 스토아학파 사람들이 퍼뜨린 비방 때문에 에피쿠로스학파는 종교적인 박해에 버금가는 박해를 받았다. 메세네에서는 도시의 권력자가 군인들을 동원해 에피쿠로스의 추종자들을 모조리 추방하고 그들이 살던 집을 불태우기도 했고, 크레타에서는 신들의 적이라는 죄목을 붙여 고문을 한 다음 추방하기도 했다. 에피쿠로스학파가 이렇게 박해를 당한 까닭은 에피쿠로스가 노예와 같은 하층계급의 사람들이나 여자들, 이방인들을 평등하게 대했기 때문이다. 아리스토텔레스가 노예제도를 필요한 것으로 인정했다면, 에피쿠로스는 노예들을 '철학자'로 대접했다.

에피쿠로스의 사상은 크게 보면 자연학·인식론·윤리학으로 나누어진다. 그에 따르면, 자연현상의 원인을 알아야 마음의 평안을 얻을 수 있다고 보았다. 번개 치는 원인을 모를 때 우리는 두려움에 떨 수 있다. 그러나 그 원인을 알면 그러한 두려움에서 해방될 수 있다. 그는 신이 번개를 친다고 믿는 대중들의 견해를 거부하고 데모크리토스의 '원자론'의 입장에서 '자연현상'을 설명했다.

에피쿠로스는 사람들이 흔히 믿는 신의 존재를 부정하지도 않았지만 그렇다고 모든 것을 신의 작용으로 생각하지도 않았다. 그가 생각할 때, 신은 인간들과 너무 멀리 있었다. 신은 끝없이 진행되는 진흙탕 싸움 같은 인간사에 말려들고 싶어하지도 않을 것이었다. 그는 신에 대해서 이런 질문도 던졌다.

"신은 악이 나타나지 않도록 하려는데 그럴 능력이 없는가? 그렇다면 신은 무능하다. 신은 악이 나타나지 않도록 할 수 있는데도 그렇게 하지 않는가? 그렇다면 신은 악의적이다. 신은 악이 나타나지 않도록 할 수 있고 그럴 의사가 있는가? 그렇다면 악은 왜 있는가?"

에피쿠로스는 모든 것을 신에게 미루는 공허한 이론이나 회의주의를 거부하고 감각과 감각 경험과 부합하는 이론만 진리의 시금석으로 삼

레스보스 섬

았다.

　윤리학은 에피쿠로스 설의 중심이다. 그에 따르면, 윤리학의 원리는 쾌락이다. 모든 생물은 당연히 쾌락을 추구하고 고통을 피한다. 따라서 삶의 목적은 쾌락이다. 쾌락은 육체와 정신의 고통을 없앨 때 얻을 수 있다. 그는 육체적 고통뿐만 아니라 정신적인 불안과 혼동에서 벗어나기 위해서는 흔들리지 않는 마음, 아타락시아(부동심)를 가져야 한다고 주장한다.

　그러면 어떻게 아타락시아를 가져야 하는가? 그것은 더 큰 고통을

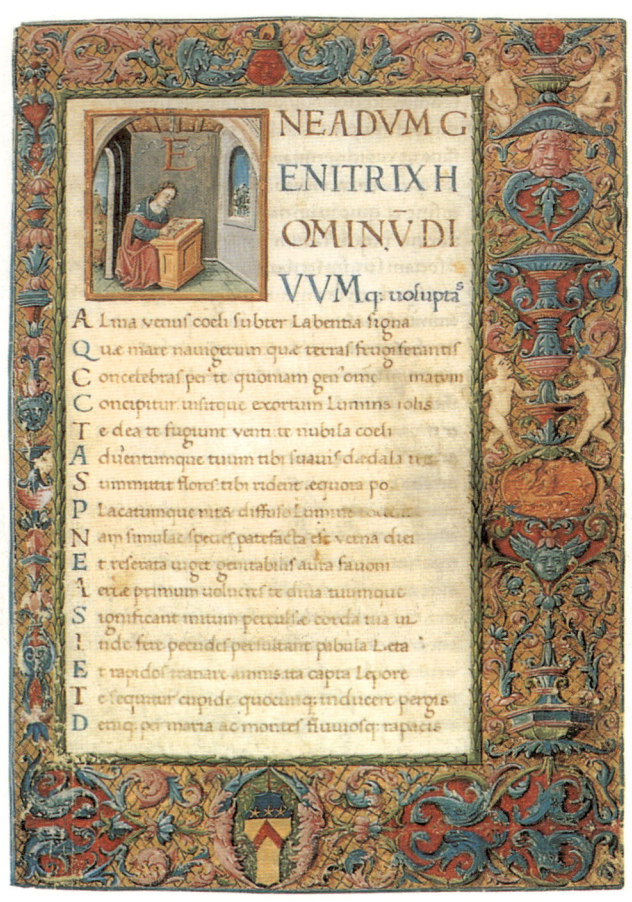

에피쿠로스 학파의 최고 시인인 루크레티우스가 쓴 《만물의 본성에 대하여》 중의 한 페이지

불러일으키는 욕구를 다스리는 것으로 출발한다. 에피쿠로스는 욕구를 세 부류로 분류한다. 첫 번째는 자연적이면서 필요한 것이고, 두 번째는 자연적이긴 하지만 꼭 필요하지 않은 것이며, 세 번째는 자연적이지

않고 꼭 필요하지도 않은 욕구다. 첫 번째 욕구는 삶을 유지하는 데 필요한 의식주다. 두 번째 욕구는 좀 더 좋은 요리를 먹고 싶거나 술을 먹고 싶은 그런 욕망이다. 세 번째는 사치품이나 명품을 갖고 싶어하는 욕망이라고 할 수 있다.

메멘토 모리, 죽음을 기억하라

에피쿠로스에 따르면, 첫 번째 욕구는 어렵지 않게 채울 수 있다. 그러나 두 번째, 세 번째 욕구를 채우려 할 때는 만족보다 더 큰 고통이 발생할 수 있다. 그는 "어떤 사람을 부유하게 하려면 더 많은 재물을 주기보다는 그의 욕심을 줄여주어라."고 말한다.

내가 항상 궁금해한 것은 쾌락주의자는 죽음이라는 가장 큰 고통이 왔을 때 그것을 어떻게 피할 수 있었을까 하는 점이다. 에피쿠로스는 이렇게 대답한다.

"우리가 존재하는 동안 죽음은 존재하지 않고, 죽음이 존재할 때 우리는 더 이상 존재하지 않는다."

에피쿠로스에 따르면, 우리는 죽음을 두려워할 필요가 없다. 무엇 때문에 죽음을 두려워하는가? 두려워한다고 해서 무엇이 바뀌는가? 차라리 최선을 다해 삶을 살아가는 것이 옳지 않은가.

죽음을 기억하라. 그러나 살아 있을 때 삶을 즐겨라. 메멘토 모리.

20

아테네 성문의 열쇠를 맡은 철학자

—

스토아학파의 제논

Z e n o n

철학사에 보면 항상 대립되는 학파가 있다. 에피쿠로스학파에 대립되는 학파는 스토아학파였다. 스토아학파의 몇몇 사람들이 에피쿠로스학파 사람들을 비난하고, 심지어 중상모략을 했다는 이야기는 이미 앞에서 언급했다. 에피쿠로스학파가 '쾌락'을 강조했다면, 스토아 철학은 '쾌락 없는 의무'를 강조했다. 엄격한 윤리와 의무만 강조해 별로 재미없을 것 같은 이 철학 학파는 오히려 서양 철학사에서 오랫동안 많은 사람들에게 커다란 영향력을 끼쳤다. 스토아 철학은 헬레니즘 시대에

스토아학파의 제논

서 시작해 로마 시대에까지 지속됐다. 이 학파에 속하는 철학자들로는 노예 에픽테토스와 마르크스 아우렐리우스 로마 황제에 이르기까지 다양했다.

초기 스토아 철학자들로는 제논과 클레안테스, 크리시포스를 들 수 있다. 중기 스토아 철학자들로는 파나이티오스와 포세이도니오스를 들 수 있다. 그리고 신스토아학파 또는 로마 시대의 철학자들로는 세네카와 에픽테토스, 마르쿠스 아우렐리우스 등이 있다.

소크라테스 같은 크라테스를 스승으로 삼다

스토아학파는 그 시대마다 특징이 다르다. 그러나 무엇보다 원조를 알아야 그 학파의 특성을 잘 알 수 있는 법이니, 여러 스토아학파의 철학자들 중에서 스토아학파의 창시자인 제논(Zenon, 기원전 335~263년경)을 소개하고자 한다.

철학사에 보면 제논이라는 이름을 가진 철학자는 두 명이 있다. 한 명은 앞에서 언급한 엘레아 출신의 제논이고, 여기서 소개하는 제논은 키프로스 섬의 남쪽 연안에 있는 키티온이라는 도시 출신의 제논이다. 그의 아버지 므나세아스는 소아시아와 그리스를 드나드는 무역상이었다. 그는 아들의 교육에도 관심이 많아 어린 아들을 위해 철학 책을 사다주곤 했다. 제논은 '이집트의 포도 넝쿨'이라는 별명대로 피부도 거무스름해서 그리스인이라기보다는 페니키아인으로 추정된다. 거무스름한 피부를 지닌 그는 구부정하고 삐삐 마른 몸 때문에 볼품없는 외모를 지닌 것으로 생각된다.

제논이 아테네로 오게 된 것은 순전히 우연이었다. 그는 보라색 염료를 싣고 아테네로 오던 중 아테네의 외항인 페레이라스 근처에서 난파를 당하게 된다. 그는 험한 바다에서 침몰해가던 배에서 다행히 목숨을 건졌으나 바다를 항해하는 일에 진절머리가 났다. 그는 아버지의 직업에 회의를 품고 다른 길을 찾다가 우연히 책방에 들어가서 크세노폰이 쓴 《소크라테스의 회상》이라는 책을 읽게 되었다. 그 책을 읽던 그는 그만 책 속에 나오는 소크라테스라는 인물에 매료되고 말았다. 책에 감복한 그는 책방 주인에게 큰 소리로 물었다.

"소크라테스 같은 사람이 있을까요?"

책방 주인은 때마침 책방 앞을 지나가던 키니코스학파의 크라테스를 보게 되었다.

"저기 저 영감을 따라가시오"

그렇게 해서 제논은 크라테스의 제자가 됐다. 그러나 그는 후안무치한 견유학파의 사람이 되기에는 너무 내성적인 사람이었다. 오죽하면 스승인 크라테스가 그의 내성적 성격을 고치려고 발 벗고 나섰을까.

크라테스는 제자가 좀 더 뻔뻔해지길 바랐다. 그래서 그는 제자에게 콩 수프를 담은 항아리를 들고 케라마이코스 거리를 돌아다니라고 했다. 하지만 제논은 창피해서 그 항아리를 숨기려고 했다. 그러자 크라테스는 그것을 지팡이로 내리쳐 깨버렸다. 콩 수프가 줄줄 새 제논의 옷을 적시면서 정강이 사이로 흘러내렸다. 제논이 창피해서 도망치려 하자, 크라테스가 야단을 쳤다.

"왜 도망가느냐? 뭐 그게 창피한 일이라고?"

죽음아, 내가 너에게 가마

제논은 성격상 후안무치한 견유학파와는 별로 맞지 않았다. 그는 크라테스를 떠나 메가라학파의 스틸폰 문하로 갔다. 그러나 크라테스는 제논을 놓치기 싫었던지 스틸폰 문하에 있던 제논의 옷자락을 붙잡아 끌어내리려고 했다. 그러자 제논이 옛 스승에게 이렇게 대꾸했다.

"철학자가 붙잡을 곳은 귀입니다. 저를 설복시키고 나서 귀를 끌고 가십시오. 그러나 당신이 억지로 저를 데리고 가도 당신과 함께 있는 것은 제 몸뚱이뿐이고, 제 마음은 스틸폰에게 있을 겁니다."

제논은 메가라학파에서 잠시 배웠지만 그곳에서도 만족을 얻지 못했다. 그는 아카데미아의 3대 원장인 크세노크라테스에게로 가서 배우다가 그가 죽자 다시 메가라학파의 디오도로스에게 가 배웠다. 그러다가 다시 아카데미아로 돌아가 4대 원장인 폴레먼의 가르침을 받았다.

제논은 인생에서 철학을 선택한 것이 가장 잘한 일이라고 여겼다. 그래서 그는 아테네에서 난파한 사건을 인생에서 최고로 행복한 사건이라고 회상했다. 제논은 여러 선생에게 배운 뒤 독립해서 아테네의 아고라에 있는 채색 주랑에서 사람들을 가르쳤다.

이 채색 주랑은 주랑의 그림을 그린 사람의 이름을 따서 폴리그노토스의 주랑이라 불렸다. 주랑은 공회당의 넓은 처마라고 할 수 있는데, 그곳을 학교로 이용한 이유는 아마도 그가 외국인이어서 아테네에서 땅을 살 수 없었기 때문이기도 하지만 가난해서 다른 곳을 선택할 수도 없었을 것이다. 이렇게 그가 주랑, 즉 스토아에서 제자들을 가르쳐 '스토아학파'라는 이름이 붙게 된 것이다.

아테네가 붕괴하고 난 뒤, 그의 가르침은 정신적 공황 상태에 있던 아테네 사람들의 마음을 매우 강하게 사로잡았다. 스토아에는 그의 가르침을 들으려 수많은 사람들이 몰려들었다. 사람들이 너무 많아 교단을 옮길 정도였다. 청강생 중에는 마케도니아의 왕 안티고노스 2세도 있었다고 한다. 제논은 자연과 개인의 삶의 조화를 강조했다. 그는 "세상의 모든 것은 자연이라고 불리는 체계의 한 부분일 뿐이며, 개인의 삶도 자연과 조화를 이룰 때 가장 행복질 수 있다."고 주장했다.

제논에 따르면, 인간에게 목적은 욕망이 아니라 덕에 따른 삶을 사는 것이다. 모든 덕은 이성에 기초한다. 덕은 우리가 무엇을 참고, 무엇을 선택하고, 무엇을 해야 하는지에 대해 일러준다. 덕에 따른 삶은 우리를 '정념의 부재'라고 하는 '아파테이아'(무심 무욕해 흔들리지 않는 마음

아테네의 아고라이 있는 포이킬레 스토아

　의 상태)로 이끌어간다. 다시 말해 고통과 쾌락에 무관심해질 때 우리는
그러한 상태에 가장 잘 도달할 수 있다.

　제논에 따르면, 인간은 이렇게 감정과 욕망을 잘 다스림으로써 아파
테이아뿐만 아니라 지혜에도 도달할 수 있다. 그는 인간은 이성적 존재
라는 점을 강조한다. 그러므로 인간은 어떤 것에도 지배를 받지 않고

스스로 자유롭게 살 가능성을 가지고 있다. 제논은 이러한 가르침을 몸소 실천해 아테네 사람들에게 존경과 신뢰를 한 몸에 받았다고 한다. 아테네 사람들이 제논에게 성문의 열쇠를 맡겼을 정도니까.

제논은 일흔 살 때쯤 스토아에서 돌아오던 중에 스스로 호흡을 끊어 자살했다고도 하고, 단식을 해서 죽었다고도 한다. 그는 죽기 전에 이렇게 말했다.

"죽음아, 무엇 때문에 나를 부르느냐, 내가 가마."

죽음마저도 자신의 의지로 하겠다는 제논의 생각은 뒤에 스토아주의자들에게서 그대로 나타난다. 스토아주의자들에게 자살은 금기가 아니었다. 그들은 사람들이 자기 자신의 삶을 선택하는 것처럼, 죽음도 선택할 수 있다고 믿었다. 제논이 죽었을 때 아테네 의회는 그의 철학이 아테네에 끼친 공적을 칭송하며 황금관을 증정하고 국비로 묘비를 세울 것을 결의했다. 그를 기리는 시비는 쉽게 잊혔지만 그가 남긴 덕론은 스토아적 삶을 살려는 사람들에게 계속해서 기억됐다.

"괴로움을 참고 견디고, 쾌락을 버려라!"

21

투철하게 삶을 치유하다

스토아학파의 철학자들

Kleanthes & Chrysippos
& Poseidonios

　스토아학파는 기원전 3세기 그리스 시대에서 서기 2세기 로마 시대 까지 지속됐고, 그 이후로도 수많은 철학자들에게 영향을 주었다. 앞서 스토아학파를 세운 제논을 소개했는데, 이번에는 중요한 대표적인 스 토아 철학자들을 소개하고자 한다.

권투 선수 출신의 철학자 클레안테스

클레안테스(Kleanthes, 기원전 331~232년경)는 스토아학파의 2대 지도자다. 그는 파니아스의 아들로 기원전 331년경에 아소스에서 태어났다. 그는 철학자의 이미지와는 잘 어울리지 않게 원래 권투 선수였다. 그는 집안이 찢어지게 가난했다. 제논 밑에서 공부하려고 아테네에 왔을 때 그의 수중에는 단돈 4드라크마밖에 없었다. 그는 권투 선수이므로 권투 경기를 통해 큰돈을 벌 수도 있었다. 권투 선수로서의 체격 조건도 훌륭했다. 요샛말로 인기를 끌 수 있는 몸짱이었다. 바람에 웃옷이 젖혀져 맨몸이 드러나기라도 하면, 그 몸을 본 아테네 사람들이 박수갈채를 보냈다고 하니까.

그러나 클레안테스는 정원에 물을 주는 일이나 밀가루를 반죽하는 일을 했다고 한다. 낮에는 제논 밑에서 공부를 하고, 밤에는 돈을 벌기 위해 일을 해야 했기 때문이다. 그런 사정을 알게 된 아테네 사람들이 그에게 10무나의 포상금을 주기로 했다. 그러나 스승인 제논은 그 돈을 받지 못하게 했다.

기원전 263년경 제논이 세상을 뜨자, 그는 예순 살의 나이에 스토아학파의 교장이 됐다. 그런데 그에게는 스스로를 꾸짖는 기이한 버릇이 있었다. 그가 대로에서 혼자 큰 소리로 말하는 것을 들은 사람들이 누구와 얘기하느냐고 물으면 그는 이렇게 대답했다고 한다.

"나는 이 멍청한 늙은이를 꾸짖는 중일세. 흰머리는 가득한데 머리에는 든 것이 없는 이 늙은이를."

자기 스스로를 꾸짖으며 철학을 한 클레안테스는 그 깨달음을 기초

클레안테스처럼 권투 선수 출신이었
던 철학자의 조각상

로 해서 수많은 책들을 썼다고 전해진다. 그중에는 스승 제논의 철학과 헤라클레이토스 철학에 대한 해설서나 데모크리토스 철학에 대해 비판하는 책도 있었다. 그는 철학을 변증학(辨證學)·수사학(修辭學)·윤리학·정치학·자연학·신학(神學)의 여섯 부문으로 나누었다. 그러나 그가 남긴 책들은 전해 내려오지 않고 있다. 다만 오늘날까지 전해 내려오는 〈제우스 송가〉는 그의 사상을 알 수 있는 중요한 문헌이다. 〈제우스 송가〉에서 그는 제우스를 세계영혼이자 세계이성으로 찬양하며, 스토아 신학을 정초했다.

가장 존귀한 신이며, 수많은 이름으로 경배되는,
전능한 그대, 자연의 지배자, 제우스 신이여 영원하라.

법칙에 따라 만사를 움직이는 그대,

모든 유한한 존재가 그대를 경배하도록 허락하소서.

우리는 그대에게서 나왔고

지상에서 살며 떠도는 모든 것 중에서 유일하게

그대의 신성을 닮았으니,

고로 나는 당신을 찬양하리라, 당신의 섭리를 항상 찬미하리라.

지구를 둘러싸고 질서 정연하게 펼쳐져 있는 삼라만상은

당신이 이끄시는 대로 따르며,

기꺼이 그대의 지배를 받으리라.

그대는 누구도 제압할 수 없는 손에

불이 붙어 두 개로 갈라져 번쩍거리는 번갯불을 가지고 있기 때

문이네.

자연의 모든 피조물은 내리치는 번갯불에 복종해왔네.

엄청나게 커다란 빛으로 작은 것들을 서로 이어주며,

그렇게 그대는 모든 존재를 관통하는 자연의 통일성을 유지하며,

철저하게 권능으로 최상의 지배자라는 것을 보여주시네.

그대, 신이시여,

그대의 개입이 없다면, 지상에서도

신들이 사는 천상에서도, 바다에서도, 제대로 행해지는 일이 없

었으리라.

악당들이 우둔해서 저지르는 짓들만이 행해졌으리라.

그대는, 너무 과도한 것은 쳐내시고,

무질서에 질서를 주고 미운 것들에 사랑을 줄 줄 아신다네.

이처럼 모든 선을 악과 함께 녹여 하나로 만드시니

우주 속에 영원한 법칙이 들어 있다네.

유한한 존재인 악당들은 그러한 법칙을 깨닫지 못하네.

클레안테스는 이 자연을 지배하는 신의 법칙을 제대로 들을 때 복된 삶이 허락될 수 있다고 주장한다.

아, 불쌍한 자들이여! 그들은 늘 선을 갈망하지만,

자연을 지배하는 신의 법칙을 보려고도 들으려고도 하지 않네.

신의 법칙을 이성적으로 따른다면, 복된 삶이 보장되는 것을!

그러나 그들은 이 불행에서 다른 불행으로

무분별하게 몰려다닌다네.

헛된 명예를 얻고자 열을 내고 기를 쓰고 다투며,

허망한 이익을 얻기 위해 몰려다닌다네.

다른 사람들은 육체의 쾌락에 빠져 우왕좌왕하면서

어떤 확실한 목적도 추구하지 않고,

원하는 것과 정반대의 것만 추구한다네.

오 제우스 신이여, 모든 것을 주시며, 구름 속에서 번개를 던지는 자이시여,

인간을 무지에서, 무도한 악에서 구해주소서.

아버지시여, 인간에게서 악을 쫓아내시고,

정의롭게 세상을 주재하시는 당신의 지혜를 가르쳐주소서!

그 지혜로 그 자체 존귀하신 그대를 노래하고,

늘 당신의 지배를 찬양하리라.

그렇게 하는 것이 유한한 우리 인간이 해야 할 일이리라.

모든 것을 항상 지배하는 법칙을 정당하게 찬미하는 것보다

더 높은 특권은 신도 인간도 누리지 못하리라.

클레안테스는, 〈제우스 송가〉에서 나타난 것처럼, 인간의 유덕한 행위는 자연의 신적 법칙에 대한 인식을 통해서만 가능하다고 보았다. 그는 백 살 가까운 나이까지 자연의 신적 법칙을 통찰하며 살았다. 그리고 스토아학파 사람답게 스스로 죽음을 택했다. 말년에 그는 치통을 앓았는데, 의사가 이가 나을 때까지 단식을 권유했다. 그런데 단식을 해보니 그렇게 편할 수가 없었다. 그래서 그는 단식을 하는 김에 아예 먹는 것을 중단해버렸다. 그렇게 해서 결국 그는 죽음을 맞이했다고 한다.

웃다가 죽은 철학자 크리시포스

클레안테스의 뒤를 이어받은 스토아학파의 3대 지도자는 크리시포스(Chrysippos, 기원전 279~206년경)였다. 클레안테스가 권투 선수 출신이라면, 크리시포스는 장거리 선수 출신이었다. 하지만 그는 운동보다 철학에 더 관심이 많았다. 크리시포스는 기원전 279년경 솔로이에서 태어났다. 그는 마라톤 선수로 경기에 참가하기 위해 아테네로 갔다. 그러나 그는 그곳에서 제논을 만난 뒤로 제자가 되어 철학을 하기로 결심했다. 제논이 죽은 뒤에는 클레안테스의 제자가 됐다. 그는 금세 문제를 파악하고 알아듣는 머리가 뛰어난 수재였다. 크리시포스는 제논

크리시포스

과 클레안테스의 학설에 완전히 동의하지 않았다. 때로는 과감하게 자신의 주장을 펼쳤으므로 자주 스승 클레안테스와 언쟁을 벌였다. 그는 스승에게 자기가 필요로 하는 이론만 가르쳐주면, 그 이론이 옳고 그른지 증명하는 것은 스스로 발견하겠다고 주장했다. 그렇게 스승과 한참 언쟁을 벌인 다음 그는 후회하면서 이렇게 말하곤 했다.

"나는 다른 여러 가지 점에서는 행복하게 태어난 사내인데, 클레안테스에 대해서만은 그렇지 않다. 이 점에서 나는 불행한 인간이다."

그러나 크리시포스는 스승들의 이론을 포함해 스토아 철학을 처음으로 체계화한 학자였다. "크리시포스가 없었더라면 스토아의 존재는 없었을 것이다."라는 말이 있었을 정도다. 그는 논리학을 중심으로 자연학과 윤리학 등 705권의 작품을 다작했다. 그러나 그가 다작한 것을 두고 아폴로도로스는 "크리시포스의 책에서 인용한 부분을 빼고 나면 구두점밖에 남지 않는다."라고 빈정거렸다.

그러나 크리시포스가 705권의 책에서 썼던 이론은 이후의 세대에게 스토아학파의 모범으로 여겨졌다. 그는 스토아학파의 3대 지도자이지만 실질적으로는 스토아 철학을 재정립한 사람이다. 그는 스토아학파의 이론을 물리학과 윤리학, 논리학으로 나누어 체계화했다. 그는 모든 자연은 하나의 이성적 원리에서 산출된 것으로 보았다. 제논과 더불어 그는 우리의 경험에 기반한 물질주의적 인식 이론을 창안해냈다.

크리시포스는 비교적 이른 나이인 일흔세 살의 나이에, 지나치게 많이 웃은 탓에 세상을 떴다고 한다. 집에 있던 노새가 무화과 한 바구니를 먹어버린 것을 보고, 그는 노예에게 시켜 노새에게 포도주까지 주라고 했다. 포도주를 거나하게 마신 노새는 이내 비틀거렸다. 그는 그 광경을 보면서 얼마나 웃어댔던지 그만 몸이 뻣뻣하게 굳어 그 자리에서 쓰러져 다시 일어나지 못했다고 한다.

고통을 인정하지 않은 철학자 포세이도니오스

중기 스토아 철학을 대표한 사람은 로도스 출신의 파나이티오(Panai-tios, 기원전 180~109년경)와 그의 제자 포세이도니오스(Poseidonios, 기원전 135~51년경)였다. 파나이티오스는 기원전 180년경 로도스 섬에서 태어났다. 그는 아테네로 건너가 여러 학파를 전전하다가 스토아학파에 정착해 배웠다. 스토아학파의 이론을 배운 뒤, 그는 당시 떠오르는 세계 도시 로마로 건너가 스토아 철학을 소개했다. 그는 일흔한 살의

포세이도니오스

나이에 죽었는데, 작품으로는 단편 몇 가지만이 남아 있다. 그의 제자인 포세이도니오스는 시리아의 아파메이아에서 태어난 아시아 사람이었다. 그는 아테네에서 공부하고 로도스에 정착했다. 로도스에 정착해 있으면서 그는 지중해 세계 전역을 여행했다. 그는 그 당시 그리스 철학자들 중에서 여행을 가장 많이 한 사람이었다.

"나는 나의 눈으로 우리가 알고 있는 세계 저쪽, 대서양으로 지는 해를 보았고, 아프리카의 해안에서 원숭이가 주렁주렁 매달린 나무들도 보았다."

포세이도니오스는 여행을 하면서 꼼꼼하게 관찰하고 기록한 것을 토대로 《오케아노스와 그의 문제들》이라는 여행에 관한 책을 쓰기도 했다. 이 책에서 그는 기후 조건들로 인해 남부와 북부의 사람들이 차이

스토아학파의 철학자들은 죽음
또한 인간의 권리라고 믿었다.

가 난다고 하는 기후론을 주장했다. 그는 여행을 통해서 얻은 대단히
박식한 지식을 가지고 로도스에 학교를 세웠는데, 이내 유명해져서 로
마에서까지 많은 사람들이 유학을 올 정도였다. 유학생 중에는 폼페이
우스와 키케로 같은 유명 인사들도 있었다.

　포세이도니오스는 나중에 로도스를 떠나 스승 파나이티오스와 스토
아의 도덕철학을 로마에 소개해 스토아 철학이 로마에서 대중적 인기
를 얻는 데 기여했다. 당시 로마 사람들은 절제되지 못한 아테네 사람
들과 달리 아직 검소하고도 투철한 도덕관을 가지고 있었고, 실용주의

적인 감각을 지니고 있었다. 이러한 로마인들의 기질과 그들이 소개한 스토아 철학이 잘 맞아떨어졌던 것이다. 다른 한편으로 로마인들의 실용주의적인 생활방식에 큰 감명을 받은 그들은 스토아 철학에 실용적인 감각을 보탰다.

포세이도니오스는 무엇보다 스토아 정념론에 기여를 했다. 그는 인간의 정념은 영혼의 비이성적인 측면에 원인이 있다고 생각했다. 그의 스승 파나이티오스는 영혼에는 본래 비이성적 측면이 없으며, 정념은 단지 '지나친 충동'에 불과하다고 보았다. 그러나 그는 스승과 다르게 우리 영혼의 한 측면에 비이성적인 면이 있다고 생각했다. 그래서 그는 정념을 극복하려면 영혼의 비이성적인 측면을 영혼의 이성적인 측면에 종속시켜야 한다고 주장했다. 영혼의 비이성적인 측면을 이성에 종속시킬 때 우리의 덕성은 생겨난다. 그는 우리의 덕성으로 고통도 이겨낼 수 있다고 보았다. 왜냐하면 으리의 덕성은 고통을 악으로 인정하지 않기 때문이다. 관절염을 앓고 있던 그는 고통을 느낄 때마다 이렇게 말했다고 한다.

"고통이여, 그대는 절대로 나를 이길 수가 없네. 그대가 아무리 성가시게 군다 해도, 나는 그대를 악이라고 인정하지 않을 테니까!"

포세이도니오스의 삶에 대한 이러한 태도는 로마 시대 후기 스토아 철학자들인 에픽테토스와 마르쿠스 아우렐리우스에게 내면의 성찰을 통한 삶의 치유 방식으로 전승된다. 그는 거의 아흔 살이 되어서 세상을 떠났다.

22

악의 깊은 맛에 대해 생각하다

—

세네카

Seneca

스토아학파는 그리스 시대로부터 로마 시대 초기까지 이르면서 노예에서 귀족, 황제에 이르기까지 출신도 다양했다. 대표적인 후기 스토아 철학자로는 네로의 스승인 세네카(Lucius Annaeus Seneca, 기원전 4?~서기 65년), 노예 출신으로 자유민이 된 에픽테토스, 황제인 아우렐리우스가 있다.

유명한 귀족 집안 출신의 세네카는 대표적인 스토아 철학자이자 웅변가로 이름이 높았다. 세네카의 웅변술은 황제 칼리굴라가 질투를 했

세네카

을 정도다. 세네카의 일생을 보면, 권력에 따라 영욕과 부침이 심해 스토아 철학을 할 수밖에 없었다는 생각이 든다. 그는 고대 로마제국의 에스파냐 코르도바에서 출생했다. 어려서 부모를 따라 로마로 와서 자라면서 변론술과 철학을 배웠다. 그는 법률을 배우고 변호사 생활을 얼마 동안 한 다음 국가 재무관이 됐다.

　잘나가던 세네카는 황후 메사리나의 미움을 사서 41년 코르시카 섬으로 추방되는 비운을 겪었다. 그가 추방된 이유는 이랬다. 황제 칼리굴라가 암살되고 그의 숙부 클라우디우스가 황위에 올랐는데, 클라우디우스는 칼리굴라 황제의 누이동생인 유리아와 아그리피나를 로마로 불러들였다. 그러자 황후인 메사리나는 재색을 겸비한 유리아를 질투하기에 이르렀다. 황후는 유리아가 간통을 했다고 무고 하면서 그 상대자로 세네카를 지목했다. 어이없는 황후의 무고로 마흔다섯 살의 세네카는 코르시카 섬에서 달과 벗하며 8년 동안이나 외로운 시간을 보내야 했다. 이 외로운 시기가 세네카에게는 철학에 몰두할 수 있었던 시기다. 그러나 그는 《섭리(攝理)에 대하여》, 《노여움에 대하여》, 그 뒤에 쓴 《인생이 왜 짧은가》, 《은혜에 대하여》, 《행복한 생활에 대하여》, 《한가(閑暇)에 대하여》, 《영혼의 평정(平靜)에 대하여》, 《자연학의 문제점》 등에 철학적 생각을 담았다. 그리고 그리스 비극을 모방한 많은 비극들을 썼다. 그가 쓴 비극 아홉 편은 셰익스피어 등 후세에 크게 영향을 끼쳤다.

이 시기에 세네카가 쓴 《인생이 왜 짧은가》라는 단편을 읽어보면 그가 인생을 어떻게 살려 했는지가 잘 드러난다. 그에 따르면, 인생은 우리가 어떻게 하느냐에 따라 충분히 길 수 있다.

> 파울리누스여, 많은 사람들이 자연은 인색하다고 불평하오. 타고난 수명이 짧은데다 우리에게 주어진 기간마저 너무나 빨리, 너무나 신속히 지나가므로 극소수를 제외한 사람들은 인생을 준비하다가 인생을 떠나게 된다는 것이지요. 보편적인 현상인 이러한 불행에 대해 군중과 무지한 대중만이 탄식하는 것은 아니라오. 유명한 인사들도 이런 감정으로 불평을 털어놓으니까요. 그래서 가장 유명한 의사는 "인생은 짧고 예술은 길다."라고 외쳤던 것이오.
> 아리스토텔레스도 자연에 대해 철학자답지 않게 시비를 걸었지요. "자연은 동물에게는 인간보다 다섯 배 또는 열 배나 오래 살

도록 수명을 넉넉히 주었거늘 그토록 많은 일을, 그토록 큰일을 하도록 태어난 인간에게는 그토록 짧은 수명을 정해놓다니.” 하고 말이오.

그렇지만 우리는 수명이 짧은 것이 아니라 많은 시간을 낭비하고 있는 것이오. 인생은 충분히 길겨, 잘 쓰기만 한다면 우리의 수명은 가장 큰일을 해내기에도 넉넉하지요. 하지만 인생이 방탕과 무관심 속에서 흘러가 버리면, 좋지 못한 일에 인생을 다 소모하고 나면, 그때는 마침내 죽음이라는 마지막 강요에 못 이겨 인생이 가는 줄도 모르게 지나가 버렸음을 뒤늦게 깨닫게 되는 것이오. 짧은 수명을 받은 것이 아니라 우리가 수명을 짧게 만들었고, 수명을 넉넉히 타고나지 못한 것이 아니라 수명을 낭비한 것이라오. 마치 왕에게나 어울릴 재산도 적합하지 않은 주인을 만나면 금세 탕진되고, 얼마 안 되는 재산도 제 주인을 만나면 사용하여 늘어나듯이, 우리의 수명도 제대로만 배분하면 크게 늘릴 수 있는 것이라오.

세네카는 오랜 시간 코르시카 섬에서 지내다 마침내 로마로 돌아올 수 있었다. 황후 메사리나가 정부 가이우스 시리우스와 짜고 황제를 음해하려다 들통이 나 사형을 당했기 때문이다. 클라우디우스 황제의 새 황후가 된 여성은 율리아의 자매인 아그리피나였다. 그녀는 세네카의 복권을 서둘렀다. 귀향에서 돌아온 세네카는 푸라에토르라는 고급 관리직에 임명됐다. 또한 열한 살의 어린 네로를 가르치는 일을 맡게 됐다. 언제 죽을지 모르는 귀향 생활에서 세네카는 당당히 권력의 중심에

다시 복귀하게 된 것이다. 몇 년이 지나 세네카는 새로운 황제의 섭정이 됐다. 아그리피나는 열일곱 살 어린 나이의 아들 네로를 황제에 즉위시키기 위해 황제를 독살했다. 그녀는 부루스와 함께 세네카를 어린 황제의 섭정으로 삼았다.

황제 네로가 생모인 어머니를 독살하고 친정을 폈을 때도, 세네카는 권력을 그대로 유지했다. 네로는 자신과 가신의 아내인 포파에아의 결혼에 생모가 반대하자 포파에아의 사주로 생모를 죽였다. 세네카는 생모를 독살한 네로가 원로원에서 자신을 변명할 때 사용한 변론문을 기초해 네로에게서 더욱 신임을 얻었다. 이제 황제의 두터운 신임을 받는 세네카는 엄청난 부와 호화로운 생활을 누릴 수 있었다. 그러나 세네카는 권력의 정점에서 이제 남은 것은 파멸뿐이라는 것을 잘 알고 있었다. 그래서 그는 동료 부루스의 독살을 계기로 황제 네로에게 은퇴를 청해 낙향했다. 그리고 낙향해서는 한가로운 생활을 즐기며 철학적인 사색과 저술의 시간을 가졌다. 은퇴 후 세네카가 남긴 작품은 친구인 루킬리우스에게 스토아 철학을 말한 124통의 《도덕서한(道德書翰)》이 있다.

스스로 죽기 위해 세 번을 죽다

한가롭던 세네카의 은퇴 생활은 오래가지 못했다. 네로 황제는 세네카에게 피소의 역적모의에 가담했다는 혐의를 씌워 자살을 명했다. 세네카는 로마에서 얼마 떨어져 있지 않은 빌라에서 후처, 친구들과 함께 지내다 황제가 보낸 전령을 맞았다. 그는 그런 일을 예견한 듯이 아무

네로 앞에서 철학을 강의하는 세네카를 표현한 에스파냐의 조각상

런 저항도 하지 않고 죽음을 준비했다. 그런 그의 모습을 보면서 친구들이 탄식하며 슬퍼하자 그는 이렇게 말했다고 한다.

"여러분은 이제까지 배운 철학을 잊었는가? 어미를 죽이고, 아우를 쳐 죽인 자가 이제 스승을 죽이는 것 외에 무엇이 남아 있겠는가?"

그렇게 말을 하고 나서 세네카는 팔의 동맥을 끊었지만 메마른 늙은 몸에서는 피가 좀처럼 흘러나오지 않았다. 그는 다시 발목의 동맥을 끊었다. 그러나 고통만 클 뿐 피가 별로 나오지 않았다. 그는 친구에게 죽음을 재촉하기 위해 준비해두었던 독약을 청해 마셨다. 그러나 이미 피가 모자라 독이 퍼지지 않았다. 결국 그는 노예에게 부탁해 뜨거운 욕탕 속에 들어가 그곳에서 죽음을 맞았다. 세네카의 죽음은 다비드나 루

페테르 루벤스, 〈세네카의 죽음〉, 1615년경. 세네카가 양동이에 발을 담그고 죽음을 맞이하고 있다.

벤스 같은 화가들에 의해 묘사되었다. 세네카의 죽음은 매우 스토아적인 것이었다. 그는 스스로 죽음을 선택했고, 죽는 순간까지도 태연하게 노예에게 자신의 생각을 받아 적도록 했다.

그러나 세네카의 삶은 그렇게 스토아적이지 않았다. 그는 엄청난 규모의 장원과 영지를 가지고 있었고, 호화로운 생활을 즐겼다. 그는 돈 버는 데에도 악착같았다. 타키투스는 61년에 영국이 로마에 대해 일으킨 반란의 원인을 세네카 때문이라고 까발렸다. 세네카가 영국 섬사람들에게 높은 이자를 기대하고 빌려준 4,000만 세스테르티우스라는 엄청난 돈을 한꺼번에, 그것도 억지로 거둬들여서 반란이 일어났다는 것이다. 그러나 세네카는 자신의 호화로운 생활에 대해 사람들이 비난을 하면 이렇게 변명을 했다고 한다.

"나로 말하자면 악의 깊은 맛 속에 사는 것이다."

세네카는 스스로 세속이라는 악의 깊은 맛에 빠져 살면서도 끝내 인간이 인간다울 수 있는 것은 인간이 올바른 이성을 가지고 있기 때문이며, 유일의 선(善)인 덕(德)을 목적으로 행동하기 때문이라는 스토아주의를 역설했다.

악의 깊은 맛과 유혹에서 벗어나지 못하는 나약한 인간이면서도 세네카가 죽음에 초연했던 이유는 그가 진정한 '행복한 삶'이 어디에 있는지 알고 있었기 때문이 아닐까. 그는 진정한 '행복한 삶'이 어디에 있는지 우리에게 이렇게 말하고 있다.

나는 배부르게 먹고
잔을 모두 비우는 데 목적을 두지 않고

다만 배고픔과 목마름을 달래는 데 목적을 둔다.

나는 친구를 보호할 것이다.

적에게는 너그럽게 대할 것이다.

용서해달라는 부탁을 받기 전에 먼저 용서하고

고귀한 요구는 기꺼이 들어줄 것이다.

모든 세계가 내 조국이며,

세계의 통치자는 신이며,

신이 우리 위에 존재하면서

우리의 말과 행동을 심판한다는 것을 나는 알고 있다.

자연이 내 생명을 내놓으라고 요구하거나

이성이 내 생명을 끊어버릴 때,

나는 나의 바른 양심과 노력을 사랑했노라고

다른 사람의 자유를 해치거나

나 자신의 자유를 해친 적이 결코 없었노라고 증언하면서

이 세상을 떠날 것이다.

23

곁다리로 얻은 사나이

—

에픽테토스

Epiktetos

우리는 우리가 할 수 없는 일들에 대해 욕심을 내는 경우가 많다. 어떤 일은 우리가 걱정한다고 해도 어떻게 할 수가 없다. 가령 비행기가 기류에 심하게 흔들릴 때, 우리는 불안한 마음이 생긴다. 그러나 비행기 안에서 불안한 마음을 가져본들 무슨 소용이 있겠는가. 어차피 그것은 내가 할 수 없는 일인데. 이럴 때 노예 철학자 에픽테토스(Epiktetos, 50~138년경)는 우리에게 "아네크, 카이 아네크(참아라, 그리고 체념하라)."라고 조언한다.

절름발이 철학자 에픽테토스가 저술하며 사색에 잠겨 있다.

에픽테토스는 50년경 터키 서남쪽에 위치한 프리기아 지방의 히에라
폴리스에서 태어나 138년경에 죽은 것으로 추정된다. 그는 네로 황제
에 의해 자유인이 된 해방노예 에파프로디토스의 노예였다. 노예의 노
예였던 셈이다. 그의 이름도 노예를 뜻하는 '곁다리로 얻은 사나이'다.
그의 주인 에파프로디토스는 네로가 죽을 때 함께 곁에 있었던 네 명의
해방노예들 가운데 한 사람이었다. 헨리크 시엔키에비치가 쓴《쿠오 바
디스》에서 그는 네로의 자살을 돕는 결정적인 역할을 하는 것으로 묘사
됐다.

> "서둘러!" 하고 해방노예들이 다 같이 외쳤다. 네로는 칼을 가져
> 다 목에 댔지만, 겁에 질려 목에 칼을 찔러 넣을 용기가 없는 것
> 처럼 보였다. 그런데 뜻밖에도 에파프로디토스가 네로의 손을 누
> 르자 칼이 손잡이까지 들어갔고, 위쪽을 향한 네로의 눈은 공포
> 로 많이 떨리고 있었다.

네로의 최후를 지킨 에파프로디토스는 도미티아누스 황제에 의해 죽
었다. 에픽테토스와 관련해서 그는 에픽테토스의 다리를 비틀어 부러
뜨린 잔인한 주인으로 묘사되곤 한다. 하루는 주인 에파프로디토스가
에픽테토스를 화나게 하려고 그의 다리를 비틀었다.
그러자 에픽테토스가 웃으면서 말했다.
"주인님! 그렇게 계속 비틀면 다리가 부러집니다."
주인은 화가 나서 다리를 더욱 비틀었다. 그러자 다리가 뚝 부러졌
다. 에픽테토스가 웃으면서 태연자약하게 말했다.

"거 보십시오. 계속 비틀면 다리가 부러진다고 하지 않았습니까?"

이 일화는 에픽테토스의 스토아적 태도를 강조하기 위해 십중팔구 후세에 지어낸 이야기일 것이다. 에픽테토스는 실제로 류머티즘 때문에 다리를 절었다. 고대의 호사가들은 그의 인품을 강조하기 위해 에파프로디토스를 자신의 노예의 다리를 부러뜨리는 잔인한 주인으로 묘사해놓았을 것이다.

그러나 에픽테토스는 주인을 전혀 잔인한 사람으로 기록해놓지 않았다. 실제로 에파프로디토스는 그를 당시 유명한 스토아 철학자인 무소니우스 루푸스(Musonius Rufus)의 학교에서 공부하게 하고, 노예 신분에서 해방시켜주었다.

네가 아직 소크라테스가 아닐지라도, 소크라테스가 된 것처럼 살아라

앞에서 언급한 대로 에픽테토스는 주인의 배려로 무소니우스 루푸스 밑에서 철학을 공부했다. 당시 노예가 철학을 공부하는 일은 그렇게 이상한 일이 아니었다. 에피쿠로스의 노예인 무세, 제논의 노예인 페르세우스와 파이돈 등이 모두 노예 철학자들이었다. 어쩌면 노예라는 절망적인 상황이 그들로 하여금 세상사를 초연히 바라보게 했을지도 모른다.

에픽테토스는 노예 신분에서 해방되어 자유인의 신분을 획득하게 되면서 로마에서 철학을 가르쳤다. 그러나 도미티아누스 황제에 의해 철학자 추방령(95년경)이 발표되자, 그리스 북서부 지역인 악티움 만에

에픽테토스의 그향 히에라폴리스

있는 니코폴리스로 옮겨가 그곳에 학교를 세워 철학을 가르쳤다. 니코
폴리스는 아우구스투스 황제가 해전(기원전 31년)에서 안토니우스에게
승리한 것을 기념해 세운 대단히 크고 화려한 도시였다. 또한 이 도시
는 그리스와 로마를 잇는 교통의 요충지기도 했다. 그는 자신의 제자들
에게 스토아의 사상을 실천적인 측면에서 강조했다. 철학에서 가장 중
요한 것은 논증이 아니라 철학적 원리의 실천이라고 주장한 것이다. 그
는 소크라테스를 이성의 원리에 따라 실천적으로 삶을 산 철학자의 모
범으로 보고 그처럼 살라고 역설했다.

에픽테토스

소크라테스는 이성(logos) 이외의 다른 어떤 것에 대해서도 주목
하지 않았고, 이성에 따라 자신을 이끌어갔다. 그는 바로 그러한
방식으로 완전하게 됐던 것이다. 네가 아직은 소크라테스가 아닐
지라도, 소크라테스가 된 것처럼 살아야만 한다.

에픽테토스의 스토아 학교는 시간이 흐르면서 대단한 명성을 얻었
다. 하드리아누스 황제와 니코메데이아의 아리아누스 장군이 그를 만
나러 찾아왔을 정도니까. 아리아누스는 그를 만나 장군의 신분도 버리
고 그의 제자가 됐다.

아리아누스가 없었더라면 에픽테토스의 '담화록'은 존재하지 않았을
것이다. 그는 소크라테스처럼 저서를 남기지 않았다. 어쩌면 글을 쓸

줄 몰랐는지도 모른다. 아리아누스는 그런 스승의 말과 사상을 꼼꼼하게 기록해 여덟 권의 '담화록'을 남겼는데 현재 네 권만이 전해온다. 이 책은 나중에 '요약본'이라는 뜻의 《엥케이리디온》으로 요약됐다. 이 《엥케이리디온》은 하버드 대학교가 교양을 쌓기 위해 읽어야 할 고전 시리즈 중 세 번째 책으로 선정할 정도로 서양 사람들에게는 영향력이 있는 책이다.

《엥케이리디온》에 나오는 몇 가지 격언들을 인용해보자.

— 진흙으로 만든 것인 줄 알면서도 진흙으로 만든 그릇에 애착을 갖는다면, 언젠가 그것이 깨져버린다고 하더라도 불평하지 마라. 마찬가지로 아내나 자식에게 입맞춤을 할 때, 그대여, 언제나 이렇게 다짐하라. '지금 나는 언젠가 죽을 운명에게 입맞춤을 하고 있다.'라고. 그리하여 언젠가 그들이 죽는다 하더라도 슬퍼하지 않도록.(3장)

— 이 세상에 사는 동안 그대는 특정한 역할을 맡은 한낱 배우일 뿐이라는 것을 기억하라. 그러므로 그대의 역할이 길든 짧든, 걸인이든 재판관이든, 대단한 사람이든 평범한 사람이든, 그대의 역할을 잘 연기하도록 하여라.(17장)

— 죽음, 추방, 그 밖의 무시두시하게 보이는 다른 모든 것을 날마다 네 눈앞에 놔두라. 특히 모든 것 중에서 죽음을. 그러면 너는 결코 그 어떤 비참한 생각도 가지지 않을 것이고, 또한 어떤 것을 지나치게 욕망하지도 않게 될 것이다.(21장)

— 철학의 원리들을 말하는 것 대신 그것에 따라 행하라.(46장)

―상황이 사람을 만드는 것이 아니다. 상황은 단지 자신이 어떤 사람인지를 스스로에게 드러내 보일 뿐이다.(46장)

에픽테토스는 철학의 원리를 삶에 적용하고자 했다. 그러므로 그의 철학은 우리로 하여금 내면의 세계를 성찰하고 치유하는 역할을 한다. 이런 그의 철학의 영향은 황제 마르쿠스 아우렐리우스의 《명상록》에서도 나타난다. 그는 비록 노예였지만, 황제에게도 영향을 끼친 철학자였다. 에픽테토스 그 자신은 철학을 통해 신의 친구가 됐다고 말한다. 그의 묘비명에는 이런 말이 남아 있다고 한다.

"이로스만큼 불쌍하고, 걸을 때마다 절뚝거리는, 노예로 태어난, 나 에픽테토스는 신의 친구였네."

24

화려한 침대보다 맨바닥이 좋다
—

마르쿠스 아우렐리우스

Marcus Aurelius

플라톤은 《국가론》에서 이상적인 국가의 통치자로서 철인왕을 꿈꾸었다. 어쩌면 플라톤이 꿈꾼 철인왕의 모습은 로마 황제 마르쿠스 아우렐리우스에게서 실현됐는지 모른다. 그것도 조그만 도시국가 정도의 나라가 아니라 지중해 연안 국가들을 발아래 두었던 대제국 로마를 다스리는 철인황제!

황제이자 철학자였던 그의 모습은 어땠을까? 한때 장안에 화제가 된 영화 〈글래디에이터〉를 보면 게르만족과 싸우는 로마 황제 다르쿠스

마르쿠스 아우렐리우스

아우렐리우스의 모습이 나온다. 리처드 해리스가 그 역을 맡았는데, 전쟁에 지치고 고뇌하는 황제의 모습을 잘 그려내고 있다.

　마르쿠스 아우렐리우스(Marcus Aurelius Antoninus, 121~180년)는 스토아 철학자로서 로마제국 16대 황제이자 5현제의 마지막 황제였다. 그는 121년 4월 로마의 부유한 귀족 집안에서 태어났다. 여덟 살 때 아버지를 여의고 하드리아누스와 인척간인 할아버지에게 입양되어 당대 최고의 스승들에게서 최고의 교육을 받았다. 그는 열두 살 때부터 철학자의 복장을 하고 푹신하고 화려한 침대보다 맨바닥에서 자는 것을 좋아했다고 한다. 어려서부터 철학자의 기질이 농후했던 것이다. 하드리아누스 황제는 총명하고 열심히 배우는 그를 좋아해서 '안니우스 베리시무스(가장 성실한 안니우스)'라고 불렀다. 하드리아누스 황제는 그를 미래의 카이사르라고 점지했다. 황제는 마르쿠스 아우렐리우스의 고모부인 안토니누스 피우스를 후계자로 지명하고 마르쿠스 아우렐리우스를 입양하도록 했다.

마르쿠스 아우렐리우스는 하드리아누스 황제의 뒤를 이어 즉위한 황제 안토니우스 피우스로부터 황제 수업을 받았다. 5현제 시대에는 친자에게 제위를 물려주지 않고 주변 친척 중에서 똑똑하고 유능한 인물을 양자로 입양해 황제의 후계자가 되도록 했다. 고모부이자 양아버지인 황제 안토니우스 피우스가 통치하던 시기에 그는 당대 최고의 학자들을 스승으로 모셔놓고 가르침을 배웠다. 헤로데스 아티쿠스에게는 그리스 수사학을 배웠고, 스토아 철학자 루스티쿠스와 노예 철학자 에픽테토스의 영향을 받아 철학을 공부했다.

161년 3월, 마르쿠스 아우렐리우스는 마흔 살에 황제가 됐다. 그는 재위 기간 동안 수많은 외침과 반란 등에 시달렸다. 또한 가장 가까운 부인과 자식 때문에 고통을 당해야 했다. 황후 파우스티나는 공공연히 검투사들과 바람을 피우는 것은 물론 이집트와 시리아 총독 아비디우스 카시우스가 반란을 일으켰을 때 그의 애인이자 공모자라는 소문이 파다하게 날 정도로 정숙하지 못한 여자였다. 그렇지만 황제는 그런 그녀를 극진히 사랑했다. 황제가 황후를 데리고 이집트로 갔다가 반란이 진압되자 시리아를 거쳐 카파도키아의 타우르스 산에 있는 작은 마을 할라라로 갔다. 그곳에서 황후가 지병인 통풍 때문에 급사하자, 황제는 황후의 죽음을 비통해하며 극진히 장사를 지냈다. 죽은 황후를 위해 황후가 연루됐던 카시우스 일당의 사면을 원로원에 요청했다고 한다. 만약 받아들여지지 않으면 자신이 빨리 죽는 것이 낫겠다고 하면서. 그렇게 해서라도 황제는 파우스티나 황후를 향한 자신의 사랑과 슬픈 마음을 달래보려 애를 썼다.

마르쿠스 아우렐리우스는 부인 못지않게 자식도 극진히 사랑했지만 자식 복도 별로 없었다. 영화 〈글래디에이터〉에서 그는 아들 코모두스에게 목이 졸라 죽는 것으로 나온다. 실제로는 그가 아들에게 죽음을 당하지 않고 전쟁터에서 페스트에 걸려 죽은 것으로 알려졌다. 그러나 그의 아들은 로마 역사상 가장 평판이 나쁜 황제였다. 그에게 내려진 평은 '로마인에게 내려진 가장 극악한 저주'다. 코모두스 때문에 이후 로마는 매우 불행한 시대로 접어든다. 영화에서 코모두스가 막시무스와 비열한 방식으로 검투를 벌이는 장면이 나오는데, 실제로도 그는 자신을 헤라클레스라고 칭하고 검투사로 종종 나서기도 했다. 그는 애첩 마르키아에 의해 교살됐다.

죽어서는 알렉산드로스 대왕이나 노새 마부나 같은 처지다

황제 마르쿠스 아우렐리우스가 철학사에 길이 남을 수 있었던 것은 그의 사상이 특별하기보다는 그가 로마제국의 황제였고, 또 수사학적으로 뛰어난 문장들로 구성된 《명상록》이라는 책을 남겼기 때문일 것이다. 그는 생애의 마지막 10년 동안 인생과 우주의 본성과 신들의 존재 방식에 관해 틈이 있을 때마다 그리스어로 기록해두었다. 그가 이렇게 쓴 《명상록》은 당대에는 알려지지 않다가 4세기에 들어서야 알려졌다. 이 '명상록'이란 제목은 후세 사람들이 붙인 것으로 그리스어로

마르쿠스 아우렐리우스의 아들 코모두스

'타 에이스 헤아우톤(ta eis heautcn)'이다. 직역하면 '자기 자신을 위한 것'이라는 뜻이지만, 넓게 보면 자기에 대한 성찰과 경계라는 의미로 해석할 수 있다. 그러므로 책의 제목은 '명상록'보다 '자경록'이라고 번역해야 그 뜻에 가깝다. 무소불위의 권력을 가진 황제가 자신을 견제하고 자신을 이끌 수 있는 것은 자기 자신에 대한 성찰밖에 없었을 것이다.

10권으로 된《명상록》의 1권을 제외한 그 밖의 책들에서 마르쿠스 아우렐리우스가 '너에게'라는 2인칭을 사용해 '이렇게 하라' 또는 '이렇게 해서는 안 된다'라고 하는 말은 모두 그 자신에게 하는 격려 내지 경고다.《명상록》에서 황제는 자신을 이렇게 단속한다.

로마 카피톨리노 광장에 세워진 마르쿠스 아우렐리우스 기마상

황제 티를 내거나 궁전 생활에 물들지 않도록 조심하라. 그러기
가 쉽기에 하는 말이다. 따라서 늘 소박하고, 선하고, 순수하고,
진지하고, 가식 없고, 정의를 사랑하고, 신을 두려워하고, 자비롭
고, 상냥하고, 맡은 바 의무에 대하여 용감한 사람이 되도록 하
라. 철학이 너를 만들려고 했던 그런 사람으로 남도록 노력하라.

《명상록》은 인생에 대한 혜안과 겸손한 자세, 자신의 결함에 대한 경
계와 충고와 반성, 교훈적 성격의 짤막한 경구와 인용문, 신의 섭리, 인
생의 무상함 등에 대한 여러 가지 주제의 글을 담고 있다. 그러나 《명상

록》의 전반적 기조는 우울하거나 슬프다. 또한 죽음에 대한 언급도 상당히 많다. 어쩌면 재위 기간 동안 반란과 외침으로 계속해서 전쟁을 치르면서 그가 본 죽음에 대한 두려움이 반영되어 있기 때문인지도 모른다. 실제로 그가 쓴 《명상록》의 일부는 게르만족과 싸우는 전선에서 쓰인 것이다.

178년 8월, 황제는 북방의 게르만족이 준동하자 제2 게르마니아 원정의 장도에 오른다. 그러나 전쟁터에서 그는 페스트 병에 걸린다. 임종을 앞둔 그는 전혀 요란을 떨지 않고, 침대에 드러누워 스스로 하얀 천을 머리 위까지 끌어올린 다음 조용히 죽음을 기다렸다고 한다. 어쩌면 그는 자신이 《명상록》에 쓴 이 구절을 머릿속에 떠올리고 있었는지도 모른다.

"죽음은 출생과도 같은 것이며, 자연의 신비다. 출생이 여러 요소의 결합이라면, 죽음은 그것들의 해체로, 조금도 곤혹스러워할 일이 아니다."

마르쿠스 아우렐리우스는 열흘이 모자란 쉰아홉 살의 나이로 세상을 떠났다. 그가 말한 대로 죽어서는 알렉산드로스 대왕이나 그의 노새 마부나 같은 처지인 것이다. 그것을 일찌감치 깨달은 그는 황제의 자리보다 더욱더 철학자의 삶을 살고 싶어했는지도 모른다.

25

새끼 돼지와 같은 평정심

—

피론

P y r r h o n

앞서 에피쿠로스학파와 스토아학파를 다루다 보니 로마 시대까지 자연스럽게 이야기가 전개됐다. 그런데 로마 시대로 건너가기 전에 꼭 짚고 넘어가야 할 철학 학파가 있다. 바로 회의주의로, 이 학파의 시조는 피론(Pyrrhon, 기원전 360~270년경)이다. 이 회의주의학파는 그의 이름을 따서 피론주의라고 불리기도 한다.

'회의', '의심'은 철학의 중요한 방법이다. 우리는 '의심하는 것'을 무척 좋지 않게 생각하는 경향이 있는데, 사실 철학은 의심하는 데서부터 시작됐다고 해도 과언이 아니다. 파르메니데스는 눈에 뻔히 보이는 현상들을 의심했고, 소크라테스는 진리를 외치는 소피스트들을 의심했다. 데카르트는 꿈뿐만 아니라 깨어 있는 현실조차 의심했다. '회의'를 통해 철학자들은 새로운 깨달음과 진리에로 나아갔다. 그런 '회의'를 철학의 모토로 삼았던 사람이 피론이다.

피론은 펠로폰네소스 반도의 서부 지역에 있는 엘리스에서 태어났다. 처음에 그는 무명의 화가였는데, 그림에 특출난 재주가 없었다. 그림을 포기한 그는 철학으로 방향을 바꾸어 소크라테스학파 사람들에게서 가르침을 받다가, 나중에 데모크리토스학파의 아낙사르코스의 제자가 됐다. 아낙사르코스는 불의를 참지 못하는 기개가 대단한 철학자였다. 그는 언젠가 연회석상에서 알렉산드로스 대왕을 만난 일이 있었다. 그때 대왕은 그에게 그날 요리에 대해 물었다. 그러자 그는 이렇게 대답했다.

"대왕이시여, 요리는 훌륭합니다. 그러나 한 가지 부족한 것이 있사옵니다."

"무엇이 부족한가?"

"그것은 페르시아의 참주 니코크레온의 머리입니다."

그날 연회석상에는 참주 니코크레온도 있었다. 참주 니코크레온은 그날의 일에 대해 앙갚음을 할 것을 마음속에 새겼다. 알렉산드로스 대왕이 죽자 니코크레온은 아낙사르코스를 키프로스 섬으로 끌고 갔다. 니코크레온은 그를 커다란 절구통에 넣고, 쇠공이로 내리 찧으라고 명했다. 그런 다급한 상황에서도 아낙사르코스는 이렇게 외쳤다.

"아낙사르코스의 껍데기는 찧을 수 있을지 몰라도 아낙사르코스를 찢어버릴 수는 없도다."

이러한 면모를 지닌 스승에게서 피론은 깊은 영향을 받았을 것이다. 그는 기원전 334년에 스승과 함께 알렉산드로스 대왕의 동방 원정에 참여하여 10년 동안 동방의 여러 곳을 거쳐 인도까지 갔다 왔으니까.

부정도 긍정도 하지 마라

피론은 스승과 더불어 인도에서 나체 수행자, 금욕적인 고행승, 철학자들의 무욕 평정한 생활 태도를 보고 깊은 인상을 받았던 것 같다. 그는 마흔 살의 나이로 고향으로 돌아와, '회의주의' 철학을 이따금 가르치며 조용하고 고독하게 살았다. 그래도 엘리스의 시민들은 그를 존경해 대사제에 임명했고, 모든 철학자에게 세금을 면제해주었다고 한다.

피론의 가르침은 모든 것에 대한 판단을 유보하고 그것을 부정하지도 긍정하지도 말라는 것이다. 그는 '사물의 진실'은 우리가 '파악할 수 없는 것'이기에 사물에 대해 이렇다 저렇다, 또는 좋다 나쁘다 판단할 수 없으니 판단을 중지하라는 것이다. 판단을 한다는 것은 혼란과 그것을 정당화하기 위한 논쟁만 가져올 뿐이다. 그는 의심을 통해서 '판단하지 않는 마음의 상태(에포케)'와 '자신을 드러내지 않는 마음의 상태(아파시아)', 그리고 '흐트러짐 없는 평온한 마음의 상태(아타락시아)'에 도달하고자 했다.

언젠가 피론은 이 아타락시아의 마음을 새끼 돼지의 마음에 비유한 적이 있었다. 한번은 그가 배를 타고 가다 폭풍우를 만났다. 사람들은 불안한 마음에 어쩔 줄 몰랐다. 그때 그 배에서 아무런 동요도 없이 태

풍파에 흔들리는 배에서도 동요되지 않는 새끼 돼지를 보고
마음의 평정을 깨달은 피론의 모습을 그린 그림

연하게 무엇인가를 먹고 있는 새끼 돼지가 있었다. 그는 사람들에게 그 새끼 돼지를 가리키며 이렇게 말했다고 한다.

"현자가 되려면 이 새끼 돼지처럼 마음이 평정한 상태를 유지하라!"

회의주의의 장점은 우리로 하여금 자신이 진리를 알고 있다고 믿는 독단론에서 벗어나게 해주는 것이다. 《수상록》을 쓴 몽테뉴는 그리스

몽테뉴는 피론의 가르침인 '판단을 삼간다'는 뜻의
'에페코'를 목걸이로 만들어 매달고 다녔다.

어로 '판단을 삼간다'라는 뜻의 '에페코(ΕΠΕΧΩ)'라는 말을 메달로 새겨 무슨 일에나 가볍게 단정하지 않도록 스스로를 경계했다고 한다. 그렇게 해서 그는 마음의 평형을 잃지 않고자 했다.

피론은 한 권의 책도 쓰지 않았다고 한다. 그러나 티몬과 아이네시데모스, 누메니오스 등의 제자들이 그의 말을 글로 남겼다. 섹스투스 엠피리쿠스는《피론주의 개요》라는 책을 저술하기도 했다. 피론은 호메로스를 좋아해 그가 쓴 다음과 같은 시구를 자주 읊조렸다고 한다.

참으로 나뭇잎들의 세상이야말로
인간 세상의 모습과 다름이 없다.

때론 바람이 불어와서 나뭇잎을 땅에 떨어뜨려 놓지만

또 한편에서는

숲 속의 나무들은 무성하게 잎이 돋아나 봄철이 돌아오곤 한다.

그와 마찬가지로 인간 세상도

한편에서 태어나고 또 한편에서

사라져가는 것

어쩌면 이 시에서처럼 인간의 삶은 나뭇잎과 같은지도 모른다. 한순간 피고 지는 짧은 생애에 우리가 확실히 알 수 있는 것은 무엇인가?

26

자신의 육체를 혐오한 적이 있는가

—

플로티노스

P l o t i n o s

가끔 자신이 걸치고 있는 육체를 혐오해본 적이 있는가? 지금 걸치고 있는 이 껍데기가 도대체 맞지 않는다고 생각하는 사람이 있다면 그 사람은 이미 신플라톤주의자가 될 자격이 충분하다. 이번에 소개할 플로티노스(Plotinos, 205~270년)는 자신이 육체를 가지고 있다는 것을 혐오한 철학자다.

그의 제자 포르피리오스(Porphyrios, 232~305년경)는 스승에 관한 전기에서 이렇게 전해주고 있다.

플로티노스

우리 시대에 살았던 철학자 플로티노스는 육체를 가지고 있다는 것을 부끄럽게 생각한 것 같다. 이런 기분 때문에 그는 자기의 출신에 대해서도, 부모에 대해서도, 조국에 대해서도 전혀 말을 하지 않았다.

포르피리오스의 증언대로라면 플로티노스는 어디에서 태어나고, 어떤 인종인지 모른다. 포르피리오스보다 100년 뒤의 사람인 에우나피오스는 플로티노스가 이집트의 리크폴리스 출신이라고 주장했다. 이러한 주장에 따라 플로티노스가 이집트 사람이라는 설도 있다. 그러나 이러한 설은 그의 로마식 이름이나 그가 이집트의 종교에 대해 잘 모른다는 점에서 설득력이 떨어진다. 또한 직접 가르침을 받은 포르피리오스도 몰랐던 사실을 100년 뒤의 사람이 주장했다는 점에서도 쉽게 믿기가 어렵다. 플로티노스가 언제 태어났는지는 정확하게 알 수 없다. 그에게 생일이란 심히 유감스러운 날이기에 감추고 싶었을지도 모른다. 왜냐하면 영혼이 육체로 들어온 날이기 때문이다. 생일날 어쩌면 플로티노스는 울고 싶었을지도 모른다.

육체에 대해 혐오에 가까운 생각을 가졌던 플로티노스도 한때 육체에 집착한 적이 있었다. 본인 이야기로는 여덟 살 때까지 유모의 젖을 먹었다고 한다. 다 큰 애가 하도 젖을 달라고 하자 유모는 가슴을 풀어 젖을 주면서 '정말 못 말리는 아이'라며 핀잔을 주었다고 한다. 그 소리를 듣고 그는 부끄러워 젖을 끊었다고 한다. 아무튼 플로티노스는 자신의 몸을 자기가 걸치고 다니는 옷보다 더 못하다고 생각했던 것 같다. 그래서 그는 자신의 조각상이나 초상화를 그리지 못하게 했다. 하루는 제자 아메리오스가 그의 초상화를 그리게 해달라고 청했다. 그러자 플로티노스는 이렇게 거절했다고 한다.

"자연이 우리 주위에 얽어놓은 이 껍데기를 끌고 다니는 것만으로도 힘든데 그것을 그려 오래 보존하려는 까닭을 모르겠네. 그것이 뭐 그리 볼만한 가치가 있는 작품이라고 후세에 남기려고 그러나."

옷보다 못한 나의 육체

플로티노스가 단호하게 거절했지만 제자는 스승의 모습을 남겨야겠다고 결심했다. 아메리오스는 당대의 유명한 화가인 친구 카르테리오스를 몰래 강의에 데리고 가 플로티노스의 모습을 그리게 했다.

영혼과 육체를 나누고, 육체와 감각에 대해 경멸하는 것은 원래 플라톤에서 유래하지만, 플로티노스에게서 훨씬 더 강하게 나타난다. 그가 이러한 철학적 경향을 지니게 된 것은 스승인 암모니오스 사카스(Ammonios Sakkas, 175?~242년)의 영향 때문이 아닐까 싶다. 그는 젊었을 때 여러 스승을 찾아다니면서 가르침을 받았지만 그의 지적 욕구를 충족시키지 못하고, 오히려 정신적 위기에 빠졌다. 그런 그에게 친구가 철학자 암모니오스 사카스를 소개해주었다. 그의 강의를 듣고 온 플로티노스는 친구에게 "이분이야말로 바로 내가 찾던 분일세."라고 말했다.

플로티노스는 암모니오스의 제자로 11년 동안 살았다. 암모니오스는 신플라톤주의의 시조라고 일컬어지지만 아무 글도 남기지 않았기 때문에 그의 철학에 대해서는 알 수가 없다. 세월이 흘러 플로티노스는 스승을 떠나 젊은 황제 고르디아누스 원정군에 가담하여 동방으로 가서, 페르시아나 인도의 철학에 대해 배우고 싶었다. 그러나 그의 동방 원정은 뜻대로 이루어지지 않았다. 고르디아누스 황제가 메소포타미아 지역에서 전투에 패배하고 부하들에게 살해되었던 것이다.

플로티노스는 간신히 목숨을 건져 안티오키아로 도망쳤다가 로마로 건너갔다. 그때 그는 마흔을 넘긴 나이였다. 그는 로마로 돌아와 철학을 가르치기 시작했다. 그가 로마로 돌아와 예순여섯 살로 죽을 때까지 철학을 가르쳤던 시기는 로마제국이 가장 불안정한 시기였다. 약 25년 동안에 여덟 명의 황제가 제명에 죽지 못하고 차례차례 바뀌는 혼란한 시대였기 때문이다. 혼란하고 타락한 시대이기 때문에 오히려 그의 철

바티칸 박물관에 안치된 플로티노스의 석관.
그는 기독교인이 아님에도 바티칸 박물관에 안치될 정도로 인정받았다.

학은 사람들에게 인기가 높았다. 원로원 의원에서 젊은 남녀나 부녀자, 심지어 황제 부부까지 그의 철학을 들으러 올 정도였다. 특히 황제 갈리에누스와 그의 황후 살로니나는 그를 매우 존경했다.

황제 부부는 플로티노스에게 뭔가를 해주고 싶었다. 플로티노스는 황제에게 캄파니아에 플라톤의 법대로 살아갈 수 있는 플라토노폴리스를 건설해달라고 부탁했다. 황제 갈리에누스와 황후 살로니나는 그러한 제안에 찬성했지만, 플로티노스를 시기하던 궁정 신하들의 반대로 그 꿈은 실현되지 못했다. 플로티노스는 쉰 살이 될 때까지 단 한 줄의 글도 쓰지 않았다고 한다. 그는 동문수학한 헤레니우스와 오리게네스와 함께 스승 암모니오스에게 스승의 가르침을 절대로 글로 쓰지 않겠다고 약속했기 때문이다. 그런 그가 글을 쓰게 된 것은 헤레니우스와 오리게네스가 그러한 약속을 어겼기 때문이다.

그는 15년 동안 54권의 책을 썼다. 이 책들은 그의 제자인 포르피리오스가 여섯 그룹으로 분류하여 '엔네아데스'라는 이름으로 후세에 전했다. '엔네아데스'라는 이름이 붙은 것은 각 그룹의 책이 아홉 개의 작품으로 이루어져 있기 때문이다. '엔네아'는 그리스어로 '아홉'을 뜻한다. 《엔네아데스》에서 플로티노스는 절대 선이자 충만한 존재로서 일자(hen)를 주장한다. 일자는 그 자체 선이며, 절대적 통일이며 충만함이다. 이 일자로부터 모든 존재뿐만 아니라 모든 아름다움도 도출된다. 어떠한 존재자도 이 일자와 결합되어 있다. 마치 빛이 태양이라는 존재와 결합되어 있는 것처럼.

> 빛은 태양과 떼려야 뗄 수 없이 결합되어 있다. 빛을 태양에서 분리할 수 없다. 빛이란 항상 태양의 편에 머무른다. 이와 유사하게 존재도 그 근원인 일자에서 떨어질 수가 없다.

태양이 빛을 내뿜듯, 이 일자는 스스로 충만함에 의해 유출된다. 이것이 이른바 유출설이다. 유출되는 단계에서 일자에 가까운 것은 존재적으로 높은 상태이며, 먼 것은 존재적으로 낮은 상태다. 유출에 의해 가장 먼저 정신이 생겨난다. 정신은 최고의 존재자다. 이에 반해 존재적으로 가장 낮은 단계는 비존재인 물질계다.

정신은 일자와 가장 가까워 아름답다. 그러나 물질은 일자와 멀리 떨어져 있어 존재가 없으며, 형상도 없고 무질서하며 추하다. 정신의 성숙은 영혼이라는 결실을 낳고, 영혼은 정신을 모상으로 가진다. 세계영혼은 우주에 스며들어 우주를 형성하며, 생기를 불어넣고 세계에 조화를 부여하는 역할을 한다. 이 세계영혼은 개별 영혼들을 자신 안에 포함하고 있다. 이 개별 영혼들이 물질과 결합하여 물질계의 개별 사물들에게 생기를 부여하고 모습을 갖추게 한다. 그러나 이렇게 결합된 물질은 영혼의 활동인 일자를 향한 관조를 흐리게 한다. 그렇다면 영혼이 일자로 향해 가기 위해서는 어떻게 해야 하는가? 그것은 물체의 세계를 벗어나는 것이다. 물체의 세계를 벗어나 일자로 향해가는 과정을 플로티노스는 '정화'라고 불렀다. 그렇다면 물체의 세계를 벗어나기 위한 영혼의 활동을 어떻게 해야 하는가? 그것은 일자를 관조하면서 물질계에 속해 있는 자신을 잊어버려야 한다.

이런 플로티노스의 이론대로라면, 가장 고상한 정신을 반영하는 우리의 영혼이 가장 낮은 단계인 물질계와 결합되어 있는 것은 그로서는 도저히 참을 수 없는 일이었을 것이다. 그래서 그는 가끔 육체로부터 탈피해 무아경 속에서 자신의 세계를 추구하곤 했다. 포르피리오스는 플로티노스가 네 번씩이나 무아의 경지에 이르러 신과 합일하는 것을 보았다고 한다.

그러나 플로티노스가 경멸하고, 또한 탈피하고자 한 육체는 그렇게 만만한 상대가 아니었다. 죽을 때까지 육체는 그를 괴롭혔다. 말년에 플로티노스는 손과 발이 곪아 터져갈 정도로 피부병 때문에 고생했다. 물론 그는 육체를 돌보지 않았고, 오히려 먹는 것도 줄였다. 그렇게 해서 병세는 더 악화되어갔다. 그는 일흔여섯 살에 세상을 떴다. 그의 임종을 보러온 제자에게 그는 "지금 내 안에 있는 신성한 것을 우주 안에 있는 신성한 것으로 끌어올리려고 노력하는 중이노라."라고 말했다고 한다.

그렇게 말을 하고 플로티노스가 숨을 거두자 그때 그의 침대 아래에서 뱀 한 마리가 나와 벽에 난 구멍으로 사라졌다고 한다. 포르피리오스가 전한 이 마지막 임종 이야기는 그를 신비롭게 하려는 의도에서 나온 이야기일 것이다. 플로티노스의 철학은, 영혼은 영원하고 육체는 곧 소멸할 것으로 가르쳐온 중세 철학의 입맛에 딱 맞아떨어지는 것이었다. 아우구스티누스는 그의 말 몇 마디만 바꾸면 그는 기독교인이나 다름없다고 말할 정도니까.

오늘날로 볼 때 플로티노스의 육체에 대한 경멸은 과한 감이 있다. 그러나 머릿속은 텅 빈 채 '외모지상주의'에 빠져 사는 우리 또한 너무 한 감이 있지 않은가.

ARISTOTILES

중세와 르네상스 철학

—

신과 인간,
진리의 빛을 찾아 헤매다

27

내면적 폭풍에 휩싸여
무화과나무 아래 엎드려 울다

—

아우렐리우스 아우구스티누스

A U R E L I U S   A U G U S T I N U S

 유럽 문화를 떠받들고 있는 두 개의 기둥은 그리스 문화와 기독교 문화다. 로마제국은 처음에 기독교를 탄압했으나 밑에서부터 불길처럼 번져가는 기독교 세력을 인정하고 콘스탄티누스 대제 때 신앙의 자유를 공표했다. 기독교는 테오도시우스 황제 때 로마제국의 국교가 되었고, 교회와 성직자들은 각 방면에서 특권을 누렸다. 그러나 기독교가 이렇게 되기까지는 수많은 순교자가 피를 흘려야만 했다. 하지만 순교자의 피만으로는 기독교가 세계의 종교로 자리 잡지 못했을 것이다. 기

산드로 보티첼리, 〈연구실의 아우구스티누스〉, 1490~1494년경

독교가 다른 종교들과의 경쟁에서 승리하고 또한 자신을 수호하기까지는 기독교 교리를 이론화하는 사람들이 있어야 했다. 초기 교회에서 그런 역할을 수행한 사람들은 교회의 아버지라고 불린 교부 철학자들이었다.

영혼과의 치열한 투쟁

교부 철학자들 가운데 가장 유명한 철학자가 《고백록》을 쓴 아우구스티누스(Aurelius Augustinus, 354~430년)다. 《고백록》은 로마의 한 지식인이 치열한 내면적 싸움을 통해 어떻게 종교인으로 변모해가는가를 보여준다. 아우구스티누스와 기독교의 만남은 초기 기독교 신학이 탄생하는 결정적 계기였지만, 다른 한편으로는 철학의 역할을 바꾸어놓은 사건이기도 했다. 아우구스티누스와 더불어 이제 철학은 유한한 인간, 차안과 피안의 관계, 역사 등의 문제를 기독교와의 연관 속에서 해명하는 학문이 됐다. 다시 말해 철학은 신학의 시녀가 된 것이다.

아우구스티누스는 오늘날 알제리인 북아프리카의 도시 타가스테의 하위직 로마 관원의 아들로 태어났다. 그가 기독교인으로 개종한 것은 어머니의 영향이 컸다. 그의 어머니는 남편 파트리키우스가 세례를 자진해서 받게 할 정도로 열성 신도였다. 그녀는 남편뿐만 아니라 아들을 기독교로 인도하려 무진 애를 썼다. 그녀의 열성에도 불구하고 아우구스티누스는 처음부터 기독교에 호감을 가지지 않았다. 오히려 그는 9년 동안이나 마니교에 빠져 세월을 보냈다.

마니교는 페르시아의 예언자 마니에 기초하고, 후기 로마제국에 있어 영향력 있는 추종자들을 가졌던 종교 공동체다. 마니는 215년 페르시아 왕족 가문에서 태어나 오랜 기간을 인도에서 지냈다. 그는 인도에서 마니교를 창시했고, 고국으로 돌아와 포교 활동을 하다, 274년 십자가형을 당했다. 마니교는 그노시스파와 유사하다. 유대교의 《구약성경》을 거부하고 페르시아와 인도 사상을 기독교 사상과 결부시켰다. 마니교의 윤리학은 지극히 엄격한 금욕주의를 요구했다. 또한 마니교는 세계가 서로 싸우고 있는 다른 두 개의 원리, 즉 선과 악의 원리라고 하는 이원론에 의해 지배된다고 보았다. 그들은 세계를 선의 영역과 악의 영역과의 영원한 투쟁으로 이해했다. 마니에 따르면, 예수는 빛의 세계에서 강림한 구원자다. 아우구스티누스가 마니교에 이끌린 까닭은 마니교가 세상에 존재하는 악에 대해 설명하고, 고대 철학에 대해 개방적인 자세를 보였기 때문이다.

아우구스티누스가 마니교와 결별하게 된 계기는 밀라노 주교인 암브로시우스와의 만남이었다. 마니교도들은 아우구스티누스에게 밀라노에 있는 황제의 거주지에 수사학 교수 자리를 마련해서 그곳에 있던 암브로시우스를 상대하게 했다. 그러나 아우구스티누스는 오히려 암브로시우스에게 이끌려 기독교 믿음을 수용하는 쪽으로 돌아선다. 독일 트리어 출신인 암브로시우스는 가장 유명한 초기 기독교 교부 가운데 한 사람이었다. 그는 기독교 신앙을 철학적 논증들로 뒷받침하여 지식인 아우구스티누스를 설득시켰다. 암브로시우스는 3세기 철학자 플로티노스에 의해 대표되는 흐름인 신플라톤주의의 영향을 받은 신학자다.

앞에서 언급한 것처럼, 플로티노스는 플라톤의 철학을 신비주의적 방향으로 더욱 발전시킨 철학 학파다. 신플라톤주의는 악에 대해 마니교도와는 완전히 다르게 설명했다. 신플라톤주의에 따르면, 악은 독립적으로 존재하는 힘, 적극적인 힘이 아니라 결여다. 악은 일자의 정신적 근본 원리에서 멀리 떨어져 일자를 거의 포함하지 않은 것이다. 모든 물질적 사물들이 이에 해당한다. 아우구스티누스는 신플라톤주의적 설명에 따라 기독교의 신을 이해했다. 아우구스티누스가 플로티노스의 글자 몇 마디만 바꾸면 완전히 기독교와 일치한다고 했는데, 이 말은 거꾸로 아우구스티누스가 얼마만큼 신플라톤주의의 영향을 받고 있었는가를 보여준다. 어쨌든 아우구스티누스에게서 이렇게 철학과 신학은 결합됐다.

아우구스티누스의 개종은 그가 막 서른두 살이 되던 때인 386년에 일어났다. 그는 《고백록》 8권에서 개종의 순간을 드라마틱하게 묘사했다. 아우구스티누스는 영혼과의 치열한 투쟁을 하면서 "내면적 폭풍"에 사로잡혀 무화과나무 아래에 엎드려 울었다. 그렇게 울고 있을 때, 그는 이웃집에서 어린아이들이 부르는 노랫소리 "tolle lege(집어서 읽어라)"를 듣는다. 그 말을 들은 그는 계시라도 받은 것처럼 《신약성경》을 들어 펼쳐보았다. 펼쳐진 《성경》의 말씀은 사도 바울이 쓴 〈로마서〉 13장 13절이었다.

"진탕 먹고 마시고 취하거나 음행과 방종에 빠지거나 분쟁과 시기를 일삼거나 하지 말고 언제나 대낮으로 생각하고 단정하게 살아갑시다."

《성경》의 이 말씀은 아우구스티누스가 자신의 세속적 생활을 포기하고 기독교로 개종하게 하는 결정적인 충격이었다. 개종은 그의 삶을 완전히 뒤바꾸었다. 잘나가던 수사학 교수로서의 직업을 포기했고, 독신이라는 삶의 형식을 선택했다.

예수 그리스도 이콘화,
하기야 소피아 성당

　사실 아우구스티누스는 젊었을 때 결혼하지 않은 채 어떤 여인과 14년 동안이나 동거 생활을 했다. 그는 열여덟 살에 이 여인에게서 아들 하나를 얻었다고 한다. 그가 이 여인과 정식 결혼을 하지 않은 이유는 법적인 신분 차이 때문이었다. 그는 이 여인과 결별하고, 수도원의 삶을 선택했다. 그는 밀라노에서 개종 이후 2년 만에 북아프리카의 고향으로 돌아가 공동체에 헌신했다. 서품을 받은 지 얼마 되지 않아 히포 레기우스의 주교가 됐다. 《고백록》은 주교로서 처음 보낸 시절인 397년에서 401년 사이에 그가 쓴 작품이다. 《고백록》에서는 아우구스티누스가 기독교의 원리에 대해 고민한 흔적이 그대로 드러나 있다. 그가 고민한 대표적인 문제는 인간의 자유의지에 관한 것이다.

    당시 영국인 수도사 펠라기우스는 인간은 아무런 죄도 짓지 않고 자유롭게 태어났다는 주장을 했다. 그러나 아우구스티누스는 다른 입장을 견지했다. 인간이 죄도 짓지 않고 자유롭게 태어났다면, 세상에 왜 악은 존재하는지, 왜 인간은 악을 범하는지 설명할 수가 없었다. 그는 이를 설명하기 위해 나중의 기독교 이론에 큰 영향을 끼치게 되는 '예정론'을 들고 나왔다. 그에 따르면, 아담만이 아무 죄 없이 자유롭게 태어났다. 나머지 인간들은 아담이 저지른 '원죄' 때문에 자신에게 내재한 악의 성향을 가지고 있다. 인간 스스로의 힘으로는 이 원죄에서 벗어날 수 없다. 그러므로 인간은 더 이상 자유롭지 못하며, 본성상 죄와 죽음에 굴복할 수밖에 없다. 그는 인간이 원죄에서 벗어날 수 있는 길은 유일하게 하느님의 은총밖에 없다고 주장한다. 그런데 하느님은 모든 인간을 구원하는 것이 아니다. 하느님은 현명하고도 인간으로서는 이해할 수 없는 호의에 따라 구원 받을 사람들을 미리 선택해놓았다는 것이다. 이렇게 하느님이 미리 구원 받을 사람을 정해놓았다면 우리는 구원 받기 위해 노력할 필요가 없는 것이 아닌가. 그는 전지전능한 하느님은 인간이 행하는 최후의 결과를 미리 내다볼 수 있기에 그렇게 결정할 뿐이라고 대답한다.

    아우구스티누스는 '믿음'을 강조하지만 집요하게 문제를 파고들고 회의하며 끝까지 확실성에 도달하고자 한다. 이런 그의 회의주의는 데카르트의 방법적 회의를 앞선 것이다. 그는 《고백록》에서 자신의 경험을 반추하고 그 의미를 끝없이 물으면서 우리 내면에서 '진리'의 근원을 찾아 들어가며 이렇게 말한다.

"그대는 밖으로 나가려 하지 말고, 그대 자신의 내면으로 되돌아가라. 진리는 인간의 내면에 깃들어 있는 것이다."

아우구스티누스가 찾은 진리의 근원은 '신'이다. 그는 신에 대해 끊임없이 내적인 물음을 던지면서, 영원한 진리와 시간적 존재인 우리의 존재 구조를 철저하게 분석했다. 《고백록》 11장에서 행한 이 '시간 분석'에서 그는 시간 경험을 주관적이고 내면적인 의식과 연관시킨다. 보통 우리는 시간을 과거, 현재, 미래, 이렇게 세 가지 시점으로 분리한다. 그러나 이렇게 시간을 세 가지 시점으로 나눌 수 있는 것도, 이 세 가지 시점을 관통하며 흐르는 시간의 연속성도 모두 시간에 대한 우리의 내면적 의식과 관련이 있다고 주장한다. 인간은 기억을 통해서 과거에다 지속성을 부여하고, 미래에 대한 기대를 하게 한다. 다시 말해 과거, 현재, 미래와 같은 시간의 차원은 객관적인 것이 아니라, 인간의 정신이 산출하는 것이다.

아우구스티누스에 따르면, 우리가 체험할 수 있는 시간은 항상 시간의 현재성뿐이다. 그는 과거와 미래가 존재한다고 말하는 것은 부정확하다고 말한다. 시간이 과거, 현재, 미래로 분열되어 있는 것이 아니라, 우리의 의식이 그렇게 분열되어 있는 것이다. 과거와 현재를 이어주는 우리의 의식이 없다면, 시간은 과거에서 미래로 지속할 수 없을 것이다. 아우구스티누스는 우리의 의식 속에서 시간은 "지나간 것의 현재인 기억, 현재적인 것의 현재인 순간, 미래적인 것의 현재인 기대"로 현재한다. 시간에 대한 이 현재 경험 속에서 우리는 시간의 고유성과 영원성을 경험한다. 아우구스티누스의 시간 분석은 앙리 베르그송과 에드문트 후

아우구스티누스의 《신국론》은
중세에 가장 큰 영향을 미친 책이다.

설, 마르틴 하이데거와 같은 철학자들에게 상당한 영향을 주었다.

아우구스티누스는 생애 말년에 《신국론》이라는 책을 썼다. 이것은 최초의 기독교적 역사철학 책이자 정치철학 책이다. 이 책에서 그는 역사를 하느님의 나라와 지상의 나라의 투쟁으로 파악한다. 하느님의 나라는 교회가 대표하고 지상의 나라는 국가가 대표하는데, 이 둘은 각각 다른 정신적 질서를 대변한다. 현실 역사에서 이 둘은 얽혀 있지만, 종말에 이르면 이 둘은 분리되어 하느님의 나라가 승리자로 등장한다.

430년 8월 28일에 죽기까지 아우구스티누스는 수많은 작품들을 남겼다. 그의 마지막 생애는 반달족의 침입으로 북아프리가 도시들이 유린되던 혼란스러운 시기였다. 도시가 강탈되고 파괴되는 가운데서도 그의 서재만은 온전하게 보존되어 그가 쓴 작품들은 이후 서양의 정신사에 커다란 영향을 끼칠 수 있었다. 아우구스티누스는 신학뿐만 아니라 철학에도 상당한 영향을 끼쳤다. 그는 신에 대한 믿음에 비해 인간의 이성과 지식을 낮게 평가했다. 그러나 그의 신학에는 참된 존재인 신을 인식하고자 하는 이성과 지식으로 가득 차 있다.

28

하느님에 대해서 무엇을 덧붙이지도, 제거하지도 마라

—

토마스 아퀴나스

Thomas Aquinas

토마스 아퀴나스(Thomas Aquinas, 1225?~1274년)는 중세 기독교를 지배한 대표적 신학자이자 스콜라 철학자다. 죽고 나서 49년이 되는 해인 1323년에 그는 성인으로 추증됐다. 죽고 나서도 영향력이 줄어들지 않고 더욱더 커져갔다는 사실은 그가 1567년에 공식적으로 교회박사의 칭호를 받았다는 데서도 확인할 수 있다. 교회박사(doctor ecclesiae)는 교의상(教義上) 교회에 큰 기여를 한 학자에게 주는 영예로운 칭호다. 탁월한 학식을 갖추어야 하는 것은 기본이고, 생활에서도 성스러움

화가 프란체스코 트라이니가 카테리나 성당에 그린 벽화

을 갖추어야 한다. 그리고 그러한 면모를 교황이나 세계 공의회를 통해 인정받아야 한다.

교회박사를 받은 철학자

이미 14세기 화가 프란체스코 트라이니는 아퀴나스의 영향력을 짐작케 하는 그림을 그린 적이 있었다. 그림을 보면 아퀴나스가 한가운데 서 있고, 아리스토텔레스와 플라톤이 책을 든 채 양 옆에 서서 그를 쳐다보고 있다. 그리고 그의 발밑에는 이교도 철학자 이븐 루슈드(Ibn Rushd, 1126~1198년)가 누워 있다. 여기서 토마스 아퀴나스는 고대 그리스 철학의 도움을 받아 신학을 종합해, 이교도를 발아래 쓰러뜨린 승리자로 묘사된다. 루브르 박물관에도 이와 거의 유사한 그림이 걸려 있다. 이 그림에서 묘사한 대로 토다스의 가장 큰 업적은 고대 그리스 철학의 도움을 받아 신학을 정리한 《신학대전》과 이교도를 논박하기 위해 쓴 《이교도 반박대전》이다.

토마스가 쓴 책을 보면, 일반 독자들이 쉽게 이해할 수 있는 것이 아니다. 그의 책들은 치밀한 논증과 논리가 체계적으로 구사되어 있다. 그리고 분량도 상당해서 어지간한 집중력과 인내력을 갖지 않고서는 읽을 수 없다. 오죽하면 책 이름이 '대전(大全)'이겠는가. 교부 철학자 아우구스티누스가 뛰어난 문장력으로 자기 고백을 담아 흥미로운 책을 썼다면, 토마스 아퀴나스는 논증하는 방식으로 논문과 같은 글을 썼다. 그의 저작만 보고 그의 인상을 떠올린다면 오로지 학문에만 몰두해 양볼이 쑥 들어간 삐쩍 마른 몸에 신경질적으로 생긴 학자를 연상하기 쉬울 것이다. 그러나 토마스 아퀴나스는 그런 인상과는 달리 엄청난 체구를 지닌 학자였다고 한다. 지금도 전해 내려오는 그의 책상은 가운데가 둥글게 홈이 파져 있다고 한다. 이것은 비대한 체구를 지닌, 아마도 복부 비만으로 추정되는 토마스 아퀴나스가 책상에 앉아 편하게 작업할 수 있게 하기 위해 그렇게 만들었을 것이다. 자신의 엄청난 체구에 대해서 토마스 자신도 자조적으로 이야기하곤 했다고 한다. 이런 체구를 지닌 토마스는 외모대로 우직한 성격이었고, 한번 마음먹은 일은 절대로 포기하지 않는 황소고집을 지니고 있었다. 그가 도미니코 수도원의 탁발승이 될 수 있었던 것도 이런 성격을 지녔기에 가능했을 것이다.

토마스 아퀴나스의 가문은 아들이 탁발승이 되는 것을 그냥 지켜볼 수 없는 대단한 집안이었다. 그는 로마와 나폴리 중간에 있는 로카세카 가족성(城)에서 태어났다.

토마스 아퀴나스는 아퀴노의 백작 란둘프와 어머니 테오도라의 막내 아들로 태어났다. 그가 다섯 살이던 1230년경에 아버지는 그를 베네딕트 수도회의 모원(母院)인 몬테카시노의 수도원 학교에 보내 장차 훌륭하고 명망 있는 수도원의 원장이 되기를 기대했다. 그는 1239년까지 이곳에서 10년 동안 머물면서 기초 공부를 하며 자란다. 이후 나폴리 대학에 입학하게 된다. 그는 나폴리 대학에서 철학에 눈을 뜨게 되고 아리스토텔레스 연구로 뛰어난 몇몇 교수들의 영향으로 아리스토텔레스의 논리학 저작들을 접했으며, 아리스토텔레스의 과학적이고 우주론적인 저술들을 소개받았다.

그 결과로 토마스는 이미 이 시절부터 아리스토텔레스에 대해 상당히 깊이 이해할 수 있었던 것 같다. 또한 이 시기에 막 세워진 탁발수도

교회와 《성경》을 양손에 들고 하늘을 응시하는 토마스 아퀴나스

회인 도미니코 수도회를 접하게 됐다. 에스파냐 출신의 성 도미니코에 의해 창립된 도미니코 수도회는 프란체스코회 수도회와 더불어 13세기의 새로운 정신적 운동을 담당하고 있었다. 도미니코 수도회는 외적인 화려함 대신에 청빈이라는 이상을 내세웠다. 당시 급속히 발전하고 있던 도미니코 수도회의 영향을 받은 토마스는 1244년에 이 탁발수도회의 수사가 되고자 했다.

그러나 가족들은 이러한 그의 결심을 가문에 대한 먹칠이라고 생각했다. 형들은 그를 납치해 외딴 섬에 가두었다. 그들은 그곳에서 아우의 마음을 돌리기 위해 여러 가지 시도를 했다. 고심 끝에 형들은 아름다운 젊은 여자를 아우에게 보내 관심을 돌리려고 했다. 부탁을 받은 아름다운 젊은 여자는 토마스 아퀴나스의 방으로 갔다. 그런데 그녀는 방에 들어서자마자 놀라 기겁을 했다. 몸집이 거대한 젊은 남자가 벽난로에서 방금 끄집어낸 듯한 불붙은 장작을 손에 들고 다가왔기 때문이다.

이렇게 가족의 완강한 반대를 물리치고 도미니크 수도회에 들어간 토마스 아퀴나스는 파리를 거쳐 쾰른으로 건너가 당대 최고의 철학자이자 신학자인 알베르투스 마그누스(Albertus Magnus, 1193?~1280년)의 지도를 받았다. 알베르투스 마그누스는 과묵한 거구의 청년 아퀴나스의 학문적 재능을 발견하고 그를 총애했다. 학생들은 말이 없으면서도 체구가 큰 토마스 아퀴나스를 '벙어리 황소'라고 조롱했다. 그러나 스승 알베르투스 마그누스는 조롱하는 학생들에게 그를 이렇게 변호했다.

"너희는 토마스를 벙어리 황소라고 부르고 있다. 그러나 너희에게 말하건대 이 벙어리 황소가 한번 울부짖으면, 그 소리의 진동은 전 세계에 가득 울려 퍼질 것이다."(PH 137)

티토, 〈토마스 아퀴나스의 환상〉,
1593년

　알베르투스 마그누스는 스물일곱 살의 젊은 토마스 아퀴나스를 파리 대학 교수의 후보자로 추천했다. 파리 대학의 반발도 만만치 않았다. 그가 1256년에 신학 교수로 취임할 때는 수도회를 반대하는 사람들이 청중들의 입장을 방해했고, 프랑스 당국에서는 만약의 폭력 사태를 막기 위해 강연장까지 군인을 배치해 삼엄한 경호를 펼쳤다. 토마스 아퀴나스는 스승의 기대에 어긋나지 않게 교수 취임 강연에서 논적들을 보기 좋게 반박했다. 이후 파리 대학에서 활동하던 토마스 아퀴나스는 1259년 말에서 1260년 초 사이에 후임자에게 교수직을 물려준 후 파리

토마스 아퀴나스의 고향에 세워진 동상

를 떠났다. 그는 이탈리아에 머물면서 《이교도 반박대전》을 썼고, 《신학대전》을 집필하기 시작했다. 그리고 다시 파리로 돌아와 교수직을 이어 나갔다. 하지만 오히려 상황은 더욱 안 좋아졌다. 그는 이단과 적대자들에 대항해 계속해서 투쟁을 해야 했다.

이 시기에 토마스 아퀴나스가 이단과 적대자들을 논박하기 위해 얼마나 신경을 썼는지를 보여주는 일화가 있다. 프랑스 왕에게 식사 초대를 받은 자리에서도 그는 깊은 생각에 잠겨 있었다. 그러다가 느닷없이 모든 사람이 놀랄 만큼 세게 식탁을 내리치며 "그래! 마니교도들을 논박할 방법을 찾았다."라고 큰 소리로 외쳤다. 이런 행동을 하면 왕에 대한 심각한 결례를 범한 것이므로 큰 벌을 받았겠지만 그의 학구적 열의에 감동한 왕은 그의 이런 행동을 용서해주었다고 한다. 이렇게 이단과 적대자들에 대해 투쟁을 하면서도 그는 끊임없이 저술을 집필했다. 방대한 양의 저술을 집필하면서 그는 항상 수면 부족으로 시달렸다. 그러면서도 아리스토텔레스의 저서에 대한 주해서와 《신학대전》, 《철학대전》의 집필에 몰두했다.

과도한 수면 부족으로 말조차 할 수 없게 되다

토마스 아퀴나스는 아리스토텔레스를 따라 형상과 질료가 서로 따로 떨어져 존립하는 존재가 아니라고 생각한다. 그러나 존재자를 존재자로 되게 하는 그것은 사물의 본질이다. 그에게는 이 사물의 본질을 파악하는 일이 중요했다. 사물의 본질을 파악하기 위해서 우리의 인식은 감각적인 것에서 출발하지만, 초감각적인 것에로 향할 수밖에 없다. 그는 《신학대전》에서 이렇게 말한다.

여하튼 육체에 얽매여 있는 인간의 지성에게는 본래적인 대상이
물질적인 사물 안에 있는 본질이다. 그 다음에 감각적인 사물의
본성을 통하여, 우리는 비감각적인 사물의 어떤 인식에로 올라가
게 된다.

다시 말해 우리는 개별적인 말(馬)들을 보게 되지만, 그 개별적인 말들 속에서 '말'을 '말' 답게 하는 어떤 보편적인 것을 찾아내게 된다는 것이다. 모든 존재하는 개별적인 말들은 그 본질과 차이가 있다. 본질은 완전하고, 그 자체로 이상적이다. 그러나 현실에 존재하는 개별적인

말들은 천차만별이고 완전하지 않다. 이처럼 토마스 아퀴나스는 모든 피조물은 '본질'에 비추어볼 때 차이가 나며 완전하지 않다고 보았다. 오직 하느님에게서만 존재와 본질이 일치한다.

"하느님의 존재는 그의 단순성에 어떠한 것을 덧붙일 수도, 제거할 수도 없다는 의미에서 완전하다."

토마스 아퀴나스는 이러한 하느님의 존재를 입증하기 위해 아리스토텔레스에 의지해 다섯 가지 증명을 했다. 첫째는 모든 운동하거나 변화하는 것은 맨 처음에 그것을 움직이게 하는 자를 요구한다. 그렇지 않다면 운동이나 변화는 불가하기 때문이다. 그러나 어떤 것을 움직이게 하는 운동자가 있다면, 이 운동자 역시 움직여야 한다. 그리고 이 운동자를 움직이기 위해 다른 운동자도 움직여야 한다면, 움직이는 운동자의 행렬이 무한정 이어질 수밖에 없다. 따라서 움직이지 않으며, 다른 것들을 움직이게 하는 첫 번째 운동자가 있어야 한다. 그것이 바로 하느님이다.

둘째는 작용과 원인의 관계를 통한 증명이다. 어떤 작용도 그 자체 원인을 갖지 않는다. 작용을 시키려면 원인도 작용해야 하고, 또 다른 원인을 필요로 한다. 이렇게 하면 무한 소급에 빠지기 때문에 모든 것을 작용하게 한 최초의 원인을 상정할 수밖에 없다. 그것이 바로 하느님이다. 셋째는 필연과 연관한 증명이다. 세상의 사물들은 그 자체로부터 필연적으로 생긴 것이 아니라 타자로부터 필연적으로 존재한다. 우리가 존재하기 위해서는 부모가 필연적으로 있어야 한다. 그런데 부모는 또 다른 타자가 필요하다. 이렇게 나가면 타자로 인해 생긴 필연적인 사물의 계열은 무한으로 이어질 수밖에 없다. 이렇게 무한 소급을

밟지 않으려면, "자신에 의해 필연적으로 존재하는 최초의 것"이 있어야 한다. 그것이 바로 하느님이다.

넷째는 모든 사물에는 많고 적음이 있다. 이렇게 말할 수 있는 것은 이러한 규정을 '완전'하게 포함하고 있는 척도가 있을 때 가능하다. 이러한 완전한 척도가 바로 하느님이다. 다섯째는 목적과의 관련에서 증명이다. 이성이 없는 사물은 어떤 목적에 도달하기 위해 그 목표를 설정하는 주재자가 필요하다. 예를 들어 화살은 화살의 목적을 이루기 위해 사수를 필요로 한다. 이와 같이 세계에 목적 지향을 주려면 그러한 목적을 설정하는 최고의 주재자가 필요하다. 그 최고의 주재가 바로 하느님이다.

토마스 아퀴나스는 파리를 떠나 다시 나폴리로 가면서도 또다시 사도 바울의 서간문과 시편 주해 등 집필을 해 나갔다. 그러나 과도한 집필 작업으로 인한 수면 부족으로 말년에는 거의 말조차 할 수 없을 정도로 건강이 훼손됐다. 그래도 그는 쉬지 않았다. 리옹 공의회에 참석하라는 교황의 명에 따라 아픈 몸을 이끌고 리옹으로 향하던 중, 그는 건강이 더욱 악화되어 포사 누오바의 시토회 수도원에서 죽음을 맞이했다.

토마스 아퀴나스가 건강을 해치면서까지 몰두했던 학문적 작업은 무엇일까? 한마디로 말한다면 '신앙과 이성의 조화'라고 할 수 있다. 그에 따르면, 신앙과 이성은 둘 다 하느님에게서 나오기 때문에 모순될 수 없다. 그러므로 신학과 철학은 서로 다른 진리를 추구하는 것이 아니다. 신학과 철학은 같은 진리를 추구하지만 방법에서 다를 뿐이다.

"철학은 창조된 사물에서 출발하여 신에게로 이르지만, 신학은 신에게서 출발한다."

29

빛은 어둠을 밝혔으나,
어둠은 빛을 잡지 못했다

—

마이스터 에크하르트

Meister Eckhart

《노자》를 보면 이런 말이 나온다. "도가도 비상도(道可道 非常道)."
도를 도라 하면 그건 이미 도가 아니다. 노자는 영구불변한 참된 도라
고 하는 실체는 우리의 개념인 '도'라는 말로 표현되지 않는다고 본다.
그것을 표현한 '도'는 이미 참다운 실체를 나타내는 것이 아니다. 노자
처럼 서양의 중세에도 신에 대해 그런 말을 한 신학자가 있었다. 신을
신이라 하면 그건 이미 신이 아니라고. 다시 말해 신은 규정할 수 없는
무한자이자 절대자인데, 그것을 '신'이라고 규정하는 순간, 그 '신'은

마이스터 에크하르트

　신이 아니라는 것이다. 노자와 비슷한 이런 생각을 한 사람은 중세의 유명한 신학자이자 철학자인 마이스터 에크하르트(Meister Eckhart, 1260?~1327년)다. 그는 '신'에 대한 규정이 불가능하다고 보고 '이성'을 통해 '신'을 인식하고자 한 스콜라 철학에 반기를 들어올렸다. 그는 신에 대해 이렇게 말한다.

　"신에게는 이름이 없다. 왜냐하면 아무도 신에 대해서는 어떠한 것도 말할 수 없고 이해할 수 없기 때문이다."(PH 156)

　그렇다면 언어나 개념 규정 없이 어떻게 우리는 신을 인식할 수 있는 가? 그는 '이성'이 아니라 '신앙'이 갖는 신과 영혼의 통일에 대한 '신비한 체험'을 통해 신에 대한 인식이 가능함을 강조했다.

이렇게 신과의 신비한 체험을 강조함으로써 에크하르트는 중세 신학에서 신플라톤주의로부터 내려오는 중세의 신비주의 전통을 회복시킨다. 사실 신비주의적 전통은 아우구스티누스나 토마스 아퀴나스도 가지고 있었다. 하지만 그들이 신앙과 이성의 조화를 꾀했다면, 에크하르트는 이성을 초월한 신앙의 경지를 추구했다. 그의 '신비주의'는 '이성'과 '철학'을 배척한 것이 아니었다. 그는 '이성'과 또 다른 '신앙'의 신비적인 면을 보여준 것이다. 그렇게 함으로써 그는 합리주의적 신학과 철학적 신학으로부터 신앙의 힘을 분리하는 데 성공했다.

에크하르트는 1260년경에 오늘날 독일 튀링겐 주에 있는 호크하임에서 기사 가문의 아들로 태어났다. 이 시기는 초기 스콜라 철학의 시대가 끝나가고 아리스토텔레스의 사상이 유럽에 도입되어 스콜라 철학이 전성기를 이루던 시기였다. 그는 어린 나이에 에르푸르트의 도미니크 수도회에 들어가 사제가 되기 위해 공부했다. 도미니크회가 어떤 수도회인가. 알베르투스 마그누스와 토마스 아퀴나스를 배출한 수도회가 아니던가.

에크하르트는 에르푸르트를 떠나 슈트라스부르크와 쾰른에서도 공부했다. 쾰른에서는 알베르투스 마그누스에게서 신학을 공부해 누구보다 아리스토텔레스 철학과 스콜라 철학에 대해 잘 알았을 것이다. 또한 그곳에서 토마스 아퀴나스의 철학에 대해서도 배웠을 것이다. 스콜라 철학에 정통했던 만큼 그는 스콜라 철학이 보지 못한 면을 일찌감치 보았을 수도 있다.

신에게는 이름이 없다

'신비주의'라는 이미지와는 어울리지 않게 에크하르트는 세속적 업무에도 탁월했던 것 같다. 그의 이력을 보면 '초고속 승진'이라는 말이 딱 어울린다. 그는 서른네 살이라는 젊은 나이에 에르푸르트의 도미니크 수도원 원장이자 튀링겐의 총 교구의 대리자가 됐다. 이후 그는 파리로 가 1302년에 신학 학위 마기스터(Magister)를 받고, 그곳에서 잠시 교수 생활을 한 뒤 돌아온다. 이 학위를 받은 데서 그를 '마이스터'로 부르기 시작했다. 그는 파리에서 돌아온 후 새로 설립된 작센 지방의 교구장(1303~1311년)으로 곧바로 임명됐다. 이 교구는 47개의 남자 수도회와 많은 수도원들이 속해 있는 큰 교구였다. 또한 그는 1307년에 보헤미아의 주교 대리가 되어 보헤미아에 있는 여러 수도원을 개혁하는 과제를 맡게 됐다. 1309년에는 독일 도미니크회 최고 지위에 올랐고, 1313년에는 슈트라스부르크에 있는 수도원 소속 대학의 학장직을 맡았으며, 마지막으로 쾰른 대학에서 강의를 맡았다. 그가 남긴 저작 가운데 중요한 것들은 《영적인 지도를 위한 강론》(1298년), 《파리 문제집》(1300~1303년, 1312~1314년), 《신적인 위안의 책》(1308년)이 있다.

말년에 에크하르트는 이단 혐의에 시달리게 된다. 도미니크 수도회와 경쟁관계에 있던 프란체스코 수도회 소속인 쾰른의 대주교 하인리히 비르네부르크가 그를 일반 대중에게 위험한 교리를 유포하는 사람으로서 이단적 설교를 했다고 고소한 것이다. 그렇게 해서 종고재판이 열렸지만 에크하르트는 일단 무혐의로 풀려났다. 그러나 그에 대한 혐의는 계속되어 그는 생애 말기에 자신의 정통성을 변론하는 데 온 힘을

MEISTER ECKHART

마이스터 에크하르트 291

기울이다 사망했다. 그는 1327년에 세상을 떴는데, 아비뇽에서 죽었는지 쾰른에서 죽었는지는 알 수가 없고, 그의 묘지도 어디에 있는지 알 수가 없다. 그가 죽고 나서 교황 요한 22세는 교서를 통해 에크하르트의 저작 가운데 28개의 명제를 정죄하고, 그중 15개를 이단적인 것으로 선포하며, 나머지는 경솔하고 편협한 것으로 판결했다. 교서는 에크하르트에 대해 "자신이 마땅히 알아야 하는 것 이상을 알고자 하여 교회라는 밭에 엉겅퀴와 가시를 심은 사람"이라는 평가도 함께 내렸다.

이성을 초월한 또 다른 '신앙'의 신비한 차원을 역설한 에크하르트가 이단으로 정죄된 것은 아이러니하다. 그러면 교황 요한 22세의 주장대로 그가 '자신이 마땅히 알아야 하는 것 이상을 알고 했던 것'은 무엇인가? 그의 주장을 요약하면 대체로 이렇다.

첫째, 모든 세속적인 현실과 피조물에 대한 집착을 버려야 한다. 그렇게 해서 격정이나 욕망, 어리석은 일 등 온갖 잡다한 일에서 벗어나야 하다. 이렇게 외부 세계로부터 자유로워지면 내면에 모든 힘을 집중해 진리에 접근할 수 있다. 왜냐하면 인간은 본질적으로 진리를 자기 안에 간직하고 있기 때문이다.

둘째, 자기 자신을 버려야 한다. 자신에 대한 애착과 바람, 자기 의지까지도 모두 버려야 한다. 자기의 모든 것과 절연해 자기를 "내맡김의 상태"에 두는 것이다. 이것은 "아무것도 원하지 않고, 아무것도 모르며, 아무것도 가지지 않는" 그러한 상태다. 이러한 상태 속에서 비로소 인간에게 있는 본래적인 '영혼의 핵심', '영혼의 근거'가 전면에 나타날 수 있다. 이를 통해 인간은 영혼의 밑바탕에서 신과의 직접적인 관련을 발견할 수 있을 것이다.

마이스터 에크하르트가 사제가 되려고 공부했던 에르푸르트 성당

　셋째, 자기 자신을 버리는 그 지점에 신이 스며든다. 이렇게 인간은 영혼의 내면에서 보편적인 신과의 합일을 이루게 된다. 이 신과의 합일을 통해 인간은 신의 현재성과 그 무엇이라고 이름 할 수 없는 무의 경지를 깨우치게 된다.

　마이스터 에크하르트의 사상은 선불교의 방법을 연상시킨다. '깨우침'의 경지는 말로 설명해서 되는 것이 아니라 깨우침의 경지에 들어섰을 때에만 그것을 이해하게 된다. 석가가 연꽃을 들어 보였을 때 가섭

마이스터 에크하르트를 기리기 위한
에르푸르트의 프레디거 교회 정문.
정문에는 "빛은 어둠을 밝혔으나,
어둠은 빛을 잡지 못했다."라고 새겨져 있
다.

이 그 참뜻을 깨닫고 미소를 지었던 것처럼. 어쩌면 염화시중의 미소는
마이스터 에크하르트가 표현하고자 한 '신'에 대한 인식 방법이 아닐까
싶다.

마이스터 에크하르트는 "모든 사물은 신 그 자체다."라는 범신론적
인, 따라서 이단적으로 들리는 과감한 주장을 하기도 했다. 그러나 이
주장은 존재하는 사물이 신과 동일하다는 뜻이 아니다. 모든 사물은 신
에게서 나오며, 그것의 최후 근거가 신이라는 뜻이다. 그러기에 모든
사물의 본질은 신이며, 모든 사물은 본질인 신을 향해 신에게로 되돌아
가려 한다는 것이다.

신과의 합일이라고 하는 '신비주의적 체험'에 근거한 에크하르트의

사상은 당대에 이단으로 낙인찍혔으나, 그의 사상은 도미니크 수도회를 중심으로 많은 공감을 얻게 된다. 그리고 그의 수제자인 니콜라우스 쿠사누스에서 시작하여 야코프 뵈메, 바더의 프란츠에 의해 계승된다. 훗날 그는 종교 개혁가 루터에게 영향을 미치기도 한다. 그리고 그의 사상은 피히테의 후기 사상과 셸링, 헤겔의 사상에까지 영향을 미쳐 독일 관념론자들에게도 영향을 미친다.

'신에 대한 체험'을 강조하며 '신'을 제멋대로 해석하는 오늘날 영성 체험자들에게 '신과의 합일'을 주장했던 신비주의 신학자 마이스터 에크하르트가 해줄 수 있는 말은 이런 것일 것이다.

우리가 이 세상에서 도달할 수 있는 신에 대한 최고의 지식이란, 우리가 신에 대해 사유하고 있는 그 모든 것을 신은 초월해 있다는 것을 아는 것이다.

30

아는 것이 모르는 것이다

—

니콜라우스 쿠사누스

N i c h o l a u s   C u s a n u s

 독일의 모젤 지역은 TV나 벽지 광고에 많이 등장해 우리에게도 친숙하다. 그러나 모젤 지역은 TV나 벽지가 아니라 백포도주 생산지로 유명한 곳이다. 포도가 무르익는 매년 가을에는 모젤 강을 따라 조그만 동네마다 포도주 축제가 열리곤 한다. 그때 많은 사람들이 포도주를 마시기 위해 바인스트라세(포도주의 길)를 순례한다. 꼭 포도주를 마시지 않더라도 가을의 정취와 아름다운 풍광을 볼 수 있으니 한번 방문해보라고 권하고 싶다. 그런데 모젤은 포도주 산지로 유명한 것만이 아니

니콜라우스 쿠사누스

다. 모젤은 철학사에 유명한 철학자를 두 명이나 배출한 지역이기도 하다. 그중 한 명이 모젤 강변에 위치한 트리어라는 도시에서 태어난 카를 마르크스다. 그리고 다른 한 사람은 중세 때 유명한 신학자이자 철학자이며 교회정치가였던 니콜라우스 쿠사누스(Nicholaus Cusanus, 1401~1464년)다. 쿠사누스라는 이름도 모젤 강변의 쿠에스 지역에서 출생한 사람이란 뜻이다.

니콜라우스 쿠사누스는 보기 드물게 이론에서뿐만 아니라 현실에서도 두각을 나타낸 사람이다. 소박한 어부의 아들로 태어나 교황의 직무 대행 자리까지 올랐으며, 교회의 혼란한 정치의 와중에서도 철학적으로 그리고 신학적으로 중요한 저서들을 집필했다. 그는 1401년에 쿠에스에서 모젤 강의 어부이자 상인의 아들로 태어났다. 귀족은 아니었지만, 그렇게 가난한 집안도 아니었다. 그의 어린 시절 일화를 보면, 고집이 꽤나 센 성격이었던 것 같다. 그가 언젠가 아버지와 다투었을 때, 화가 난 아버지가 그를 배에서 물속으로 집어던졌다고 하니까. 하여튼 그 일로 해서 그는 집을 가출했다고 하는데, 가출 기간은 오래 지속되지 않았던 것 같다.

1413년, 니콜라우스 쿠사누스는 네덜란드의 데펜터 학교에서 교육을 받으면서 주목을 받았다. 1416년 이후에는 하이델베르크 대학교에서 법학과 인문학을 공부했다. 그리고 이탈리아의 파도바 대학교에서 스물두 살의 나이로 박사 학위를 취득해 고향으로 돌아와서는 변호사로 활동했다. 그러나 변호사 생활은 오래가지 않았다. 그가 자신 있게 맡았던 첫 번째 소송에서 패하게 됐다. 그 일로 그는 법조계에서 손을 떼고 루뱅 대학교의 교회법 교수직 제의도 거절한 채 성직자가 되기로 결심한다. 그러나 법조인으로서 그의 능력은 교회 정치에서 빛을 발하게 된다.

니콜라우스 쿠사누스는 성직자가 되어 처음에는 교황에 맞서 바젤 공의회에 가입했다. 그러나 공의회가 교회의 통일성을 유지하는 일에도, 필요한 개혁 입법을 제정하는 것에도 실패하자 입장을 바꾸어 열성적인 교황 지지파가 됐다. 그는 분쟁을 조절하고 협상을 진행하는 데 탁월한 능력을 보인다.

모든 대립을 종식시키다

니콜라우스 쿠사누스는 교황과 바젤의 종교회의 사이의 반목을 중재하고자 했고, 트리어 대주교의 임명권을 둘러싼 분쟁과 보헤미아의 후스 교회와 로마 교회를 화해시키는 데에도 관여를 했다. 얼마 가지 않아 교회 밖의 일인 바이에른 지방의 귀족들의 불화, 에스파냐와 영국의 분쟁까지 조정할 정도로 그의 조정 역할은 대단한 인정을 받았다. 심지어는 귀족들의 결혼 중재도 위임 맡을 정도였다. 그는 동방 교회와 로마 교회 사이의 화해를 이루기 위해 교황의 특별 사절단으로 콘스탄티노플도 방문했다. 그는 콘스탄티노플을 방문하고 돌아오는 길에 무한한 바다를 보면서 결정적으로 중요한 철학적 발견을 한다. '무한한 바다'와 같은 '신'을 인간의 유한한 인식은 알 수가 없다. 그러한 철학적 발견을 그는 유명한 저서 《아는 무지(De docta ignorantia)》(1440년)에 담았다. 이 책은 3권으로 각기 신과 세계와 인간에 관해 서술하고 있다.

니콜라우스 쿠사누스에 따르면, 인간은 신적 본질의 무한성에 합리적 인식으로 도달할 수 없다. 오히려 그는 '파악할 수 없는 신'에 도달하는 길은 '아는 무지'를 통해서만 도달할 수 있다고 주장한다. 사실 '무지의 지', '아는 무지', 더 정확하게 말해 '알게 된 무지'로 번역되는 'docta ignorantia'는 이전에 아우구스티누스의 서한에서도 볼 수 있다. '알게 된 무지'는 신을 인식하기 위해 이성적 지식을 구하는 것을 포기하는 것을 뜻한다. 앎을 포기하고, 우리의 무지를 깨닫는 데서부터 신에 대한 인식이 시작된다. 이 얼마나 역설적인가! 그는 '무지의 지'에 대해 이렇게 말한다.

> 아리스토텔레스는 제일철학에서 주장하기를, 우리가 본질적으로 가장 명확한 것들을 접할 때 겪는 어려움은 밤의 올빼미가 태양을 볼 때 겪는 어려움과 같다고 한다. 이 모든 것이 사실이라면 우리 속에 있는 알려고 하는 욕망은 헛된 것이 아니다. 그것은 분명히 우리가 알지 못한다는 것을 알려고 하는 욕망이다. 만일 우리가 이것에 완전하게 이를 수 있다면, 우리는 아는 무지에 이를 것이다. 아는 데 아무리 열심인 사람일지라도 원래 자신의 것인 무지 속에서 가장 잘 알았음을 확인하는 것보다 더 완전한 일은 인간에게 일어나지 않기 때문이다. 우리가 더 많이 알면 알수록, 우리는 우리가 무지하다는 것을 그만큼 더 알게 된다.

니콜라우스 쿠사누스는 콘스탄티노플에서 돌아온 후에도 독일 제국의회에서 교황의 직무를 대행하며 교회의 개혁을 위해 노력했다. 당시 독일의 수많은 수도원들에서는 방종한 여자들과 주연이 벌어지고, 매춘부들과 음란한 행위들이 성행하며, 수도원과 수녀원 사이에 사악한 교제가 만연해 있었다. 그는 교황의 명을 받아 한 치의 타협도 없이 독일 교회를 개혁하려 했다. 개혁을 위해서라면 개혁에 반대하는 신부를 라인 강에 빠뜨려 죽이는 일도 마다하지 않았다. 이후 그는 교황에 의해 브릭센의 주교로 임명되어 수많은 교회 개혁을 단행했다. 그는 로마로 돌아와 교황이 없는 동안 교황의 직무를 대행하기도 했다. 이 시기에도 그는 이탈리아의 작은 도시들의 분쟁을 처리하고, 콘스탄티노플

콘라트 폰 조에스트가 1403년에
제단화의 일부분으로 그린 안경 쓴
사람의 모습. 당시에 안경은 날카로운
통찰력과 신의 지혜를 뜻했다.

을 점령한 터키인에 대항하기 위한 십자군 파병 준비에 관여하는 등 교
회 정치가로서 분주한 나날을 보냈다. 그는 십자군 원정 전함의 출범을
재촉하러 가는 도중에 1464년 예순세 살의 나이로 죽는다. 그의 유해
는 로마의 빈콜리에 있는 성 베드로 성당에 안치됐다.

　니콜라우스 쿠사누스는 일생 동안 교회 정치가로서 분주한 나날을
보냈다. 그런 와중에서도 그는 수많은 책들을 저술했다. 그러나 그는
저술 활동에만 그친 것이 아니다. 오랜 세월이 흘러 뉴턴과 라이프니츠
에 의해 비로소 완전하게 정리되는 미적분을 그때 이미 그는 '무한성'

과 관련하여 연구했다. 그는 중세에서 근세로 넘어가는 르네상스 시기의 사람답게 자연과학적 실험을 통한 지식을 강조했다. 식물의 성장에 관한 연구를 통해 식물이 대기로부터 영양분을 흡수한다는 사실을 알아냈다. 그리고 공기가 무게를 갖는다는 사실을 최초로 증명하기도 했다. 또한 천문학자 코페르니쿠스보다 앞서서 지구가 태양계의 중심이 아니라는 것과 지구가 돈다는 사실에 대해 확신을 가지고 주장했다. 그가 쓴 논문 가운데 가장 흥미로운 것은 〈안경에 대하여〉다. 당시의 안경은 두 개의 알을 맞추어서 사물을 보는 것이었다. 그는 안경을 예지와 하느님의 지혜를 상징하는 것으로 여겼다.

니콜라우스 쿠사누스가 그의 책 《아는 무지》에서 신을 '모든 대립의 소멸'로 파악했듯이, 두 개의 안경알도 일치하면 그 속에서 '대립의 해소'가 일어나 더 사물을 잘 보여주기 때문이다.

그러나 안경을 쓴다고 해서 우리가 하느님을 더 잘 보고 인식할 수 있을까? 니콜라우스 쿠사누스는 마이스터 에크하르트처럼 신비주의적 방식을 통해서나 철학적 사유를 통해서 무한한 신을 파악하는 것은 불가능하다고 본다. 그렇다면 신에 대해 정말 우리는 인식할 수 없다는 말인가? 신을 인식할 수 없다면, 신학은 불가능한 것이 아닌가? 그는 인간 측에서 신을 알려고 하는 모든 시도는 실패했다고 주장한다. 그러나 그에 따르면, 신을 인식할 수 있는 유일한 한 가지 방법이 있다. 그것은 신 측에서 인간에게 관여해오는 것이다. 인간이 신과 접촉할 수 있는 유일한 가능성은 신의 가장 고유한 계시로부터 생겨날 수밖에 없다고 주장한다.

"신은 그 모든 현자의 눈에는 가려지고 숨겨져 있지만, 그가 은총을

하사하고 있는 가장 겸손한 자에게는 나타난다." (PH 168)

　이렇게 니콜라우스 쿠사누스는 신에 대한 철학적 물음을 끝까지 밀고 나가 궁극적으로 신앙으로 넘어갔다. 그러나 그가 신에 대한 인식의 탐구에서 보여준 과정은 이후 조르다노 브루노, 셸링, 헤겔의 변증법까지 많은 철학자들에게 영향을 주었다.

31

고난에 찬 지적 투쟁

—

오컴의 윌리엄

W i l l i a m o f O c k h a m

　1328년 5월 26일, 위대한 프란체스코 수도회 승려 오컴의 윌리엄 (William of Ockham, 1285?~1349년)은 바이에른 황제 루트비히 4세 (Ludwig IV, 1283?~1347년)를 찾아 피사로 도피한다. 프란체스코 수도회 총회장 케세나의 미카엘이 교황의 소환을 거부하고 비밀리에 아비뇽을 몰래 떠나기로 결심하자, 세 명의 수도사도 동행하기로 한 것이다. 아니, 동행하기보다는 뜻을 함께하고자 한 것이다. 세 명의 수도사 중 한 사람이 바로 오컴의 윌리엄이었다.

오컴의 윌리엄

　프란체스코회는 청빈을 내세우며 로마 교황청의 사치와 부패를 비난했다. 당시 프란체스코 수도회 총회장 미카엘과 그의 지지자들은, 예수와 그의 제자들은 사적으로든 공적으로든 재산을 전혀 소유하지 않았다는 주장을 내세우며 청빈을 이론적으로 옹호했다. 미카엘은 교황을 알현하는 자리에서 대놓고 교황에게 대항하다 아비뇽에 유폐됐다. 그러다 아비뇽을 몰래 탈출해 도피를 하게 된 것이다. 교황 요한 22세는 프란체스코회에 대한 이단 심문을 하기 위해 그들을 아비뇽으로 불렀다. 그러나 그들은 바이에른의 독일 황제 루트비히에게로 갔다. 그들은 막 로마에서 돌아오던 황제를 피사에서 만났다. 황제는 로마어서 아비뇽에 있는 황제 대신 새로운 교황을 세우고, 그 교황으로부터 로마 황제의 왕관을 받았다. 로마 교황에게 반기를 든 이 수도사들은 황제를 따라 뮌헨까지 갔다. 뮌헨은 로마 교황의 박해를 피해온 수도사들 때문에 자연스럽게 교황 요한 22세에게 대항하는 지적 투쟁의 중심지가 됐다. 오컴은 그곳에서 교황권에 대항하는 중심적인 인물이 된다. 루트비히 황제를 처음 만난 자리에서 그는 이렇게 말했다고 한다.

"오 황제여, 당신의 칼로 나를 지켜주신다면, 나는 기꺼이 당신을 나의 펜으로 지켜드리겠나이다."

오컴의 윌리엄은 루트비히 황제에게로 도피하기 전에 이미 아비뇽에서 청빈의 문제에 대해 연구했다. 그는 요한 22세의 법령들이 이전 교황들의 성명서들과 모순적이라는 것을 발견하고 교황에 반대하는 입장에 뜻을 같이했다. 청빈에 대한 논쟁은 예상치 않게 정치적 문제로 점화되었다. 독일의 황제 바이에른의 루트비히는 청빈에 대한 논쟁이라는 기회를 이용하여 자신의 정치적 야욕을 증진시키고자 했기 때문이다. 이 정치적이고 신학적인 투쟁 속에 오컴은 교황의 적이라는 동지회로 내몰렸고, 교황과 반대편에 있던 루트비히 황제 편에 설 수밖에 없었다.

오컴의 윌리엄은 런던 근처 서리 카운티에 있는 오컴이라는 곳에서 1285년경에 태어난 것으로 추정된다. 그는 일찍이 프란체스코 수도회에 가입했고, 1309년에서 1315년 사이에 옥스퍼드에서 고등 단계의 신학을 연구했다. 그리고 1315년에서 1317년까지 《성경》에 관해 강의했으며, 1317년에서 1319년까지는 '문장'을 강의했다. 이런 경력으로 볼 때 오컴의 윌리엄은 신학 교수의 역할을 했던 것 같은데, 그의 학력은 교육학사(Baccalaureus Formatus)로 나타났다. 그에 대한 명칭도 현직 교수가 아니라 '시작하는 자(Inceptor)'였다. 그가 교수로 불리지 못하고 '시작하는 자'에 머무른 것은 옥스퍼드 대학의 전임 총장 루터렐이 그의 교수직을 막았기 때문이라는 설이 있다. 루터렐은 광신적인 토마스주의자로 옥스퍼드 대학의 학문적 경향과는 사실 맞지 않는 사람이었다. 루터렐은 대학 당국의 이의 제기를 받아 린컨의 주교 헨리 버트월시에 의해 자리에서 쫓겨났다.

루터렐은 이론적으로 오컴의 이론을 주로 공격했다. 어쩌면 그를 자신의 이론을 내세우기 위한 희생양으로 삼았는지도 모른다. 오컴은 토마스주의에 대항해서 유명론의 입장을 내세웠다. 보편적 개념은 단지 어떤 것을 가리키기 위한 이름에 불과할 뿐이며, 개별자만이 실재한다. 따라서 보편적 이념이 따로 존재하는 것이 아니라, 그것은 이름에 불과하다.

루터렐은 아비뇽의 교황에게 오컴의 교육하는 이론을 이단으로 고발했다. 교황은 1324년에 오컴을 아비뇽으로 소환했다. 교황은 이단 심문을 위해 그의 《문장집 주해》를 검토하는 위원회를 구성했다. 심리는 3년이나 걸렸다. 그의 이론은 비판을 받기는 했지만, 공식적으로 유죄 판결은 받지 않았다.

그렇게 이단 심문을 받기 위해 와 있던 아비뇽에서 오컴의 윌리엄은 프란체스코회의 청빈 논쟁에 연루된다. 처음에 그는 어느 편도 들지 않았다. 그러다 그는 프란체스코 수도회 총회장 미카엘의 권고를 받고 청빈을 연구하다, 교황에게 반기를 들고 프란체스코의 입장에 뜻을 같이하게 된다. 당연한 결과겠지만 오컴을 비롯한 이 수도사들은 교황과 프란체스코 수도회에 의해 파문을 당했다. 오컴은 뮌헨에 남아 청빈의 문제에 대한, 그리고 말년에는 국가와 교회 사이의 관계에 대한 글을 썼다. 그는 무엇보다 프란체스코 수도회가 강조한 사유재산의 포기를 옹호하고 교황의 권력으로부터 세속적 권력인 왕권의 독립을 주장한다. 오컴은 세속적 권력의 정당성도 왕권신수설이 아니라 시민들의 자유로운 동의에서 찾는다.

"세속적 지배의 정당성은 시민의 자유로운 동의에 의거한다."

지금은 너무나 당연한 주장이지만 오컴의 주장은 당시로서는 급진적인 것이었다. 그가 이런 급진적인 주장을 펼 수 있었던 것은 교황권에 맞선 황제 루트비히의 보호막이 있었기 때문이다. 그러나 그 보호막은 오래가지 않았다. 1347년에 황제가 죽어버린 것이다. 오컴의 상황은 절망적이었다. 이후 그는 교황과 프란체스코 수도회와 화해를 시도했다. 그는 미카엘이 죽을 때 물려준 수도회의 인장도 수도회로 돌려보내고, 황제의 처신이 잘못됐고 로마 교황에게 충성하겠다는 복종고백서도 작성했다. 그러나 그가 복종고백서를 보냈는지는 확실하지 않다. 오컴은 그 복종고백서를 작성한 후 얼마 지나지 않아 죽었기 때문이다. 흑사병의 희생양이 되어 죽었던 것 같다. 그는 뮌헨에 있는 구 프란체스코 교회의 제단 앞 성찬대에 묻혔지만, 그의 무덤은 1802년에 사라졌다.

고대의 길을 닫고, 새로이 근대의 길을 만들다

오컴의 윌리엄이 남긴 글들은 논리학·자연철학·신학·정치철학 분야에 걸쳐 있으며, 중요한 저작으로는 《명제집 주해》, 《일곱 가지의 자유논제》, 《자연학 소사전》, 《논리학대전》 등이 있다.

1309년에서 1377년까지 자리를 옮겨 아비뇽에 머물렀던 로마 카톨릭 교황청의 모습.
이 시기를 고대 유대인의 바빌론 유수에 빗대어 '교황의 바빌론 유수'라고도 부른다.

　　오컴의 윌리엄은 추상적 인식(cognitio abstractiva)과 직관적 인식(cognitio intuitiva)을 구분해 말한다. 추상적 인식은 개념의 어떠한 실제적인 대상도 제공하지 못한다. 유사한 개별적 사물들에 대한 관찰들을 통해 지성은 추상화하는 작용을 한다. 그렇게 만들어진 보편적인 것은 '기호'나 '이름'에 지나지 않는다. 그러므로 그는 이렇게 이야기한다.

　　"보편자는 산출되는 것이 아니라, 일종의 허구에 지나지 않는 추상작용을 통해 생겨난다."

　　오컴의 윌리엄은 보편자와 보편적 속성, 사물들을 앞서거나 사물들

뮌헨에 있는 루트비히 4세의 기마상

안에 있는 일체의 보편적인 것을 거부한다. 그는 그때까지 스콜라 철학
자들이 전제한 영혼 안에 있는 보편자, 공통적 본성을 '허구'이자 '이
름'에 불과하다고 생각한다. 보편자는 생각된 것이지 결코 존재하는 것
은 아니기 때문이다. 추상적 인식에 반해 직관적 인식은 의심할 여지없
이 존재하는 것에 대한 확실성을 제공해준다. 그는 모든 존재하는 것의
개별성을 이야기한다. 개별적인 것만이 인식된다고 주장한다. 예를 들
어 소크라테스가 인간이라고 할 때 '인간'이라는 공통 개념은 인식할
수 없다. 우리가 인식할 수 있는 것은 소크라테스라는 한 인간일 뿐이
다. 공통 개념으로서의 인간은 추상적이고 실재가 없다. 그러므로 그는
신은 오직 개별적인 것만 창조했다고 주장한다. 오컴의 개별주의는 추

상적 개념인 보편자를 존재하는 것으로 생각해 사고하는 것을 비판했다. 그는 면도칼 이론으로 그러한 사고에 대해 경제적 제한을 가했다.

오컴의 윌리엄이 당시 주류 철학에 대해 내세웠던 이론의 기본 원리는 두 가지다. 하나는 전능의 원리고, 다른 하나는 이른바 '오컴의 면도날'이라고 불리는 경제 원리다. 전능의 원리는 신은 자신의 전능에 근거해서 모순을 포함하지 않는 것은 무엇이든지 만들거나 창조할 수 있다는 것이다. 신은 전능하기 때문에 사물들을 신의 마음대로 지금과 다르게 창조할 수 있었을 것이고, 또 신이 창조한 피조물들이 만드는 것들에도 작용할 수 있다는 것이다. 그러므로 세계는 신의 전능에 따라 얼마든지 다르게 창조될 수 있기에, 우리는 결코 원인과 결과의 연과관계를 필연적인 근거에서 인식할 수 없다. 피조된 세계는 우연적인 연관으로 이루어져 있다.

그렇다면 이러한 세계는 어떻게 인식해야 할까? 세계에 대한 인식은 사실적으로 현존하거나 발생하는 사건들을 경험하고 연구함으로써 가능하다. 여기서 오컴은 경제 원리를 도입한다. 사건의 설명에 필수적인 것이 아닌 모든 설명은 불필요하며, 그것들은 면도칼로 잘라내듯 잘라내 버려야 한다.

"더 작은 것을 가정해서 설명할 수 있는 것을 더 많은 것을 가정해서 설명할 필요가 없다."

또한 윌리엄은 쓸데없이 존재를 늘려서도 안 된다고 주장한다. 예를 들어 보편적 개념인 '인간'은 하나의 존재가 아니라 개별적 인간들을 가리키는 이름에 불과하기 때문에 존재로 설정되어서는 안 된다는 것이다. 다시 말해, "존재는 필연성 없이 증가되어서는 안 된다."

오컴의 윌리엄의 철학은 사변에 기초해서 세계를 설명하려 했던 스콜라 철학에 대항해서 경험과 관찰을 강조한다. 그렇게 함으로써 그는 근대적 철학의 기초를 놓는다. 알베르트 마그누스, 토마스 아퀴나스, 둔스 스코투스로 연결되는 학파가 '고대의 길(via antiqua)'을 걸었다면, 오컴의 윌리엄은 새롭게 '근대의 길(via moderna)'을 걸어갔다. 아니, 그가 그 길을 그냥 걸어갔다고 하는 것은 옳지 않은 표현이다. 오히려 고난에 찬 지적 투쟁을 통해 그는 없던 길을 만들어 걸어갔던 것이라고 해야 옳을 것이다.

32

신이여,
내가 이 여인을 사랑하는 것이 죄입니까

프란체스코 페트라르카

Francesco Petrarca

밤이 깊어오면 새벽도 가깝게 마련인가. 중세의 밤이 깊어가자 근대의 여명을 알리는 별들이 나타나기 시작한다. 중세의 어둠 속에서 근대의 여명을 알리는 수많은 별들 중에서 새벽별 같은 사람이 바로 프란체스코 페트라르카(Francesco Petrarca, 1304~1374)였다. 페트라르카는 철학자로 분류되기보다는 시인이자 문학자다. 그래도 '철학사'에서 그를 빼놓지 않고 언급하는 이유는 그가 '인문주의'의 시조 역할을 했기 때문이다.

프란체스코 페트라르카

페트라르카는 초기 이탈리아 르네상스의 중요한 인물이다. 이탈리아 르네상스는 중세의 종말을 알리고 근대의 서막을 알린 과도기적 시기라고 할 수 있다. 오늘날 우리가 이 과도기의 시기를 르네상스라고 부르는 것은 후대의 역사가에 의한 것이다. 프랑스 역사학자 쥘 미슐레(Jules Michelet)가 1854년에 유럽의 15~16세기의 시기를 '세계의 발견, 인간의 발견'이라고 하면서 '재탄생'이라는 의미로 르네상스라는 말을 쓴 것이다. 미슐레가 정의한 것처럼, 르네상스의 시기는 발견과 발명을 통해 '세계'와 '인간'에 대해 중세와 또 다른 인식을 가져왔다.

중국에서 유래한 나침반 덕분에 콜럼버스와 바스코 다 가마는 좀 더 넓은 곳으로 항해를 할 수 있었고, 신대륙의 발견과 낯선 나라와 민족에 대한 유럽인의 인식을 확장시켰다. 구텐베르크가 발명한 인쇄술은 활자화된 사상과 생각을 유럽 사회로 급속하게 전파시킬 수 있었다. 코페르니쿠스의 '태양 중심설'은 '지구 중심'의 세계관을 뒤엎는 사고의 혁명을 가져왔다. 그리고 회화에서는 브루넬레스키가 발견한 '투시법'을 알베르티가 체계적으로 정리했다. 그리고 인문주의자들에 의한 고대 세계의 재발견은 '신'에 대한 인식으로부터 '인간'에 대한 재발견으로 이루어진다.

이러한 '문화사적 격변' 위에서 르네상스는 코페르니쿠스, 레오나르도 다 빈치, 미켈란젤로, 에라스무스 등 자연과학과 예술, 그리고 인문 분야에서 수많은 천재들을 배출해냈다. 르네상스의 천재들은 새롭게 '세계'를 발견하고 새롭게 세계에 대한 방향 설정을 했다. 이렇게 문화사적 변혁과 격변의 시대라 할 르네상스 초기에 '인문주의'의 '정신'을 대변한 인물이 페트라르카였다. 페트라르카에게 영향을 받아 이 인문주의 운동에 불을 일으킨 또 하나의 인물은 《데카메론》을 쓴 조반니 보카치오(Giovanni Boccaccio, 1313~1375년)다.

페트라르카와 보카치오는 피렌체에서 함께 단테를 읽으며 인문주의 운동에 공감했다. 이 두 사람이 정초한 인문주의 정신 운동은 경직된 스콜라 철학에 염증을 느끼던 인문주의자들에게 커다란 영향을 끼쳤다. 에라스무스, 토머스 모어, 몽테뉴 등 유럽의 인문주의자들은 중세의 신학사상이 경직된 논리에 지나치게 빠져 있다고 여겼다. 그들은 스콜라 철학을 벗어나 '고대 그리스' 정신을 통해 인간의 '재발견'과 '재탄생'을 요구했다. 오스만 투르크에 의해 동로마의 수도 콘스탄티노플이 함락되어 이주해온 학자들에 의해 그리스의 사상이 본격적으로 유럽에 소개된 것도 이러한 분위기에 일조했다.

프란체스코 페트라르카는 토스카나 주 아레초 출생이다. 1302년에 아버지 페트라코로는 피렌체의 서기였는데, 정치 투쟁에 휘말려 피렌체 이남의 아레초로 추방을 당했다. 그러니까 페트라르카는 유배지에서 얻은 아들이라고 할 수 있다. 이후에 그의 가족은 1312년에 남프랑스의 프로방스 지방에 있는 아비뇽으로 이주했다. 그는 아버지의 권유로 몽펠리에와 이탈리아의 볼로냐에서 법률 공부를 했다. 그러나 그는 법률보다는 고전 문헌에 더 관심이 많았다.

페트라르카가 어렸을 적부터 고전 문헌에 얼마나 심취했는지를 보여주는 다음과 같은 일화도 있다. 그는 아버지의 기대와 달리 법률 공부보다는 몰래 고전 작품을 즐겨 읽곤 했다. 그러다 아버지가 그 사실을 알게 됐다. 화가 난 아버지는 그가 갖고 있던 고전 문학 작품들을 모두 불 속에 던져버렸다. 아들이 그것을 보고 대성통곡을 하자 아버지는 놀

페트라르카가 존경한 단테의
묘가 있는 산타 크로체 성당

라서 불꽃 속에서 두 권의 책을 끄집어냈다. 한 책은 베르길리우스였
고, 다른 한 책은 키케로의 수사학 저서였다.

아무튼 페트라르카는 공부를 마치고 아비뇽으로 돌아가 교황청에서
직업을 얻었다. 그는 아비뇽에서의 생활을 즐겼고, 교황청의 호화로운
생활에도 잘 적응했다. 그러던 와중에 그의 일생에 벼락과 같은 사건과
만나게 된다. 바로 1327년 4월 6일에 아비뇽에 있는 성키아라 교회에
서 처음으로 라우라(Laura de Noves, 1310~1348년)를 보았던 것이다.

라우라를 본 페트라르카는 벼락을 맞은 사람처럼, 사랑에 감전되어
버렸다. 그렇게 만난 라우라를 죽을 때까지 사랑했지만, 가까이 다가가
지는 못했다. 라우라는 그때 이미 다른 사람의 부인이었다. 그러나 단
테가 그랬던 것처럼, 그는 라우라에 대한 사랑을 시로 승화하기 시작했
다. 라우라는 1348년에 세상을 떠났다. 이후 40년에 가까운 세월에 걸
쳐 그는 라우라에 대한 사랑을 시로 노래했다. 라우라가 세상을 떠난
지 10년 후가 되는 1358년에 그는 다음과 같은 시를 썼다.

> 사랑이 나를 불태우며 스물한 해 동안 붙잡았으니,
> 그 불꽃 속에서도 또 희망 가득한 고통 속에서도 행복했네.
> 임과 내 가슴이 함께 하늘로 오른 뒤,
> 눈물 속에서 또 다른 십 년 동안 사랑이 나를 붙잡았네.

라우라와의 결정적인 만남 뒤에 페트라르카는 여러 곳을 여행하며 고
전에 대한 연구를 했다. 그는 수도원 도서관들을 조사하여 키케로 연설
문 등 분실된 고전 필사본들을 찾아내기도 했다. 그는 고전 필사본들만
찾아낸 것이 아니라 문헌과 문헌들의 비교를 통해 다른 점을 철저하게
기록해 이를 필사본 교정에 활용했다. 그는 교정에 대한 자신의 제안을
필사본 난외에 써놓았다. 이렇게 그가 기록한 필사본은 100년 후 마찬
가지로 고전문헌학사에 중요한 족적을 남긴 로렌초 발라(Lorenzo Valla,
1407~1457년)에게 중요한 영향을 미친다. 로렌초 발라는 실베스테르

교황에게 이탈리아의 세속권을 선물한 '콘스탄티누스 기증장'이 후대의 위작이라는 것을 언어 문헌학적, 역사학적으로 증명한 사람이다.

　페트라르카는 계속해서 문헌 수집과 조사를 위해 다니다 파리에서 친구이자 영적 상담자인 아우구스티누스 수도회 수사 산세폴크로의 디오니기를 만났다. 그는 그에게서 성 아우구스티누스의 《고백록》 사본을 받아 이 책을 영적 생활의 지침서로 삼았다. 그가 나중에 상상 속에서 아우구스티누스와 나눈 대화인 《나의 비밀》이라는 책을 쓸 정도로 이 책은 그에게 깊은 영향을 미쳤다. 이 작품은 상상 속에서 성 아우구스티누스와 주고받은 세 편의 대화로 이루어진 자서전적 저술이다. 이 작품 속에서 그는 인간이 세속적 관심과 과오를 범하기는 하지만, 자기 자신이나 자신의 일에 몰두할지라도, 여전히 신에게 이르는 길은 발견할 수 있으리라는 희망을 피력했다.

　프란체스코 페트라르카는 1337년에 처음으로 로마를 방문했으며, 그 폐허 속에서 고대 로마의 위대함에 깊은 감명을 받았다. 아비뇽으로 돌아가서 그는 교황청의 부패한 생활과 거리를 두고 작품을 집필하며 학문에 몰두했다. 그는 2차 포에니 전쟁을 주제로 한 서사시 《아프리카》를 썼고, 로마 역사에 나오는 영웅들의 전기인 《위인전(De viris illustribus)》을 썼다. 그가 고전 문헌학에 대한 학자와 시인으로서 명성이 높아지자, 1340년 9월 파리 대학과 로마 원로원은 그를 계관시인으로 동시에 추대했다. 그는 추기경 콜론나의 조언을 받아들여 로마를 선택했다. 1341년 4월 8일 카피톨리노 언덕 위에서 그는 월계관을 받았다. 계관시인이 된 후 그는 1347년 로마에서 일어난 콜라 디 리엔치(Cola di Rienzi)의 반귀족 정치의 혁명을 지지했으나 그 혁명은 좌절하고 말았다. 이듬해 파르마 체재 중 그는 친구 소크라테에게서 라우라가 흑사병으로 사망했다는 소식을 들었다. 그러나 라우라에 대한 그의 사랑은 변하지 않았다. 그는 죽을 때까지 라우라에 대한 서정시를 담은 《칸초니에레》를 정리했다.

　페트라르카가 1350년 로마로 가던 길에 잠시 피렌체에 들렀을 때, 그를 존경하던 보카치오가 마중 나와 그를 초대했다. 이후 두 사람은 서로의 사상에 공감하며, 인문주의 운동에 불을 놓기 시작했다. 보카치오는 페트라르카에게서 고전어와 고전 문헌을 배웠고, 페트라르카는 보카치오의 《데카메론》의 마지막 이야기를 이탈리아어로 번역했다. 이 번역본이 원본보다 더 탁월하다는 평을 받았다는 이야기도 있다. 페트라르카는 1374년 봄 《칸초니에레》를 마지막으로 정리하고, 그해 7월

19일에 자택에서 숨을 거두었다. 페트라르카가 학문의 역사에 기여한 것은 그리스·로마 고전 필사본을 발굴하고, 그것에 대한 주석과 번역 작업을 통해서 고전 텍스트를 편집해냈을 뿐만 아니라 고전 텍스트 속에 담긴 인간에 대한 가치와 덕도을 발굴해냈다는 것이다. 그는 《칸초니에레》에서 라우라를 그리워하며 노래했지만, 단테처럼 동경하는 여인을 '천사'로 만들어놓고 천상의 여인을 동경하지는 않았다. 그는 지상의 여인 라우라를 사랑했다. 그러나 그는 지상의 인간을 사랑하고 집착한다는 것과 하늘에 계신 신에 대한 사랑 사이에 번민했다.

> 나는 나의 순간들을
> 한없이 고통스러워하네.
> 날개를 가지고 있음에도,
> 간과할 수 없는 일을 해낼 수 있을 만큼 하늘로 날지 않은 채
> 인간을 사랑함에 모두 써버린 그 순간들을.

그러나 페트라르카는 인간을 사랑함에 모두 써버린 그 순간들을 고통스러워하면서도 중세 사람들처럼 그것을 죄악으로 여기지 않았다. 그는 라우라에 대한 사랑을 통해 그리고 그 사랑에 대한 노래를 통해 그 시대에 이런 질문을 던지지 않았을까?

"인간이 인간을 사랑하는 것도 신에게 죄가 됩니까?"

33

뱀을 알기 위해 여우가 되고,
늑대를 접주고자 사자가 된 군주

—

니콜로 마키아벨리

N i c c o l o   M a c h i a v e l l i

《로마인 이야기》로 유명한 시오노 나나미는 《나의 친구 마키아벨리》에서 책의 마지막 구절을 이렇게 독자들에게 묻는 질문으로 마무리한다.

"독자 여러분, 이것을 다 읽고 난 지금, 여러분에게도 이 사나이는 '나의 친구'가 됐습니까?"

그러나 시오노 나나미가 친구로 삼길 권한 니콜로 마키아벨리(Niccolo Machiavelli, 1469~1527년)를 '친구'로 삼는다는 것은 잘못하면

니콜로 마키아벨리

꽤 많은 오해를 불러일으킬 수도 있다. 정치에서 마키아벨리즘이라고 하면, 아직도 칭찬이라기보다는 욕에 가깝기 때문이다. 마키아벨리즘은 권력을 유지하기 위해 온갖 추악한 행위를 정당화하는 사악한 정치적 입장을 뜻한다. 실제로 철권통치를 한 프로이센의 프리드리히 2세는 《안티마키아벨리》라는 책을 써서 자신의 통치가 마키아벨리즘과는 전혀 다른 인도주의적이고 계몽주의적 통치라는 것을 강조한 적도 있다.

커다란 오해를 무릅쓰고라도, 우리는 시오노 나나미가 권하는 대로 마키아벨리를 '나의 친구'로 삼을 수 있을까? 마키아벨리를 친구로 삼거나 비열한 권모술수의 원조로 물리치기 전에 먼저 마키아벨리를 알아야 하지 않겠는가?

나의 친구, 두 얼굴의 마키아벨리

마키아벨리는 어떤 인물이었는가? 그는 1469년에 13세기 이래 다수의 고위 행정관들을 배출해낸 피렌체의 명망가 집안에서 태어났다. 그가 태어날 당시 집안은 어려웠다. 그의 아버지 베르나르도 마키아벨리는 변호사였지만, 파산으로 일체의 공직에서 물러난 뒤 근교의 소규모 부동산 수입에 의존하며 극히 제한된 소송사건만 맡아 하고 있었다. 그러나 아버지 베르나르도는 자신이 알고 지내던 대학의 인문주의 학자들과의 관계를 활용해 자신의 아들이 훌륭한 인문주의적 교육을 받도록 배려했다. 마키아벨리는 이들에게서 라틴어와 고대 철학에 관한 지식과 문학, 그리고 역사를 배웠다. 교육을 받은 후인 1498년에는 스물아홉 살의 젊은 나이에 피렌체 공화국 제2서기국의 서기관이 되었다. 스물아홉 살이라는 젊은 나이기는 하지만, 그때 그는 이미 피렌체의 정치적 혼란을 충분히 경험했다. 그가 이 서기관 자리에 오른 해는 극단적인 정치 개혁을 추진한 도미니크회 수사 지롤라모 사보나롤라 (Girolamo Savonarola, 1452~1498년)가 처형된 해였다.

사보나롤라는 역사에서 괴승이라고 불리지만 피렌체를 지배한 메디치 가문의 전제군주들과 부패한 성직자들에 맞서 싸웠다. 1492년에 메디치 가문의 로렌초 데 메디치가 사망했다. 1494년 8월, 프랑스 왕 샤를 8세는 이탈리아 남부에 있는 나폴리 왕국의 왕위 계승권을 주장하면서 이탈리아 반도를 침공했다. 샤를 8세가 거느린 9만 명의 병력은 순식간에 북부 이탈리아를 휩쓸었다. 소국인 이탈리아 도시국가들의 적은 병력으로는 샤를 8세에 맞설 힘이 없었다. 피렌체는 불안과 정신적 공황 상태에 빠졌다. 이 시기에 도미니크회 수사 사보나롤라가 등장했다.

사보나롤라는 이미 몇 년 전부터 교회의 부패와 빈부 격차, 사회윤리의 타락 등을 경고해왔다. 그는 샤를 8세의 침공을 "신이 내리신 노여움"이라고 외치면서 시민들을 선동했다. 여기에 고무된 피렌체 시민들은 피렌체의 권력자인 메디치가를 축출했다. 사보나롤라는 피렌체 공화국의 특사 자격으로 샤를 8세를 만났다. 사보나롤라는 샤를 8세를 신이 이탈리아의 죄악을 벌주기 위해 보낸 기독교인의 왕이라고 칭해 환심을 샀다. 샤를 8세는 사보나롤라를 앞세워 피렌체로 들어왔다. 피렌체는 별다른 피해를 입지 않았다. 피렌체 시민들은 이 모두가 사보나롤라 덕택이라고 하여 그를 지지했다.

민심을 획득한 사보나롤라는 민주공화정을 표방하는 등 급진적인 개혁 정책을 추진했다. 먼저 로렌초 데 메디치 시절 통치기구였던 '70인 위원회'를 폐지했다. 그 대신 베네치아 공화국의 제도를 모방하여 3,200명으로 구성되는 국회와 국회의 위임을 받아 국정을 운영하는 '80인 위원회'를 구성했다. 그러나 그는 청교도적인 정치적 근본주의자였다. 민주적인 제도를 도입했지만 지나치게 엄격하고 종교적이며 도덕 지향적인 제도도 만들었다. 그가 만든 제도 속에는 쾌락이나 감각적 즐거움 같은 것을 위한 자리는 없었다. 쾌락적이거나 세속적 즐거움을 찬미하는 듯한 그림과 책은 사악한 것으로 불태워졌다. 또한 이윤의 추구와 부의 축적을 죄악시했다. 당연히 무역과 금융으로 번영을 누리던 피렌체 경제는 마비됐다. 민심이 급속하게 이반하기 시작했다.

사보나롤라의 몰락은 엉뚱하게 시작됐다. 1498년 3월 말, 사보나롤라에게 반대해오던 프란체스코회의 수도사들이 '불의 시련'을 제안한 것이다. 훨훨 타는 불길 속을 걸어가 어느 쪽이 신의 은총을 입은 진정한 예언자인지를 입증하자는 것이었다. 평소 신의 예언자를 자처해오던 사보나롤라 파에서는 받아들일 수도 안 받아들일 수도 없는 난감한 상황이었다. 그때까지도 많은 시민들은 신이 보낸 예언자로 믿는 사보나롤라의 승리를 확신했다. 양측은 4월 7일에 '불의 시련'을 하기로 결정을 했다. '불의 시련'의 날이 다가왔지만, 사보나롤라 파는 그것을 감당할 수 없었다. 사보나롤라 파는 이 핑계 저 핑계를 대면서 시간을 끌었다. 그러다가 오후 늦게 장대비 같은 소나기가 쏟아졌다. 사보나롤라 파는, 이 비는 신이 '불의 시련'을 원치 않으시는 증거라고 주장하며 대결을 중지했다. 군중들은 사보나롤라에게 속은 것을 깨닫고 분노했다. 시민들은 사보나롤라와 그 일파를 체포해서 공개재판에 회부했다. 사보나롤라는 그해 5월 23일 교수형과 화형에 처해졌다.

사보나롤라가 처형되고 닷새가 지난 후 니콜로 마키아벨리는 새로운 공화국의 서기관의 자리에 앉았다. 마키아벨리는 피렌체 공화국 대사의 업무까지 맡아 1512년까지 프랑스와 로마 교황청을 방문하는 등 공화국의 수많은 외교 업무를 위임받아 행했다. 이러한 그의 외교 활동은 정치가들과 권력자들을 직접 관찰할 수 있는 좋은 기회였다. 그러나 1512년에 에스파냐의 공격으로 피렌체 공화정이 무너지고 최고 행정관 소데리니가 축출됐다. 다시금 메디치가의 군주정이 복원되자 마키아벨리는 공직에서 추방됐고, 베키오 팔라초에의 출입도 금지됐다.

설상가상으로 1513년 초에 마키아벨리는 메디치 정부에 대한 반역 음모를 공모했다는 혐의로 체포되어 고문을 받고 투옥됐다. 그는 모진

피렌체 광장에서 벌어졌던 '불의 시련'을 표현한 그림.
광장 가운데에 '불의 시련'을 위한 장치가 설치되어 있다.

고문을 받으며 자신의 결백을 주장했으나 결국 공모자들의 명부에서 자신의 이름을 빼지는 못했다. 그러나 운 좋게도 그는 그해에 석방되어 풀려났다. 메디치가의 조반니 추기경이 교황 레오 10세로 즉위하면서 특별 사면령이 내려진 것이었다. 그는 피렌체에서 15킬로미터 떨어진 작은 영지인 성 안드레아로 추방됐다. 모든 정치적 행위는 금지됐다.

그러나 추방된 마키아벨리는 메디치 정부의 공직에 참여하려고 여러 가지 계획을 짰다. 그 일환으로 그는 《군주론》을 집필했지만, 계획은 실현되지 못했다. 낙심한 그는 아버지로부터 물려받은 교외의 사유지에 은둔해 메디치가에 반대하는 공화주의적인 지식인들과 어울리며 자신의 공화주의적 생각을 담은 《전술론》과 《로마사론》을 집필했다. 이 무렵에 그는 인간의 어리석음과 성직자들의 사악함과 타락을 주제로 한 희극 작품 〈만드라골라(La Mandragola)〉를 썼다. 〈만드라골라〉는 몇 년 전에 한국에서도 공연이 됐는데, 다시 공연이 된다면 이 글을 읽는 독자들에게 꼭 한번 가보라고 권하고 싶다. 그 공연을 통해서 인간의 위선과 어리석음, 그리고 속임수를 적나라하게 보여주는 유쾌한 마키아벨리를 만날 수 있을 것이다.

1520년에 마키아벨리는 드디어 메디치 궁정의 부름을 받는다. 처음에는 공화국의 사료 편찬관으로 임명됐다. 그러다 그는 교황 클레멘스 7세가 되는 줄리오 추기경의 눈에 들어 '피렌체사'를 집필하는 커다란 임무를 맡게 된다. 점차 신임을 얻은 마키아벨리는 1526년 4월에 요새 방비를 목적으로 뒤늦게 설립된 '5인 위원회'의 위원장이 된다.

클레멘스 7세는 신성로마제국의 카를 5세에 대항하기 위해 '코냐크 동맹'을 결성했고, 마키아벨리는 군대를 이끌고 교황의 보좌관인 프란체스코 구이치아르디니와 합류했다. 그러나 1527년 5월, 카를 5세의 에스파냐 군이 로마를 점령하고, 교황의 도주와 민심의 이탈로 피렌체에서는 메디치가가 쫓겨나고 새롭게 공화정이 복원됐다. 공화주의자인 마키아벨리도 공화정의 복원과 더불어 예전의 관직을 되찾을 희망을 품었던 것으로 보인다. 그러나 새로운 공화주의자들은 그를 메디치가의 늙은 가신에 불과한 인물로 여겼다. 그는 생애의 말년에 가장 큰 좌절을 맛보아야 했다. 실의와 낙담 탓인지 그는 끝내 병을 얻어 새롭게 공화정이 복귀된 지 한 달이 채 지나기도 전에 세상을 뜨고 말았다.

지금은 스스로를 적으로 만들 수 있는 때가 아니다

마키아벨리는 전형적인 르네상스의 아들이었다. 르네상스는 모든 영역에서 새로운 전망이 열리던 시대였다. 마키아벨리는 《군주론》이라는 책을 써서 정치의 영역에서 고대와 중세와 결별했다. 그는 정치에서 날카롭게 도덕과의 연결 고리를 끊어냈다. 정치를 도덕과 연결시키지 않은 채 그 자체로 적나라하게 관찰했다.

마키아벨리가 《군주론》을 통해 군주들에게 강조한 것은 현실주의였다. 그는 15장에서 왜 자신이 플라톤의 이상국가 같은 것을 그리려 하지 않고, 현실적인 정치를 이야기하고자 하는지 그 이유를 다음과 같이 말한다.

> 나는 이 문제를 이해할 수 있는 사람이라면, 누구에게나 유용한 것을 쓰고자 하기 때문이며 이론이나 사변보다는 사물의 실제적인 진실에 관심을 경주하는 것이 낫다고 생각한다. 왜냐하면 많은 사람들이 현실 속에 결코 존재한 것으로 알려지거나 목격된 적이 없는 공화국이나 군주국을 상상해왔기 때문이다. 그러나 '인간이 어떻게 사는가'는 인간이 '어떻게 살아야 하는가'와는 너무나 다르기 때문에 일반적으로 행해지는 바를 행하지 않고 마땅히 해야 하는 바를 고집하는 군주는 권력을 유지하기보다는 잃기가 쉽다. 어떤 상황에서나 선하게 행동할 것을 고집하는 자는 많은 무자비한 자들에게 둘러싸여 몰락을 자초할 것이 불가피하다. 따라서 권력을 유지하고자 하는 군주는 필요하다면 부도덕하게

행동할 태세가 되어 있어야 한다.

마키아벨리는 이런 의미에서 《군주론》을 여러 군주국의 종류와 그 성립 과정에서부터 시작한다. 그는 세 개의 상이한 유형의 군주국을 구분한다. 그것은 세습군주국과 복합군주국, 그리고 신생군주국이다. 그는 이 세 유형의 군주국들이 어떻게 생겨나고 어떻게 유지되어왔는가를 살핀다. 그가 관심을 갖는 군주국은 신생군주국이다. 그는 일개 시민이 군주가 될 수 있는 다섯 가지 상이한 유형을 고찰했다.

첫 번째 유형은 자신의 능력(virtú)과 무력에 의해 군주가 되는 것이다. 이런 식으로 군주가 되는 것은 어렵지만, 일단 되면 군주권을 유지하기는 쉽다. 두 번째 유형은 체사레 보르자가 그랬던 것처럼, 행운(fortuna)과 타인의 무력에 의해서 군주가 되는 것이다. 이 유형은 쉽게 군주의 지위를 얻을 수 있지만 많은 어려움을 극복해야 한다.

세 번째 유형은 범죄행위에 의해 군주가 되는 것이다. 대표적인 예가 시칠리아의 아가토클레스다. 그는 미천한 가문 출신의 사람으로 자신의 힘으로 온갖 난관과 위험을 극복하고 군주가 된 인물이다. 그는 동료 시민을 죽이고, 친구를 배반하고, 신의 없이 무자비하게 처신했다. 그는 비록 훌륭한 군주는 아니지만 권력을 유지하는 데 성공했다. 네 번째 유형은 동료 시민들에 의해서 선출되어 군주가 되는 것이다. 이렇게 군주가 되는 자는 원래 그를 선출한 사람들의 호감을 잃지 않는 한, 권력을 유지하는 데 별 어려움을 겪지 않는다. 다섯 번째 유형인 일개 시민이 군주가 되기 위한 방법은 교황으로 선출되는 것이다.

마키아벨리가 이 《군주론》을 저술할 당시의 상황은 메디치가의 복귀

마키아벨리가 사용했던 책상

와 관련이 있다. 1512년에 메디치가는 18년 동안의 망명 상태에서 군주로 복귀했다. 그들이 복귀하기 전까지 피렌체는 자치적 공화국이었다. 메디치가는 에스파냐의 페르디난트가 제공한 외국 군대의 힘을 얻어 복귀할 수 있었다. 메디치가는 마키아벨리가 말한 두 번째 유형에 속한다. 이러한 두 번째 유형은 정권을 유지하기에 여러 가지 어려움이 따른다. 마키아벨리는 군주가 이러한 어려움을 극복하는 가장 근본적인 해결책은 자신의 군대를 양성해 직접 통솔해야 한다는 것이다. 군주는 권력을 장악하고 유지하기 위해서는 힘이 있어야 하며 그것을 부릴 줄 알아야 한다. 군대 없이 백성의 신망만으로는 권력을 유지할 수 없다.

그 다음 마키아벨리가 군주에게 권하는 것은 군주의 자질이다. 그에 따르면, 군주는 냉혹한 현실을 직시하고 냉정하게 판단해야지, 공허한 이상에 치우치면 자기의 파멸을 초래할 뿐이다. 인간을 다스리려면 군주는 인간을 알아야 한다. 그가 볼 때 인간은 전혀 도덕적이지 않으며, 늑대와 같이 공격적이고 뱀과 같이 갈라진 혀로 말을 한다. 그러므로 그는 군주는 사자와 여우처럼 행동해야 한다고 주장한다.

"그러므로 군주는 함정을 알아채기 위해서 여우가 되어야만 하고, 늑대에게 겁을 주기 위해서 사자가 되어야만 한다."

마키아벨리는 이런 점에서 체사레 보르자를 이상적인 군주로 여겼다. 그렇지만 체사레 보르자도 완전한 군주가 되기 위해서는 가져야 할 능력이 있었다. 그것은 행운을 추구해야 할 뿐만 아니라, 그것을 조종할 수도 있어야 하는 능력이었다. 이상적 지배자는 행운을 지배할 수 있는 '덕(virtú)'을 발전시킴으로서 자신의 탁월함을 드러낼 수 있어야 한다. 마키아벨리가 《군주론》을 통해 강력하면서도 영악한 군주를 옹호했던 것은 분열과 외세의 침략에 시달리는 이탈리아 반도를 통일해 줄 군주에 대한 기대 때문이었다. 그러나 마키아벨리의 기대와는 달리 그런 군주는 등장하지 못했다. 그는 이탈리아 반도의 통일이라는 열망을 안은 채 산타 크로체 성당에 묻혔다. 어떤 일화에 따르면, 마키아벨리는 자신의 임종 시에 악마와 그 자신이 쓴 모든 작품을 저주하라는 종용을 받고 다음과 같이 대답했다고 한다.

"지금은 스스로를 적으로 만들 수 있는 때가 아니오."

죽을 때까지 냉철한 현실정치 이론가로서의 그의 면모를 알려주는 일화겠지만, 다른 한편으로 생각해보면 그의 이상과 기대가 얼마나 왜곡됐는지도 보여주는 일화라고 할 수 있다. 이제 '사악하고 추악한 군주'의 옹호자로부터 현실의 문제를 해결하기 위한 냉철한 정치철학자로서 마키아벨리를 새롭게 보아야 하지 않을까.

꽃의 광장에서
진리의 불꽃으로 타오르다

―

조르다노 브루노

Giordano Bruno

목요일 날 아침에 꽃의 광장에서 나폴리 놀라 출신의 그 흉악무
도한 도미니코 수도사가 산 채로 불에 태워졌다. 그 매우 고집
센 이단자는 우리의 신앙을, 특히 성모 마리아와 성인들에 반대
하는 여러 가지 다른 교리들을 기분에 따라 제멋대로 만들어냈
다. 이 흉악무도한 자는 고집스럽게 자신이 만든 교리들을 위해
죽기 원했다. 그는 자신은 순교자로서 죽으며, 그렇게 죽기를 원
하며, 자신의 영혼은 화염 속에서 천국으로 올라갈 것이라고 말

했다. 그러나 이제 그는 자신이 말한 진리가 어떤 것인지 깨닫게
될 것이다!

이 글은 조르다노 브루노(Giordano Bruno, 1548~1600년)의 처형에
대해 당시 로마의 신문 〈아비시 디 로마(Avvisi di Roma)〉가 보도한 것
이다. 조르다노 브루노는 1600년 2월 17일에 로마에 있는 꽃의 광장에
서 화형을 당했다. 광장 한복판에 장작더미가 쌓이고 그 위에서 결박당
한 채 있는 조르다노 브루노를 사람들은 증오와 안타까움으로 쳐다보
고 있었다. 죽음을 눈앞에 둔 그의 입에서는 한 마디의 신음도 호소도
흘러나오지 않았다. 누군가 십자가를 건네주었을 때에도 그는 달갑지
않은 비웃는 표정으로 말없이 뿌리쳤다. 그렇게 철학자 조르다노 브루
노는 자신의 온몸을 진리의 불꽃으로 불살랐다.
　자신의 신념과 철학을 지키기 위해 결국 화형까지 당한 브루노와 비
교되는 사례가 갈릴레오 갈릴레이의 경우다. 갈릴레이는 지구가 자전
을 하고, 태양을 중심으로 회전한다고 주장해 종교 재판소에 회부됐다.
그는 종교 재판소에서 자신의 목숨을 위태롭게 할 주장을 철회하고, 지
구가 움직인다는 불경스러운 견해를 다시는 결코 말하지 않겠다고 약
속해 겨우 풀려났다. 그렇게 해서 그가 종교 재판소에서 빠져나오면서
한 이야기는 아직도 유명하다. 갈릴레이는 자신의 신념을 철회해도 우
주는 여전히 자연법칙에 따라 움직일 것이라는 자연과학자의 입장을
나타낸다. 그러나 조르다노 브루노는 자연과학자와는 다르게 자신이
믿는 신념과 진리를 위해 목숨을 내던졌다. 어쩌면 이것이 자연과학과
철학의 차이인지도 모르겠다.

갈릴레오가 로마 교황청에서 이단 심문을 받는 장면을 묘사한 그림

조르다노 브루노는 1548년 이탈리아의 나폴리 근처에 있는 놀라에서 태어났다. 그는 필리포라는 이름을 버리고 브루노라는 세례명을 받고서 열다섯 살에 도미니코 수도회에 입단했다. 스물네 살인 1572년에 신부 서품을 받고 나폴리에 있는 성 도미니코 마기오레에서 신학 공부를 시작하여 1575년에 졸업했다. 그는 도미니코 수도회에서 수도사 생활을 시작했지만 자연에 대한 당시의 과학적 연구 성과에 대한 관심을 저버리기 어려웠다.

1576년에 조르다노 브루노는 도미니코 수도회와 가톨릭교회를 떠나야 했다. 왜냐하면 나폴리의 교회에서 그에 대해 130개 항의 고발 항목

을 제기하여 그를 이단자로 판정했기 때문이다. 이렇게 해서 그는 1576
년에서 1592년 5월 베네치아의 종교 재판소에 체포되기까지 16년간 방
랑 생활을 시작한다. 그는 처음에 제네바로 갔다. 여기서 그는 스콜라
철학을 옹호하는 권위 있는 철학 교수를 논박했다고 해서 1579년 8월 6
일에 체포됐다. 그러나 그는 스콜라 철학에 대한 자신의 반대 견해를
철회해 곧 풀려날 수 있었다. 이후에 그는 툴루즈와 파리, 런던, 비텐베
르크, 마르부르크, 취리히, 베네치아 등 여러 도시를 전전해야 했다.

조르다노 브루노는 주로 방랑 생활을 하면서 많은 저작들을 집필했
다. 그러한 저작들 가운데는 〈양초 제조공〉(1582년)이라는 희극도 한
편 있다. 그러나 그의 사상이 가장 잘 들어 있는 것은 그가 쓴 여섯 편
의 대화록이다. 이 여섯 편의 대화록은 우주론적인 것과 도덕적인 것
두 종류로 나뉜다. 우주론적 대화록에 속하는 것은 《성회 수요일 만

꽃의 광장에 있는
조르다노 브루노의 동상

동상 아래쪽에 조르다노 브루노가 강의하는 모습이
부조로 표현되어 있다.

찬》, 《원인과 원리와 일자》, 그리고 《무한자와 우주와 세계》다. 이 대화
록들은 1584년에 발표됐다. 그리고 도덕적인 대화록에 속하는 것은
《의기양양한 짐승의 추방》, 《칠레네의 당나귀를 가진 페가수스의 카발
라》, 《영웅적 열광》 등이다. 맨 앞의 작품은 1584년에 발표됐고, 나머지
것들은 1585년에 발표됐다. 1591년에 그는 마지막 저술들인 《삼중의
최소와 척도》, 《모나드와 수와 도형》, 《헤아릴 수 없는 것, 무한한 것,
셀 수 없는 것》을 써냈다.

　이렇게 왕성한 집필 활동을 했지만, 조르다노 브루노는 어느 도시에
서도 안정된 생활을 누릴 수가 없었다. 강연이나 강의로 많은 추종자들
을 모으지도 못했고, 이단적인 그의 책을 출판해줄 출판업자도 찾기 어
려웠기 때문이다. 그러던 차에 그는 베네치아의 귀족 조반니 모체니고
에게서 기억술을 가르쳐달라는 초청을 받고 1591년 8월에 베네치아로

갔다. 그는 아마도 귀족 모체니고의 후원을 받아 안정적으로 연구와 저술에 몰두할 수 있을 것이라고 기대했는지 모른다. 그러나 그러한 기대와 다르게 모체니고는 브루노의 사상을 의심해 그를 종교 재판소에 밀고해버렸다. 브루노가 모체니고를 믿고 신의 아들 예수, 삼위일체설, 성모 마리아에 대한 자신의 비판적 생각을 말한 것이 화근이었다.

정신의 자유를 지킨 철학자

모체니고의 밀고로 브루노는 1592년 5월 24일에 체포되어 악명 높은 납으로 된 감옥에 갇힌다. 5월 29일 첫 심문이 행해지고, 6월 초 브루노는 과감하게 삼위일체와 인격신을 반대하는 자신의 주장을 펼친다. 그는 신앙과 학문을 구분할 것을 역설했고, 자신은 철학자로서 모든 것을 탐구한 것이지 신앙을 직접 비판한 일은 없다고 역설한다. 같은 해 6월 30일, 브루노는 모진 고문을 견디다 못해 자신의 오류를 인정하고 자신의 입장을 바꾸겠다고 맹세했으나 이미 화형이 결정된 후였다. 1599년 1월 14일에 브루노에 대한 여덟 가지 죄목이 발표됐다. 그러나 브루노는 아무것도 후회하지 않으며 견해를 철회하지 않겠다는 뜻을 밝혔다. 결국 그는 1600년 2월 17일 로마 꽃의 광장에서 많은 사람들이 지켜보는 가운데 화형에 처해졌다.

조르다노 브루노는 도대체 어떤 철학적 입장을 가졌기에 화형이라는 끔찍한 형벌을 받은 것일까? 브루노는 코페르니쿠스의 태양 중심설을 받아들여 그것을 자연 형이상학적으로 더욱 발전시켰다. 그는 태양계는 다른 좀 더 큰 체계에 끼워져 있고, 그 체계는 다시 더 큰 체계에 끼워져 있으며, 우주는 이렇게 끝없이 무한하게 펼쳐진다는 사상을 표방한다. 그리고 우주는 지구에서와 똑같이 거주자가 있는 무한수의 다른 세계들로 이루어져 있다고 본다. 또한 그는 개별 세계들은 변화를 시작해서 소멸되는 반면, 우주 전체는 영원하고 움직이지 않는다고 본다. 왜냐하면 우주는 자신 외에는 아무것도 가지지 않고, 그 자체가 모든 존재이기 때문이다. 그는 일체의 사물을 지배하여 여기에 생명을 불어넣는 것을 곧 '신'이라고 부른다. 신이란 '전체-일자'로 거기서 모든 존재의 대립은 와해된다. 신은 최대의 것인 동시에 최소의 것으로 무한자인 동시에 더 이상 분할할 수 없는 미묘한 것이며 가능과 현실을 그 자체 내에 담고 있다. 브루노의 '신'에 대한 생각은 전통적인 기독교의 '인격신'이 아니라 사물에 내재한 자연법칙 또는 세계영혼과 같은 것이다. 이러한 입장은 신과 자연을 일체로 보는 범신론에 가까운 것이다. 브루노는 이러한 학문적 입장에서 인격신, 삼위일체, 성모 마리아에 대한 부정적 주장을 펼쳤다.

'범신론'의 관점에서 신을 이해하는 브루노의 입장은 기독교에서 받아들이기 어려운 것일 뿐만 아니라 분노를 자아내게 하는 것이다. 왜냐하면 자연은 신의 창조물이지 신과 동격일 수는 없기 때문이다. 인격신, 삼위일체, 성모 마리아에 대한 브루노의 부정에 대해 교회가 더 이상 그를 놔두기 어려웠을 것이다. 그러나 화형을 통해 그의 흔적을 지우고자 한 교회의 노력에도 불구하고, 브루노의 사상은 모나드론을 주장한 라이프니츠와 범신론을 주장한 스피노자 등으로 전승되어 여러 사상으로 부활했다.

그가 처형된 광장의 중심에는 1889년에 정신의 자유를 지킨 철학자

조르다노 브루노를 기려놓은 기념 동상이 세워졌다. 이 기념 동상에는 조르다노 브루노가 살았던 삶을 부조로 새겨놓았다. 이 기념 동상 밑에는 지금도 그를 기억하는 사람들이 장미를 놓고 간다. 진리를 위해 화형도 마다하지 않은 조르다노 브루노의 불굴의 정신이 진리의 불꽃으로 사람들의 가슴속에서 여전히 타오르고 있다.

아리스토텔레스는 철학을 하게 된 계기로 경이를 들었다. 어느 때 경이를 느끼냐고 했을 때 그는 별을 볼 때라고 말했다. 나는 이 말을 잘 이해하지 못했다. 그러다가 그리스 서북부의 고산 지역을 여행하다가 신비로운 체험을 했다. 어둠이 내린 시각에 차를 몰고 가다, 좀 쉬기 위해 차를 멈추었다. 차문을 열고 바깥을 내다보니, 바로 눈앞에 수많은 별들이 펼쳐져 있었다. 과장해서 말하면, 수많은 별들이 손을 뻗으면 그대로 손에 잡힐 것 같았다. 아, 이 수많은 별들은 태곳적부터 이렇게 영롱하게 빛나고 있었겠지! 아리스토텔레스도 이 별들을 보았을 것이다. 그 별을 보면서 아리스토텔레스는 무엇을 생각했을까? 태곳적부터 영원히 빛나고 있었을 그 별 앞에서, 경이로움과 더불어 인간의 유한함과 왜소함을 느꼈을 것이다.

언젠가 우리는 죽는다. 우주에서 티끌도 없이 사라질지 모른다. 그 유한함과 왜소함을 자각하는 데서부터 철학은 시작되는 것이 아닌가.

"인간은 흙에서 나서 흙으로 돌아간단다."

어릴 때 아버지가 내게 자주 해주시던 말씀이다. 어린 나는 그 말을 이해하기 어려웠다. 철학을 하면서 그 말뜻을 비로소 깨달았다. 유한한 인간의 삶을 알고 욕심 없는 삶을 살라는 그 말뜻을! 나는 직장 일로 미국 출장을 가서 아버지의 마지막을 지키지 못했다. 출장을 가기 전 아버지를 뵈었을 때, 아버지가 내게 해주셨던 마지막 말씀은 "욕심을 버려라!"였다. 아버지의 말씀대로 욕심을 버려야 하는데, 이 글을 쓸 때까지도 아직 그러지 못한 삶을 사는 것만 같아 죄송하기 이를 데 없다.

크게 볼 때 소크라테스 이전의 철학자들은 자연의 문제를, 소피스트와 소크라테스는 인간과 사회의 문제를, 그리고 중세의 철학자들은 신의 문제를 가지고 철학을 했다. 그러나 〈고중세〉 편에 등장하는 철학자들에 대해 쓰면서 내가 공통적으로 느낀 점은 그들은 '삶의 지혜에 따른 자유로운 삶'을 살고자 했다는 것이다. 고대와 중세의 철학자들을 보니, 철학자는 많이 배워야 되는 것이 아니었다. 삶의 지혜를 터득한 사람이 바로 철학자였다. 독자 여러분도 이 책을 통해 고대 철학자들이 터득한 삶의 지혜를 함께했다면, 이미 철학자다.

〈고중세〉 편을 쓸 때까지 많은 사람들이 도움을 주었다. 들쑥날쑥했던 원고를 다듬어 책으로 펴내느라 많은 수고를 아끼지 않았던 휴머니스트 김학원 대표, 이상용 부사장, 선완규 편집주간, 임미영 편집장, 김서연 편집자에게 감사를 드린다. 그리고 이 책의 바탕이 된 원고를 재촉하고, 또한 즐겁게 읽어준 이재환 기자, 책의 원고를 미리 읽고 조언과 격려를 해주었던 여러 친우가 없었다면 이 책은 세상에 빛을 보지 못했을 것이다.

0. 개설서

- Copleston, F., *A History of Philosophy,* vol. 1~9, The Newman Press, Westminster, 1961.
- Diels / Kranz, *Die Fragmente der Vorsokratiker, I~ III,* Weidmann, 1974. 〔이 책의 약호는 DK 로 하고 인용은 본문에 표시〕;《소크라테스 이전 철학자들의 단편선집》, 김인곤 외 옮김, 아카넷, 2005.
- Diogense Laeritos, *Vitae Philosophorum,* Oxford Classical Texts, 1964. 〔이 책의 약호는 DL 로 하고 인용은 본문에 표시〕;《그리스 철학자 열전》, 전양범 옮김, 동서문화사, 2008.
- ———, Jürß, F. F.(trans. & hrsg.), *Leben und Lehre der Philosophen,* Stuttgart, 1998.
- Flasch, K., *Das Philosophische Denken im Mittelalter,* Stuttgart, 2000.
- Gilson, E., *History of Christian Philosophy in the Middle Ages,* Random House, New York, 1955.;《중세철학사》, 김기찬 옮김, 현대지성사, 1997.
- Hegel, G. W., *Geschichte der Philosophie, I, II,* Frankfurt / M., 1986.
- Störig, H. J., *Weltgeschichte der Philosophie,* Stuttgart, 1985.;《세계 철학사》, 박민수 옮김, 이룸, 2008.
- Hirschberger, J., *Geschichte der Philosophie, I, II,* Herder, Basel, Freiburg, Wien, 1965;《서양 철학사》상 · 하, 강성위 옮김, 이문출판사. 2002.
- Höffe, O., *Kleine Geschichte der Philosophie,* C. H. Beck, München, 2001.
- ———, *Klassiker der Philosophie,* C. H. Beck, München, 1981.
- Kenny, A., *Ancient Philosophy,* Clarendon Press, Oxford, 2004.
- ———, (ed.) *Western Philosophy,* Oxford Univ. Press, 1993.
- Kunzmann, P., u. a., *dtv-Atlas zur Philosophie,* München, 1993;《그림으로 읽는 철학사》, 홍기수 외 옮김, 예경, 1999.
- Long, A. A. & Sedley, *The Hellenistic Philosophers,* vol. 1, Cambridge Univ. Press, 1987.
- Luciano de Crescenzo, *Storia Della Filosofia Greca, I, II,* Milano, 1986;《그리스 철학사》 1 · 2, 김홍래 옮김, 리브로, 1998.

- Lutz, B., (hrsg.), *Metzler Philosophen Lexikon*, Metzler, Stuttgart, 1995 ; 《서양 철학사》, 을유 문화사, 2009.
- Magee, B., *The Story of Philosophy*, Dorling Kindersley, London, 2001 ; 《사진과 그림으로 보 는 철학의 역사》, 박은미 옮김, 시공사, 2002.
- Röd, W., *Geschichte der Philosophie*, Bd. I~VI, C. H. Beck, München, 1988.
- Rullmann, M., *Philosophinnen*, Suhrkamp, Frankfurt/M., 1998 ; 《여성 철학자》, 이한우 옮 김, 푸른숲, 2005.
- Russel, B., *History of western philosophy*, George Allen & Unwin, London, 1979 ; 《서양 철학 사》, 서상복 옮김, 을유문화사, 2009.
- ———, *Wisdom of the West*, Crescebt Books Inc., 1979 ; 《서양의 지혜》, 이명숙 외 옮김, 서 광사, 1990.
- Weischedel, W., *Die philosophische Hintertreppe*, dtv, 2008 ; 《철학의 뒤안길》, 이기상·이말숙 옮김, 서광사, 1991. 〔이 책의 약호는 PH로 하고 인용은 본문에 "(PH 인용 쪽수)"로 표시〕
- Zimmer, R., *Das Philosophenportal*, München, 2004 ; 《한권으로 읽는 철학의 고전》, 이동희 옮김, 문예출판사, 2006.

소크라테스 이전 철학자들

- Kirk, G. S., u. a., *Die vorsokratischen Philosophen*, Stuttgart, 2001.
- Schireen, T., u. a., (trans & hrsg.), *Die Sophisten*, Stuttgart, 2003.
- 김내균, 《소크라테스 이전의 그리스철학》, 교보문고, 1996.
- 이동희, 《사진으로 보는 서양 철학 기행》, 이학사, 2000.

14. 소크라테스

- Kaufmann, E-M, *Sokrates*, München, 2000.
- Martin, G., *Socrates*, Hamburg, 1967.
- 크세노폰, 최혁순 옮김, 《소크라테스의 회상》, 범우사, 1998.
- 플라톤, 최명관 옮김, 《플라톤의 대화–에우튀프론, 소크라테스의 변명, 크리톤, 파이돈, 향 연》, 창, 2008.

15. 플라톤

- Neumann, U., *Platon*, Hamburg, 2001.

- Martin, G., *Platon*, Hamburg, 1997.
- 마르틴, G., 이강서 옮김, 《대화의 철학 소크라테스》, 한길사, 2004.
- 장영란, 《플라톤의 국가, 정의를 꿈꾸다》, 사계절, 2008.
- 플라톤, 박종현 옮김, 《국가》, 서광사, 1997.
- ———, 강철웅 외 옮김, 《편지들》, 이제이북스, 2009.
- ———, 박종현 옮김, 《국가》, 서광사, 1997.

16. 아리스토텔레스
- Höffe, O., *Aristoteles*, C. H. Beck, München, 1996.
- Zemb, J-M., *Aristoteles*, Hamburg, 1995.
- 아리스토텔레스, 김재홍 외 옮김, 《니코마코스 윤리학》, 이제이북스, 2006.
- ———, 김진성 옮김, 《형이상학》, 이제이북스, 2007.
- ———, 천병희 옮김, 《정치학》, 숲, 2009.

17. 디오게네스
- Sloterdijk, P., *Kritik der zynischen Vernunft*, Frankfurt / M., 1983.
- Weeber, K-W., *Diogenes*, München, 2001.

18. 크라테스와 히파르키아
- Rullmann, M., *Philosophinnen*, Suhrkamp, Frankfurt / M., 1998 ; 《여성 철학자》, 이한우 옮김, 푸른숲, 2005.

19. 에피쿠로스
- 에피쿠로스, 오유석 옮김, 《쾌락》, 문학과지성사, 1998.

22. 세네카
- 세네카, 천병희 옮김, 《인생이 왜 짧은가》, 숲, 2005.

23. 에픽테토스
- 에픽테토스, 김재홍 옮김, 《엥케이리디온》, 까치, 2003.

24. 마르쿠스 아우렐리우스

· 아우렐리우스, M., 천병희 옮김, 《명상록》, 숲, 2005.

26. 플로티노스

· 오미라, D. J., 안수철 옮김, 《플로티노스: 엔네아데스 입문》, 탐구사, 2009.
· 플로티노스, 조규홍 옮김, 《엔네아데스》, 지만지, 2009.
· ————, 조규홍 옮김, 《영혼 정신 하나: 플로티노스의 중심 개념》, 나남출판, 2008.

27. 아우렐리우스 아우구스티누스

· 아우구스티누스, A., 김기찬 옮김, 《고백록》, 크리스찬다이제스트, 2000.
· ————, 성염 옮김, 《신국론》, 분도출판사, 2004.
· 윌스, G., 안인희 옮김, 《성 아우구스티누스》, 푸른숲, 2005.

28. 토마스 아퀴나스

· 꼬지, D., 이재룡 외 옮김, 《성 토마스 아퀴나스의 신학대전 요약》, 가톨릭대학교 출판부, 1995.
· 아퀴나스, T., 정의채 옮김, 《신학대전》 4 · 6 · 13 · 16권, 바오로딸, 2000.
· 피퍼, J., 신차식 옮김, 《토마스 아퀴나스: 그는 누구인가》, 분도출판사, 2005.

29. 마이스터 에크하르트

· 베어, G., 이부현 옮김, 《마이스터 에크하르트》, 안티쿠스, 2009.
· 에크하르트, M., 요셉 퀸트 편, 이부혁 옮김, 《마이스터 에크하르트 독일어 논고》, 누멘, 2009.

31. 오컴의 윌리엄

· 오컴의 윌리엄, 필로테우스 뵈너 엮음, 이경희 옮김, 《오캄 철학 선집》, 간디서원, 2004.

32. 프란체스코 페트라르카

· Petrarca, F., Eppelsheimer, H. W., *Dichtungen*, Briefe Schriften, 1980.
· 페트라르카, F., 이삼엽 옮김, 《칸초니에레》, 나남출판, 2005.

33. 니콜로 마키아벨리

- Shionom, N., *Waga Tomo Machiavelli,* Chuɔkoron-Sha, 1995 ; 《나의 친구 마키아벨리》, 오 정환 옮김, 한길사, 1996.
- 마키아벨리. N., 강정인 옮김,《군주론》, 까치, 1994.

34. 조르다노 브루노

- Bruno, G., *Über die Ursachem das Prinzip und das Eine,* Stuttgart, 1986.
- ———, *Über das Unendliche, das Universum und die Welten,* Stuttgart, 1994.
- Wehr, G., *Giordano Bruno,* München, 1999.
- 브루노, G., 강영계 옮김,《무한자와 우주의 세계 외》, 한길사, 2000.

세상에서 가장 흥미로운 철학 이야기 고중세 편

지은이 | 이동희

1판 1쇄 발행일 2010년 8월 30일
1판 2쇄 발행일 2011년 4월 25일

발행인 | 김학원
편집인 | 선완규
경영인 | 이상용
편집장 | 위원석 정미영 최세정 황서현
기획 | 나희영 임은선 박인철 김은영 박정선 김희은 김서연 정다이
디자인 | 김태형 유주현
마케팅 | 이한주 하석진 김창규
저자 · 독자 서비스 | 조다영 함주미(humanist@humanistbooks.com)
스캔 · 출력 | 이희수 com.
용지 | 화인페이퍼
인쇄 | 청아문화사
제본 | 정민제책

발행처 | (주)휴머니스트 출판그룹
출판등록 | 제313-2007-000007호(2007년 1월 5일)
주소 | (121-869) 서울시 마포구 연남동 378-8, 9호 동현빌딩 3층
전화 | 02-335-4422 팩스 | 02-334-3427
홈페이지 | www.humanistbooks.com

ISBN 978-89-5862-357-1 03100

만든 사람들

기획 | 김서연(ksy2001@humanistbooks.com) 선완규
편집 | 임미영
디자인 | 민진기디자인